AS ENTREVISTAS DE
PUTIN

OLIVER STONE
AS ENTREVISTAS DE PUTIN

AS CONVERSAS QUE DERAM ORIGEM AO DOCUMENTÁRIO

Tradução
Carlos Szlak

1ª edição

RIO DE JANEIRO | 2017

CIP-BRASIL. CATALOGAÇÃO NA PUBLICAÇÃO
SINDICATO NACIONAL DOS EDITORES DE LIVROS, RJ

S885e

Stone, Oliver, 1946-
As entrevistas de Putin/ Oliver Stone; tradução Carlos Szlak. – 1. ed. – Rio de Janeiro: Best*Seller*, 2017.

Tradução de: The Putin Interviews
ISBN 978-85-465-0055-0

1. Putin, Vladimir Vladimirovich, 1952-. 2. FSB - História. 3. Rússia (Federação) - Política e governo. I. Szlak, Carlos. II. Título.

17-44878

CDD: 32(47)
CDU: 320.947

Texto revisado segundo o novo Acordo Ortográfico da Língua Portuguesa.

Título original
THE PUTIN INTERVIEWS

Copyright © 2017 by Oliver Stone
Copyright do prefácio © 2017 by Robert Scheer
Copyright da tradução © 2017 by Editora Best Seller Ltda.

Todos os direitos reservados. Publicado em acordo com a Skyhorse Publishing Inc.

Design de capa: Komandir, LLC.
Adaptação de layout de capa: Renata Vidal
Imagens da capa: iStock e Shutterstock
Editoração eletrônica: Abreu's System

Todos os direitos reservados. Proibida a reprodução, no todo ou em parte, sem autorização prévia por escrito da editora, sejam quais forem os meios empregados.

Direitos exclusivos de publicação em língua portuguesa para o Brasil
adquiridos pela
EDITORA BEST SELLER LTDA.
Rua Argentina, 171, parte, São Cristóvão
Rio de Janeiro, RJ – 20921-380
que se reserva a propriedade literária desta tradução.

Impresso no Brasil

ISBN 978-85-465-0055-0

Seja um leitor preferencial Record.
Cadastre-se e receba informações sobre nossos lançamentos e nossas promoções.

Atendimento e venda direta ao leitor
mdireto@record.com.br ou (21) 2585-2002.

Sumário

Nota do editor 6
Prefácio 7

Primeira entrevista
    Viagem 1 – Dia 1 – 2 de julho de 2015 13
    Viagem 1 – Dia 2 – 3 de julho de 2015 44
    Viagem 1 – Dia 2 – 3 de julho de 2015 73
    Viagem 1 – Dia 3 – 4 de julho de 2015 87
    Viagem 1 – Dia 3 – 4 de julho de 2015 112

Segunda entrevista
    Viagem 2 – Dia 1 – 19 de fevereiro de 2016 145
    Viagem 2 – Dia 2 – 20 de fevereiro de 2016 175

Terceira entrevista
    Viagem 3 – Dia 1 – 9 de maio de 2016 213
    Viagem 3 – Dia 2 – 10 de maio de 2016 231
    Viagem 3 – Dia 3 – 11 de maio de 2016 246
    Viagem 3 – Dia 3 – 11 de maio de 2016 273

Quarta entrevista
    Viagem 4 – Dia 1 – 10 de fevereiro de 2017 285

NOTA DO EDITOR

O material a seguir é a transcrição de uma série de entrevistas realizadas por Oliver Stone com Vladimir Putin, em quatro viagens diferentes à Rússia, num total de nove dias, entre 2 de julho de 2015 e 10 fevereiro de 2017. Como as palavras de Putin foram traduzidas do russo, tomamos a liberdade de corrigir erros gramaticais, linguagem confusa e diversas inconsistências. Além disso, como as entrevistas se desenrolaram em um período de dois anos, revisamos algumas repetições. Em todos os casos, fizemos o melhor possível para assegurar que a intenção e o significado do que foi dito tenha se refletido de forma precisa na transcrição.

Prefácio

Trinta anos atrás, como correspondente do *Los Angeles Times*, uma missão me levou ao santuário interno do Politburo, o centro sombriamente misterioso e todo-poderoso da União Soviética, quando seu líder, Mikhail Gorbachev, iniciava seu ambicioso esforço por abertura e mudança. Sua *perestroika*, ou reestruturação do governo soviético, encerraria de forma inevitável, ainda que inadvertida, a brutal experiência comunista, moldando um intrépido novo mundo de etnicidades, culturas e religiões díspares que abarca um sexto da extensão territorial do planeta.

Minha entrevista era com Alexander Yakovlev, chefe do Departamento de Propaganda, membro mais liberal do Politburo e aliado íntimo de Gorbachev, embora mais tarde, no fim do corredor, eu fosse bater na porta de Yegor Ligatchev, homem apontado como o número 2 de Gorbachev, descrito, muitas vezes, como o adversário mais ferrenho da *perestroika*. Não me encontrei com Boris Yeltsin, figura menos nítida, que, quatro anos depois, se tornaria o primeiro presidente da Rússia, após o colapso da União Soviética. Yeltsin viria a convidar Vladimir Putin, ex-tenente-coronel da KGB, para participar do seu governo, e em 31 de dezembro de 1999, quando Yeltsin renunciou, nomeou Putin presidente interino. No ano seguinte, Putin seria eleito para o cargo, derrotando por ampla margem o candidato do Partido Comunista.

Numa série histórica e muito importante de entrevistas que o cineasta Oliver Stone realizou com Putin, que compõem este livro e um documentário de quatro partes da rede de TV Showtime, Putin afirma que acreditou que, com o colapso da União Soviética, a Guerra Fria chegara ao fim, e, como resultado, as intermináveis ameaças de confronto. Mas isso não aconteceu.

Embora Putin descarte o comunismo como ideologia e, de fato, abrace as tradições da Igreja Ortodoxa Russa, ele permanece um nacionalista fervoroso, com a determinação de que, para a Rússia, seja concedido o respeito que ele acredita firmemente que o país merece. Isso significa deferência tanto pelas considerações históricas sobre suas fronteiras quanto ao tratamento da população de língua russa, que, com o colapso da União Soviética, viu-se empurrada para fora das fronteiras recém-traçadas, com a Ucrânia sendo o exemplo principal.

Em sua discussão com Stone, Putin atribui a Gorbachev o reconhecimento de que uma mudança profunda era necessária no deficiente sistema soviético, mas ele o critica por sua ingenuidade, com respeito aos imensos obstáculos contra essa mudança, tanto no país como, ainda mais importante, nos Estados Unidos. Putin desdenha da crença de Gorbachev de que a razão triunfaria, uma vez que ambos os lados da Guerra Fria — cada um possuidor da capacidade de destruir toda a vida neste planeta — desejavam a paz.

Nas entrevistas, a pergunta central é como as questões involuíram para o atual estado de tensão. Dessa maneira, elas são instigantes, como texto fundamental para o entendimento desta nossa perigosa época. As conversas intermitentes entre 2 de julho de 2015 e 10 de fevereiro de 2017 ocorreram durante um período em que as relações entre as duas potências militares mais temíveis do mundo degeneraram a um ponto de desconfiança e hostilidade não testemunhado desde o fim da Guerra Fria, há mais de um quarto de século. E como Stone lembra em diversos diálogos incisivos, a tendência do poder de corromper governantes em nome de um falso patriotismo deve ser motivo de preocupação em qualquer país, com a Rússia, indubitavelmente, incluída.

A discussão é respeitosa, e, como Stone afirma na conclusão, oferece a Putin a oportunidade de "expor seu lado da história". No entanto, essa é uma história que o jornalista e diretor de cinema questiona de modo enérgico, levando em consideração a contínua controvérsia a respeito do papel da Rússia no mundo, abrangendo desde seu apoio ao regime de Assad, na Síria, até as acusações de interferência na eleição presidencial norte-americana, em 2016. Stone sabe muito a respeito de guerras inúteis e das mentiras contadas sobre elas, uma vez que serviu em duas missões de combate no Vietnã, história que ele documentou em seu filme *Platoon*, vencedor do Oscar em diversas categorias, e em *Nascido em 4 de julho* e *Entre o Céu e a Terra*, seus dois outros filmes de sua brilhante trilogia a respeito do Vietnã. De maneira convincente, em 2012, ele investigou o assunto no documentário *A história não contada dos Estados Unidos*, história revisionista, em dez partes, para a Showtime, e em seu livro concomitante de 750 páginas, que desafiam a narrativa convencional da Guerra Fria, proporcionando um pano de fundo essencial para este atual trabalho.

Putin não está menos familiarizado com o assunto, sendo que chegou ao poder na Rússia sobre as cinzas de uma União Soviética que, apesar de sobreviver aos imensos horrores da invasão alemã e a 50 milhões de mortos, esfacelou-se na sequência de uma invasão inútil do Afeganistão. Ele comanda uma sociedade que mantém enorme poder militar, mas é muito menos bem-sucedida em suas realizações econômicas pacíficas.

Putin e Stone compartilham a convicção de que o húbris militarista é fatal, e ambos demonstram cautela em relação às ideologias em suas respectivas sociedades, que historicamente apoiaram o imperialismo. Contudo, esta não é uma conversa entre iguais, pois Stone é, em grande medida, o artista questionador, ávido em perseguir contradições e excentricidades de pensamento, enquanto Putin deixa muito claro que, tão cauteloso quanto parece, está bastante consciente de sua posição como comandante em chefe da segunda potência militar mais impressionante do mundo e de que suas palavras têm consequências muito além dos requisitos de uma produção cinematográfica interessante. Porém, há claramente um respeito mútuo, embora desconfiado, entre os dois, que tende a resultar em um vislumbre franco das mentes dos poderosos, tanto do governante como do artista.

Para Stone, a produção cinematográfica propicia uma saída natural para seu desprezo acerca da percepção geral existente no *establishment* de política exterior de seu país. Para Putin, a missão é mais complicada, uma vez que ele é o líder de um país em profunda transição da ideologia comunista soviética para uma nova identidade russa, que tenta unir "mil anos" de história russa, abarcando eras desde os czares até os poderosos oligarcas, a versão russa dos capitalistas de compadrio norte-americano.

Putin emerge aqui como profeta de um nacionalismo russo ferido, que, embora capaz de representar uma poderosa ameaça, não deve ser confundido com a ideologia comunista que precedeu sua ascensão ao poder e que ele percebe, claramente, com considerável aversão. Essa tensão propicia o *Leitmotiv* desse raro vislumbre do funcionamento da mente de Putin e, em um sentido mais amplo, do dilema do lugar da Rússia em um mundo em constante mudança. A entrevista começa em um momento em que poucos esperavam a vitória nos Estados Unidos de um candidato populista de direita, que derrotou uma dúzia de líderes do *establishment* do Partido Republicano nas eleições primárias e, na sequência, derrotou a candidata ungida pela liderança do Partido Democrata. No término da transcrição, menos de um mês depois da posse de Donald Trump como presidente, a longa entrevista chegou a um fim que é tanto esclarecedor como deprimente.

Nessa última sessão, Stone pressiona Putin sem cessar a concluir a entrevista de uma maneira que documentaristas intelectualmente agressivos acreditam que responderão a algumas perguntas sem resposta. Isso inclui aspectos polêmicos dos 18 anos de Putin como chefe do maior país do mundo em extensão territorial. Putin é viciado em poder? Ele se vê como agente indispensável da história russa? O poder largamente incontestado que ele detém corrompeu sua visão? Não é a primeira vez que tais questões foram levantadas, mas, enquanto a sondagem anterior de Stone pareceu acolhida positivamente por Putin, há agora um cansaço que, o líder russo deixa claro, é gerado não tanto por supor que suas ideias não são atraentes para a opinião pública do Ocidente, mas sim que, simplesmente, elas não serão ouvidas.

Agora encarando seu quarto presidente norte-americano — de cuja ajuda para se eleger ele é, por ironia, amplamente acusado (o que ele nega) —, Putin parece cansado devido ao esforço de abrir caminho por meio de qualquer liderança norte-americana. Ele afirma que essa liderança — e, mais importante: a burocracia que a informa — inevitavelmente, vê a Rússia não como uma parceira, palavra que ele usa com frequência para se referir aos Estados Unidos, embora com uma pitada de sarcasmo, mas como um conveniente bode expiatório para seus próprios fracassos.

Na conclusão da terceira entrevista, Putin pergunta a Stone se ele já apanhou. "Ah, sim, muitas vezes", Stone assegura. Referindo-se ao lançamento previsto do documentário, Putin afirma: "Então, não será nada novo, porque você vai sofrer por aquilo que está prestes a fazer."

É uma profecia dolorosa, mas talvez correta, dado o clima atual de ampla condenação das alegações não comprovadas de interferência russa na eleição norte-americana. Stone responde: "Eu sei, mas vale a pena... tentar trazer mais paz e consciência ao mundo."

— Robert Scheer

Primeira entrevista

Viagem 1 – Dia 1 – 2 de julho de 2015

O PASSADO DE PUTIN

OS: Acho que o pouco que a maioria dos ocidentais sabe a seu respeito vem dos noticiários. Você poderia falar sobre seu passado e sua origem? Sei que nasceu em outubro de 1952, depois da guerra. Que sua mãe era operária e que seu pai participou da guerra. Mas não sei o que ele fez depois dela. Sei que você morou em um apartamento coletivo, com outras famílias, durante sua fase de crescimento.

VP: Minha mãe não era operária. Ela trabalhou em diversas atividades. Mas eu era filho único. Meus pais tinham perdido dois filhos antes de mim. Um, durante a guerra, no Cerco a Leningrado.[1] Eles não quiseram me entregar a um orfanato. É por isso que minha mãe ficou trabalhando como guarda de prisão.

OS: Porque não quis entregá-lo.

VP: Sim, é isso mesmo. E meu pai trabalhava em uma fábrica.

OS: Fazendo o quê, exatamente?

VP: Ele era engenheiro. Formou-se na faculdade. Tinha formação profissional e estava trabalhando em uma fábrica.

OS: Era um trabalho contínuo ou um quebra-galho? Trabalhava numa base regular?

VP: Sim. Sim. Numa base regular, eu diria. Trabalhou por muito tempo. Depois se aposentou, mas continuou trabalhando, até mais ou menos os 70 anos.

OS: Ele se feriu durante a guerra?

VP: Sim, isso mesmo. Quando a guerra começou, meu pai servia numa unidade especial. Eram pequenos grupos de inteligência enviados para realizar diversas ações na área controlada pelo inimigo. O grupo dele tinha 20 pessoas, e apenas quatro sobreviveram.

Ele me contou isso e, posteriormente, quando eu já era presidente, consegui os arquivos e recebi uma confirmação do que havia acontecido. Foi bastante curioso. Em seguida, meu pai foi enviado pelas Forças Armadas para uma das áreas mais perigosas do front de Leningrado. Denominava-se *Nevsky Pyatachok*, ou seja, cabeça de ponte. Eram combates junto ao rio Neva. O Exército soviético conseguiu criar uma pequena cabeça de ponte de dois por quatro quilômetros.

OS: Continuando: seu irmão mais velho morreu poucos dias ou alguns meses depois de seu nascimento?

VP: Não, ele morreu durante o Cerco a Leningrado. Tinha menos de 3 anos. Naquela época, as crianças eram afastadas de suas famílias para que suas vidas fossem salvas. Porém, meu irmão ficou doente e morreu. Meus pais sequer foram informados do lugar onde ele foi enterrado. O curioso é que, recentemente, algumas pessoas se interessaram pelo assunto e conseguiram encontrar alguma coisa nos arquivos. Utilizaram o sobrenome, o nome do pai e o endereço de onde a criança foi levada. Conseguiram achar alguns documentos sobre o orfanato ao qual meu irmão foi enviado, e também da morte dele e do lugar onde foi enterrado. No ano passado, foi a primeira vez que visitei o local de seu sepultamento. É no Memorial Soundry, em São Petersburgo.

OS: Bem, levando em consideração a perda de vidas durante a Segunda Guerra Mundial, imagino que seu pai e sua mãe não tenham se deixado abater por essas tragédias. Eles devem ter considerado seu terceiro filho como uma nova esperança.

VP: Bem, eles não se abateram mesmo. Mas a guerra acabou em 1945, e eu nasci só em 1952. Era uma época muito difícil para as pessoas comuns que acreditavam na União Soviética. Mas, mesmo assim, decidiram ter outro filho.

OS: Eu fiquei sabendo que você teve um probleminha de delinquência juvenil... Você era uma criança rebelde, até que começou a praticar judô, aos 12 anos.

VP: Sim, é verdade. Meus pais bem que tentaram se dedicar à minha educação, mas ainda assim... Eu tinha bastante liberdade e passava muito tempo no pátio e nas ruas. O fato é que nem sempre fui tão disciplinado quanto alguns teriam gostado que eu fosse. Mas desde que comecei a praticar esportes de forma sistemática, começando com o judô, isso se tornou um fator de mudança para melhor em minha vida.

OS: Também fiquei sabendo que, de vez em quando, seu avô materno trabalhava como chefe de cozinha para Lenin e para Stalin.

VP: Sim, isso aconteceu. É um mundo pequeno, por assim dizer. É verdade. Antes da Revolução de 1917, meu avô trabalhou em um restaurante em Petrogrado, em Leningrado. Era um *chef*, um cozinheiro. Não sei como conseguiu trabalhar para alguém do prestígio de Lenin. Mas, posteriormente, ele foi para o interior, onde Stalin morava, e trabalhou para ele. Meu avô era um homem muito simples: um cozinheiro.

OS: Ele deve ter lhe contado algumas histórias...

VP: Não, ele não me contou nada. De todo modo, para ser honesto, tenho de dizer que passei parte de minha infância no Oblast de Moscou. Nós morávamos em São Petersburgo, que, naquela época, chamava-se Leningrado. Mas, no verão, passávamos algumas semanas visitando meu avô. Ele estava aposentado. Contudo, continuou morando onde antes trabalhava. Vivia em uma dacha do Estado. Minha mãe me contou da vez em que visitou seu pai quando Stalin ainda era vivo. Meu avô mostrou Stalin de longe para ela. É a única coisa que sei.

OS: Temos algo em comum: meu avô materno, ou seja, o pai de minha mãe, que era francesa, foi soldado do Exército francês na Primeira Guerra Mundial. Ele também era um *chef*, nas trincheiras. Meu avô me contou muitas histórias acerca da guerra, e como foi dura.

VP: Minha mãe também me falou da Primeira Guerra Mundial, pelo que ouviu de seu pai. Ele também participou dessa guerra — que foi uma guerra de trincheiras —, e lhe contou algo interessante relativo ao lado humano. Meu avô estava no front quando viu que um soldado austríaco mirava nele. Mas meu avô foi mais rápido: atirou primeiro, e o austríaco caiu. Então, meu avô percebeu que o austríaco ainda estava vivo, e ele era a única pessoa ali além daquele homem, que se esvaía em sangue. Ele ia morrer. Então, meu avô rastejou em sua direção, com seu estojo de primeiros socorros, e enfaixou os ferimentos do austríaco. Muito curioso. Ele disse aos seus parentes: "Eu não teria atirado primeiro se não tivesse visto que ele mirava em mim." Independentemente de nosso país de origem, somos todos a mesma coisa, somos todos seres humanos, e aquelas pessoas também eram gente comum, trabalhadores como todos nós.

OS: A guerra na França foi tão sangrenta quanto a guerra na Rússia. Na Primeira Guerra Mundial, metade da população de jovens entre 17 e 35 anos morreu ou sofreu ferimentos.[2]

VP: Sim, é verdade.

OS: Você se formou no ensino médio e acredito que tenha ido diretamente para a faculdade de direito. Esse é o sistema russo?

VP: Sim. Eu me formei no ensino médio em Leningrado. Em seguida, ingressei direto na Universidade de Leningrado e comecei a estudar direito.

OS: E se formou como advogado em 1975? Foi lá que conheceu sua primeira esposa, certo? Ou melhor, sua única esposa.

VP: Isso aconteceu sete anos depois.

OS: Então, logo depois de se formar, você ingressou na KGB, em 1975, em Leningrado.

VP: Sim, na verdade, havia um sistema de distribuição de empregos nas instituições soviéticas de ensino superior. Assim, depois que você se formava em uma dessas instituições, devia ir para onde era enviado.

OS: Ah, então você não teve escolha?

VP: Bem, vou lhe contar. Pela distribuição de empregos, fui obrigado a ir para a KGB, mas eu também queria ir. Além disso, ingressei na faculdade de direito porque queria trabalhar na KGB. Ainda quando era aluno do ensino médio, fui sozinho à sede da KGB em Leningrado, e perguntei a um funcionário o que eu precisava fazer para trabalhar ali. Ele me respondeu que eu precisaria ter educação superior e, de preferência, educação jurídica. Por isso ingressei na faculdade de direito.

OS: Ah, compreendo.

VP: Mas, é claro, ninguém se lembrava de mim por conta desse episódio, e eu não tinha tido nenhum contato com a KGB. Quando chegou o momento da distribuição, não seria de esperar que a KGB me achasse e me oferecesse uma vaga.

OS: Lógico que você havia romantizado os filmes soviéticos a respeito da KGB e do trabalho do serviço de inteligência.

VP: Ah, sim, foi exatamente esse o caso. Eu li muitos livros e vi diversos filmes sobre a KGB. Isso é um fato. Você tem toda a razão.

OS: E você foi para Dresden em 1985, lá permanecendo até 1990. Porém, nos dez primeiros anos, você ficou a maior parte do tempo em Leningrado?

VP: Sim. Exatamente. Em Leningrado e também em Moscou, em escolas especiais.

OS: E você foi ascendendo. Foi se saindo muito bem.

VP: Sim. Em geral, sim.

OS: Ter estado na Alemanha Oriental entre 1985 e 1990 deve ter sido bem triste.

VP: Bem, não exatamente triste. Naquele tempo, na União Soviética, existiam os processos relacionados à *perestroika*.[3] Não acho que precisamos entrar em detalhes sobre isso. Havia muitos problemas relacionados à *perestroika*, mas ainda existia aquele filão: o espírito de inovação. Quando cheguei à Alemanha Oriental, à República Democrática Alemã, não percebi nenhum espírito de inovação.

OS: Foi o que eu quis dizer.

VP: Tive a impressão de que a sociedade estava paralisada na década de 1950.

OS: Quanto a Gorbachev, você não o conheceu pessoalmente. Um clima de reforma estava acontecendo, mas você não estava em Moscou para sentir. Era um tempo estranho. Você voltou para Moscou? Experimentou a *perestroika*?

VP: Sabe, era bastante compreensível para Gorbachev e seu séquito que o país precisava de mudanças. Hoje posso dizer, com toda a segurança que eles não entenderam quais eram essas mudanças e como alcançá-las.

OS: Certo.

VP: Por isso, fizeram muitas coisas que causaram grande dano ao país. Ainda que estivessem reagindo em prol de algo positivo e tivessem razão de achar que as mudanças eram necessárias.

OS: Eu encontrei Gorbachev em várias ocasiões, tanto aqui como nos Estados Unidos. Ele tem em comum com você o fato de ter brotado daquele sistema. Um começo muito humilde. Ele era especialista em agricultura. Estudou os documentos, trabalhou muito duro e pareceu reconhecer cedo, em sua memória, que existiam muitos problemas na economia. As coisas não estavam funcionando.

VP: Todos temos algo em comum, já que somos seres humanos.

OS: Sim, mas o que estou dizendo é que ele foi um operário. Gorbachev era específico e estava questionando: como arrumamos isso?

VP: Eu não era um operário, e acho que é exatamente dessa especificidade, dessa concretude, que grande parte da ex-liderança soviética carecia. Gorbachev inclusive. Eles não sabiam o que queriam, e, muito menos, como alcançar o que era necessário.

OS: Tudo bem. Mas houve um golpe de Estado em agosto de 1991,[4] e você se demitiu no segundo dia do golpe, que foi do Partido Comunista.

VF: Sim, houve uma tentativa de golpe de Estado. De fato, me demiti, não lembro se no segundo ou terceiro dia. Porque, quando voltei da Alemanha, frequentei a universidade por algum tempo. Ainda era oficial da KGB, do serviço de informações do exterior. Na sequência, o sr. Sobchak, ex-prefeito de São Petersburgo, me ofereceu um emprego.[5] Foi uma conversa bastante curiosa, porque fui seu aluno, e ele me convidou para visitá-lo em seu gabinete.

OS: Mas isso foi depois. Por que você se demitiu? Era a sua carreira.

VP: Vou lhe contar tudo. Quando Sobchak me convidou para trabalhar com ele, respondi que estava muito interessado. Mas achei que era impossível e que não era a coisa certa a fazer. Porque eu ainda era oficial do serviço de informações do exterior da KGB, e Sobchak era um importante líder democrático. Um político da nova onda. Eu falei diretamente que, se alguém soubesse que eu trabalhava com ele, enquanto ex-agente da KGB, isso causaria danos à sua reputação. Naquela época, o país estava testemunhando uma agitação política muito séria. Contudo, fiquei muito surpreso com a reação de Sobchak. Ele me disse: "Ah, isso não é nada para mim." Então, trabalhei para ele, como seu assessor, por curto tempo. Depois, na tentativa de golpe de Estado, eu me encontrei em uma situação muito ambígua.

OS: Em agosto de 1991?

VP: Sim. A tentativa do golpe de Estado fez uso da força. Eu não podia mais ser oficial da KGB e permanecer como assessor próximo do prefeito democraticamente eleito de São Petersburgo. Por isso, pedi demissão. Sobchak telefonou para o presidente da KGB da URSS e pediu a ele que me liberasse. Ele deu seu consentimento alguns dias depois, para que o decreto de autorização e minha demissão fossem emitidos.

OS: Mas você ainda acreditava no comunismo? Ainda acreditava no sistema?

VP: Não. Com certeza, não. Mas no começo eu acreditei. A ideia é boa, e eu acreditei nela. Quis implementá-la.

OS: Quando você mudou?

VP: Lamentavelmente, minhas visões não mudam quando sou exposto a novas ideias, mas só quando sou exposto a novas circunstâncias. Ficou claro que o sistema não era eficiente e que se achava em um beco sem saída. A economia não estava crescendo. O sistema político estagnara, estava paralisado, e não era capaz de nenhum desenvolvimento. O monopólio de uma única força política, de um único partido, é pernicioso para o país.

OS: Mas essas são as ideias de Gorbachev. Então Gorbachev o influenciou.

VP: Essas não são ideias de Gorbachev. Essas ideias foram formuladas pelos socialistas utópicos franceses.[6] Gorbachev não tem nada a ver com elas. Ele estava reagindo às circunstâncias. Reitero: seu mérito é que ele sentiu essa necessidade por mudanças e tentou mudar o sistema. Na verdade, nem mesmo mudar. Ele tentou renová-lo, reformulá-lo. Mas o problema é que aquele sistema não era eficiente em sua raiz. E como você pode mudar radicalmente o sistema e, ao mesmo tempo, preservar o país? Isso é algo que ninguém naquela época sabia, incluindo Gorbachev. Assim, o país foi empurrado para o colapso.[7]

OS: Sim, deve ter sido traumático. A União Soviética entrou em colapso e a Federação Russa foi formada sob Yeltsin. Eu estava em São Petersburgo no início de 1992 e me encontrei com Sobchak. Acho que posso ter me encontrado com você. Sabe-se lá. Se você era assessor dele na ocasião...

VP: Não, não me lembro. Mas quero lhe dizer que Sobchak era um homem autêntico, absolutamente sincero. Do ponto de vista ideológico, era um democrata, mas foi categoricamente contra a desintegração da União Soviética.

OS: Ele foi contra a desintegração. Sim, foi uma época frenética, excitante. Parecia o nascimento de algo novo, e ninguém sabia para onde as coisas estavam indo. Existiam gângsteres... As pessoas estavam diferentes, usando novos tipos de roupas. Em 1983, durante a era Brezhnev, estive na União Soviética, e fiquei muito deprimido. Assim, quando voltei, sete ou oito anos depois, foi inacreditável para mim. Sobchak nos levou a um restaurante sofisticado e passamos momentos maravilhosos com ele.

VP: Porém, naquela época, ao mesmo tempo, quando os restaurantes sofisticados apareceram, o sistema de previdência social russo estava completamente destruído. Setores inteiros da economia pararam de funcionar. O sistema de saúde pública estava em ruínas. As Forças Armadas também se encontravam numa condição muito ruim e milhões de pessoas viviam abaixo da linha da pobreza. Também temos de nos lembrar disso.

OS: Sim, esse era o outro lado de tudo. Em 1996, você se mudou para Moscou e se tornou o chefe do Serviço Federal de Segurança por 13 meses.

VP: Não, não foi de cara. Eu me mudei para Moscou e, inicialmente, fui trabalhar para o governo do presidente Yeltsin. Comecei na Secretaria de Governo. Era encarregado das questões jurídicas. Depois, fui transferido para a Secretaria de Administração. Era responsável pelo Diretório de Supervisão. Esse departamento fiscalizava o governo e as administrações regionais. Em seguida, tornei-me diretor do Serviço Federal de Segurança (FSB — Federal'naya Sluzhva Bezopasnosti).

OS: Certo. Imagino que, nessa função, você deve ter visto o tamanho da bagunça. Era um pesadelo.

VP: Sim, com certeza. Frequentemente, escuto críticas dirigidas a mim, dizendo que lamento o colapso da União Soviética. Em primeiro lugar, a coisa mais importante é que, após a desintegração da União Soviética, 25 milhões de russos, num piscar de olhos, se viram no exterior. Em outro país.

Foi uma das maiores catástrofes do século XX. Pessoas acostumadas a viver em um país, com seus parentes, trabalhos, residências e direitos iguais, que num piscar de olhos se viram no exterior. Havia certos sinais de guerras civis e, depois, guerras civis completas. Sim, vi isso tudo pessoalmente, em especial quando me tornei diretor do Serviço Federal de Segurança.

OS: Em 1999, você ascendeu na hierarquia e se tornou primeiro-ministro interino. Yeltsin renunciou em 2000. Sem dúvida, observando-se entrevistas e vídeos de Yeltsin, percebe-se que ele era dependente do álcool. Yeltsin parecia catatônico, pela maneira como falava, como observava a câmera, como se movia.

VP: Bem, não acho que tenho o direito de fazer nenhuma avaliação a respeito de Gorbachev ou da personalidade de Yeltsin. É verdade que eu lhe disse que Gorbachev não entendeu o que tinha de ser feito, quais eram os objetivos e como alcançá-los. Mas, mesmo assim, ele foi o primeiro a dar um passo para levar o país à liberdade, e isso foi uma mudança histórica radical. Um fato bastante evidente. O mesmo vale para Yeltsin. Exatamente como qualquer um de nós, ele tinha seus problemas, mas também possuía um lado forte, e uma dessas vantagens era que ele nunca tentou tirar o corpo fora, esquivar-se de responsabilidades pessoais. Yeltsin sabia como assumir responsabilidades. No entanto, sem dúvida, ele tinha seus demônios pessoais. O que você disse é verdade. Não é segredo. Também era a realidade.

OS: Só por curiosidade: como sei da história de Kruschev, que tinha de beber com Stalin... De vez em quando, você bebia com Yeltsin à noite?

VP: Não, nunca. Eu não era tão íntimo dele como você talvez imagine. Jamais fui um dos assessores mais próximos de Gorbachev ou de Yeltsin. Foi uma surpresa completa quando ele me nomeou chefe do Serviço Federal de Segurança. Isso, em primeiro lugar. Em segundo, nunca abusei do álcool. Mas, mesmo quando nos encontrávamos, era de uma maneira profissional. Eu nunca o vi embriagado quando estava trabalhando.

OS: Uma ressaca, talvez?

VP: Nunca percebi. Nunca tentei cheirá-lo. Estou sendo sincero. Nunca fui caçar com ele, nunca passei o tempo com ele. Encontrava-o em seu gabinete. É isso. Nunca bebi uma dose de vodca com Yeltsin.

OS: Uau! Então, ali está você. Muitos primeiros-ministros vêm e vão, e de forma inesperada. Você é o primeiro-ministro interino. E agora?

VP: Essa é uma história curiosa. Veja, em 1996 parti de Leningrado para Moscou, como você disse. Em geral, em Moscou, eu não tinha nenhum apoio poderoso, nenhum contato. Cheguei em 1996, e em 1º de janeiro de 2000 eu me tornei presidente interino. É uma história incrível.

OS: Sim.

VP: Porém, devo lhe dizer que na realidade eu não tinha nenhum relacionamento especial com Yeltsin ou com sua equipe.

OS: Talvez algum outro primeiro-ministro tivesse sido demitido e ele simplesmente tenha resolvido dizer: "Bem, assuma o cargo agora."

VP: Não sei. O provável é que ele estivesse tentando achar alguém porque tinha decidido renunciar. De fato, diversos primeiros-ministros foram nomeados e, em seguida, renunciaram. Não sei por que ele me escolheu. Antes de mim, houve muitos primeiros-ministros qualificados. Recentemente, um deles morreu. Contudo, quando Yeltsin me ofereceu esse cargo pela primeira vez, eu recusei.

OS: Recusou? Por quê?

VP: Em um escritório adjacente, Yeltsin me convidou para entrar, e me disse que queria me nomear como primeiro-ministro e, depois, desejava que eu concorresse à presidência. Eu falei que era uma grande responsabilidade e que teria de mudar minha vida para isso. Além do mais, não tinha certeza de que estava disposto a fazer tal coisa. Então, Yeltsin me disse: "Bem, voltaremos a essa conversa mais tarde."

OS: Mudar sua vida em que sentido? Quero dizer, você já tinha sido um burocrata do governo durante muito tempo.

VP: Bem, ainda assim é uma história muito diferente. Quando você é um burocrata, mesmo de alto nível, pode levar uma vida quase normal. Pode visitar seus amigos, ir ao cinema, frequentar o teatro, conversar com seus amigos livremente. Não tem de assumir a responsabilidade pessoal pelo destino de milhões de pessoas por tudo que está acontecendo no país. Naquela época, assumir a responsabilidade pela Rússia era algo muito difícil. E se não bastasse, em agosto de 1999, no momento em que Boris Yeltsin apresentou minha candidatura como primeiro-ministro e o Parlamento apoiou a decisão, teve início a Segunda Guerra da Chechênia.[8] Aquilo foi um suplício para o país. Falando com franqueza, naquela ocasião, eu não conhecia os planos finais do presidente Yeltsin para mim. Mas a situação era exatamente essa, e eu tinha de assumir a responsabilidade por ela. Não sabia até quando resistiria, porque, a qualquer instante, o presidente Yeltsin poderia me dizer: "Você está demitido." Naquela época, eu tinha apenas uma preocupação: onde vou esconder minhas filhas?

OS: Sério? E o que você fez?

VP: Bem, o que você acha? A situação era muito séria. Imagine se eu fosse demitido. Eu não tinha guarda-costas — como garantir a segurança de minha família? Naquele momento, decidi que, se aquele era meu destino, então, eu tinha de ir até o fim. E não sabia, então, que iria me tornar presidente. Não havia garantias disso.

OS: Posso lhe fazer uma pergunta? Você sempre participava das reuniões com Yeltsin e os oligarcas?

VP: Sim, com certeza.

OS: Então, você viu a maneira como ele cuidava disso.

VP: Claro. Era bastante oficial, muito pragmático. Ele os encontrava não como oligarcas, mas como representantes de grandes empresas. Como gente de quem o destino de milhões de pessoas e de grandes forças de trabalho dependia.

OS: Você achava que Yeltsin estava sendo intimidado?

VP: Sim, mas ele não entendia isso. Boris Yeltsin era um homem muito distante. Se ele deve ser culpado por algo a respeito desse sistema oligárquico de governo é que ele era crédulo demais. Yeltsin não tinha nenhuma relação com os oligarcas. Nunca recebeu nenhum benefício deles pessoalmente.

OS: Você chegou a conhecer Berezovsky ou pessoas assim?[9]

VP: Sim, lógico. Fui apresentado a Berezovsky ainda antes de vir para Moscou.

OS: De que jeito? Foi por meio de amigos?

VP: Não, não tínhamos relações de amizade. Conheci-o porque eu trabalhava em São Petersburgo e houve um pedido de Moscou para receber alguém do Senado norte-americano, se bem me lembro. Um senador vinha de Tbilisi e queria conhecer Sobchak. Como eu era o encarregado das relações exteriores da cidade, pediram-me para organizar o encontro. Informei a Sobchak. Ele concordou, e encontramos o senador que vinha de Tbilisi, junto com Berezovsky, que o acompanhava. Eu o conheci desse jeito. Berezovsky adormeceu durante o encontro.

OS: Bem, Berezovsky era um homem inteligente. Ele deve tê-lo avaliado, imaginando como lidar com você ou manipulá-lo, certo? Quero dizer, era algo útil para ambos os lados.

VP: Não, veja, eu era apenas um assessor de Sobchak. Se Berezovsky tinha algo em mente, deveria ser como promover seu relacionamento com Sobchak, não comigo.

OS: Muito bem. Estamos em 2000 agora. É um tempo sombrio. Você se tornou presidente. Obteve 53% dos votos. Você não devia durar. Era presidente de um país em um momento nebuloso. A Guerra da Chechênia prossegue. Tudo parece muito ruim, com os oligarcas e as privatizações por toda parte. Você recua. Eu vi os documentários e posso mostrar o filme daquela luta. Foi a maior luta, acho. Um dos períodos mais complicados de sua vida.

VP: Sim, foi mesmo. No entanto, aqueles tempos difíceis não chegaram em 2000, mas muito antes. Creio que no começo da década de 1990, pouco depois do colapso da União Soviética. Em 1998, tivemos uma crise econômica muito grave. Em 1999, a Segunda Guerra da Chechênia recomeçou, e eu me tornei presidente interino. O país estava em uma situação muito difícil. Essa é a verdade.

OS: Você acorda às 4 horas da manhã? Você dorme em algum momento? Como eram as noites sombrias?

VP: Nunca acordo às 4 horas da manhã. Vou dormir à meia-noite e acordo às 7 horas, mais ou menos. Sempre durmo de 6 horas a 7 horas.

OS: Bastante disciplinado. Sem pesadelos?

VP: Sem pesadelos.

OS: Sério? É uma disciplina das Forças Armadas, da experiência na KGB?

VP: Acho que é graças ao esporte e, também, ao serviço militar.

OS: Você tem muita disciplina.

VP: A questão é que, se não existe disciplina, fica realmente difícil trabalhar. Se você não for disciplinado, não terá bastante força para lidar com as questões correntes. Sem falar nas estratégicas. Devemos, sempre, nos manter em forma.

OS: Sim. Mas você via suas filhas nesse período? E sua mulher?

VP: Sim, com certeza. Mas só por pouco tempo.

OS: Com regularidade? Você jantava em casa com sua família? Você a via todas as noites?

VP: Eu chegava em casa muito tarde e saía para o trabalho muito cedo. Bem, claro que eu via minha família, mas muito brevemente.

OS: E quando seus pais morreram? Foi nessa época?

VP: Minha mãe morreu em 1998, e meu pai, em 1999.

OS: Deve ter sido muito difícil, entre todas essas outras dificuldades.

VP: Nos últimos dois anos de vida, meus pais estiveram internados em um hospital. Todas as sextas-feiras, eu pegava um avião de Moscou para São Petersburgo para vê-los. Todas as semanas.

OS: Passava o fim de semana e voltava no domingo?

VP: Não, ia apenas por um dia. Eu os via e, em seguida, voltava para Moscou.

OS: Eles se orgulhavam de você?

VP: Sim.

OS: Seus pais não podiam acreditar, não é?

VP: Verdade. Dois meses após eu ter sido nomeado primeiro-ministro, meu pai ainda não tinha me visto. Mas mesmo antes de eu me tornar primeiro-ministro, quando eu ia visitá-lo, ele sempre dizia para as enfermeiras: "Vejam, é o meu presidente chegando."

OS: Muito bom. Muito bom. É dado a você o crédito pela realização de muitas coisas boas em seu primeiro mandato. As privatizações foram interrompidas. Você fortaleceu setores como eletrônica, engenharia, petroquímica, agricultura e muitos outros. Um verdadeiro filho da Rússia. Você devia estar orgulhoso. Elevou o PIB, aumentou a renda, atualizou o Exército, solucionou a Guerra da Chechênia.[10]

VP: Não foi bem assim. Eu não interrompi as privatizações, só quis torná-las mais equitativas, mais justas. Fiz de tudo para que a propriedade estatal não fosse entregue de graça. Pusemos um fim em certos esquemas de manipulação que levaram à criação dos oligarcas. Esquemas que permitiram que algumas pessoas se tornassem bilionárias num piscar de olhos. Com todo o devido respeito a Wassily Leontief, o norte-americano de origem russa e vencedor do Prêmio Nobel de Economia. Eu o conheci, assisti a suas palestras e o escutei falar. Ele disse que as propriedades podiam ser distribuídas livremente por 1 rublo. Mas, no fim, essas propriedades deviam acabar nas mãos das pessoas que as mereciam. Era o que ele pensava. Acho que em nossas condições, nas condições russas, isso levou ao enriquecimento legal de toda uma categoria de indivíduos. Também gerou uma situação em que o governo perdeu o controle de setores estratégicos ou levou à destruição desses setores. Então, meu objetivo não era interromper as privatizações, mas torná-las mais sistemáticas, mais equitativas.

OS: Assisti ao filme de seu encontro com os oligarcas em 2003 e 2004. Foi bem interessante. No entanto, você bateu de frente com Berezovsky e pessoas como ele, com Khodorkovsky.

VP: Não bati de frente. Apenas disse a eles que tinham de ficar equidistantes do governo. Naquela época, era o termo da moda. Eu lhes disse que, se adquirissem suas propriedades dentro do arcabouço legal, não tentaríamos tirá-las deles. Mas hoje as leis estão mudando, e eles devem obedecer às novas leis. Considero que quaisquer tentativas de rever os resultados das privatizações podem causar mais danos à economia do país do que as privatizações em si. Por isso, vamos continuar com as privatizações, numa base mais justa, e fazer tudo ao nosso alcance para assegurar essas propriedades, esses direitos, mas todos precisam entender que todos devem ser iguais diante da lei. Naquela ocasião, ninguém se opôs.

OS: Você reduziu o índice de pobreza em dois terços?

VP: É isso mesmo.

OS: Respeito pelos idosos. Aposentadorias.

VP: Sim.

OS: Em 2000, a renda média era de 2,7 mil rublos. Em 2012, era de 29 mil rublos.

VP: É isso mesmo.

OS: Extremamente popular em 2004. Você foi reeleito com 70% dos votos.[11]

VP: Um pouco mais do que isso.

OS: Em 2008, como apenas dois mandatos presidenciais eram permitidos, você se tornou primeiro-ministro. Uma força por trás do trono. E, em 2012, concorreu à presidência, e venceu. Com 63% dos votos, creio.

VP: Correto.

OS: Então, sim, presidente três vezes. Talvez algumas pessoas peçam um quarto mandato, como foi o caso de Roosevelt. Você pode superar Franklin Delano Roosevelt.

VP: Ele foi presidente quatro vezes?[12]

OS: Sim, ele não concluiu seu quarto mandato, mas, sem dúvida, era muito popular. E, sem dúvida, você é criticado por muitas coisas. Podemos abordar isso mais adiante, mas você recebeu críticas por ser linha-dura com a imprensa, entre outras coisas. Porém, não vou abordar isso esta noite. Acabo de me dar conta de que, no total, você acumula 15 anos como presidente. É incrível.

VP: Você está enganado. São dez anos. Quatro do primeiro mandato. Quatro do segundo. E dois do terceiro, começando em 2012.

OS: Tudo bem. Você também trabalhou duro quando foi primeiro-ministro.

VP: Sim, trabalhei duro e, em geral, também com bastante sucesso. Mas, naquela época, o presidente russo era outra pessoa. Conheço as avaliações desse período no exterior. Devo lhe dizer que o presidente Medvedev executou com independência todas as suas funções. Havia uma divisão de funções de acordo com a Constituição. Jamais interferi em seu domínio.[13] Houve certas questões em que Medvedev considerou possível me consultar sobre esta ou aquela matéria. Porém, foram casos bastante raros. Ele fazia quase tudo como julgava necessário. Tenho uma história curiosa para lhe contar. Na posse do presidente Medvedev,[14] nós nos encontrávamos aqui — apenas um número reduzido daqueles que eram íntimos dele —, e um dos dignitários russos dirigiu-me algumas palavras amáveis. Ele afirmou: "Nós entendemos tudo: você ainda é o nosso presidente." E eu disse a todos: "Agradeço as palavras amáveis, mas, por favor, não enviem sinais falsos para a sociedade. Apenas uma pessoa pode ser presidente do país: aquela que é eleita pelo povo."

OS: Bastante justo. Cinco tentativas de assassinato, me disseram. Não tanto quanto Castro, a quem entrevistei. Acho que ele foi alvo de 50. Mas tomei conhecimento de cinco.[15]

VP: Sim, conversei com Castro a esse respeito, e ele me disse: "Você sabe por que ainda estou vivo?" Perguntei: "Por quê?" "Porque sempre fui o único a lidar com minha segurança pessoalmente." Ao contrário de Castro, faço meu trabalho, e o pessoal da segurança faz o dele. E eles estão fazendo isso com bastante sucesso. Fui muito bem no desempenho de minhas funções, e eles, nas deles.

OS: Então, você está dizendo que não seguiu o modelo de Castro?

VP: Não vejo necessidade disso.

OS: Em outras palavras, você confia em seus seguranças e eles realizaram um grande trabalho.

VP: Sim.

OS: Porque sempre o primeiro modo de assassinato, da época em que os Estados Unidos perseguiram Castro, envolve a infiltração de alguém na equipe de segurança do presidente para realizar a tarefa.

VP: Sim, eu sei disso. Você sabe o que os russos dizem? Que quem está destinado a ser enforcado não vai ser afogado.

OS: Qual é o seu destino? Você sabe?

VP: Só Deus sabe. Só Deus sabe o nosso destino. O seu e o meu.

OS: Morrer na cama, talvez?

VP: Algum dia isso vai acontecer para cada um de nós. A questão é o que teremos realizado a essa altura neste mundo transitório e se teremos aproveitado nossa vida.

OS: Tenho cerca de mais dez minutos de perguntas e, então, poderemos encerrar por hoje à noite.

Em um documentário russo que eu assisti, sobre você, foi descrita a teoria do iceberg, que é a seguinte: em relações exteriores, a maioria das pessoas vê um sétimo do iceberg, o topo somente. Elas não veem os seis sétimos abaixo da superfície da água. E que todas as relações exteriores são muito traiçoeiras e diferentes do que aparentam ser.

VP: Isso é bastante complicado.

OS: Bem, eu gostaria de discutir isso amanhã e depois de amanhã. Quero dizer que é quase impossível relatar o que está acontecendo no mundo a não ser que observemos abaixo da superfície.

VP: Sabe, é suficiente sempre monitorar com atenção o que está acontecendo no mundo para entender a lógica por trás do que está acontecendo. Por que as pessoas comuns, muitas vezes, perdem contato com o que está havendo? Por que consideram essas coisas complicadas? Por que acham que há algo que seus olhos não estão conseguindo ver? Simplesmente porque as pessoas comuns levam suas vidas. Seu cotidiano consiste em ir trabalhar e ganhar seu sustento. Não segue os acontecimentos internacionais. Eis por que as pessoas comuns são tão fáceis de manipular, de ser enganadas. Mas se, no dia a dia, essa gente acompanhasse o que se passa no mundo, apesar do fato de certa parte da diplomacia sempre ser realizada atrás de portas fechadas, seria mais fácil entender o que há e captar a lógica por trás dos acontecimentos mundiais. E as pessoas comuns podem alcançar isso sem terem acesso a documentos secretos.

OS: Li acerca de seus prodigiosos hábitos de trabalho. Você lê, você estuda. Quero lhe contar uma história que li recentemente sobre John Kennedy. Ele era um presidente excitante e fascinante, mas também trabalhava muito, muito duro. Robert Kennedy, seu irmão, escreveu o livro *Thirteen Days* [Treze dias], a respeito da crise dos mísseis em Cuba. No livro, Robert Kennedy relata que seu irmão leu todos os documentos e todos os discursos de Kruschev que conseguiu. Ele sabia o que os discursos diziam. Não usou os resumos da CIA, sua agência de inteligência, porque não confiava nela. Por isso, John Kennedy foi capaz de tirar suas próprias conclusões sobre Kruschev e solucionar aquela crise.

VP: Não leio resumos. Sempre leio os documentos originais. Nunca utilizo materiais analíticos fornecidos pelos serviços de informações. Sempre leio documentos distintos.

OS: Interessante. Eu tinha esse pressentimento. Sua teoria de vida se baseia na filosofia do judô?

VP: Sim, mais ou menos. O estilo flexível, por assim dizer, é a ideia principal do judô. Você deve ser flexível. De vez em quando, você deve ceder aos outros. Se for o caminho que conduz à vitória...

OS: E, ao mesmo tempo, há aquela história, que você contou a Mike Wallace, do rato que você caçou com uma vareta, quando garoto, e o rato se voltou contra você.

VP: Ele não me mordeu, mas tentou pular em mim. Então, tive de correr do rato. Havia uma escada, um patamar e, depois, outro lance de escada. Era assim: uma escada levando para baixo, depois um patamar, em seguida, outra escada. Embora eu fosse muito pequeno, ainda fui capaz de correr mais rápido que o rato. Tive tempo de descer correndo a escada, passar pelo patamar e, depois, descer a outra escada. E você sabe o que o rato fez? Pulou de um lance de escada para o outro, de cima.

OS: Você infernizou o rato com a vareta, não é?

VP: Sim, acho que foi o que aconteceu.

OS: Então, no judô, sua filosofia seria a seguinte: cuidado para não exagerar no uso da força, pois, embora seu adversário pareça fraco, ele pode se voltar contra você.

VP: Bem, naquela época, eu não praticava judô. E a conclusão, acho, é um tanto diferente nesse caso. Há um dito popular que afirma que nunca se deve encurralar um rato. E foi isso exatamente o que eu fiz. Ninguém deve ser encurralado. Ninguém deve ser levado a uma situação que termina em um beco sem saída.

OS: Os oligarcas o subestimaram. Quando você se tornou presidente, não acharam que você duraria.

VP: Veja, os oligarcas são diferentes, e isso é um fato. Entre eles havia aqueles que estavam dispostos a obedecer ao sistema de relacionamento com o governo que lhes era proposto. E foram informados de que ninguém pretendia desrespeitar a lei em relação às suas propriedades — o governo protegeria suas propriedades. Mesmo se as leis anteriores fossem injustas. A lei é sempre a lei. Mas havia outra regra a ser observada.

OS: A lei é sempre a lei, a menos que mude. O povo protesta. Nos Estados Unidos, houve a legislação referente aos direitos civis. Muitas coisas boas resultam de protestos, da desobediência à lei.

VP: Isso também é verdade, mas nossa situação era diferente. Acredito que as leis de privatização do início da década de 1990 não fossem justas. Mas se fosse para realizar a desprivatização, como eu disse, teria sido ainda mais prejudicial para a economia e para a vida das pessoas comuns. Foi isso que eu disse aos líderes das grandes empresas, numa discussão franca. Expliquei que os esquemas anteriores deviam ser reduzidos progressivamente, até que acabassem. Afirmei que as leis deviam se tornar mais justas e imparciais. Também lhes disse que as empresas tinham de assumir maior responsabilidade social. Muitos empresários, a maioria esmagadora deles, obedeceram às novas leis. Sabe quem não ficou contente com elas? Aqueles que não eram empresários de verdade. Aqueles que não ganharam seus milhões ou bilhões graças aos seus talentos empresariais, mas graças à sua habilidade de impor bons relacionamentos com o governo. Esses não ficaram contentes. Eles não gostaram das novas leis. Mas foram bem poucos. Em geral, nosso relacionamento com o mundo dos negócios foi bom.

OS: Antes de encerrarmos, apenas um comentário acerca de Stalin. Você disse coisas negativas a respeito dele, e, sabemos muito bem, ele é amplamente condenado no mundo. No entanto, ao mesmo tempo, todos sabemos que Stalin foi um grande líder no tempo da guerra. Ele conduziu a Rússia a uma vitória contra a Alemanha, contra o fascismo. O que você conclui dessa ambiguidade?

VP: Acho que você é uma pessoa ardilosa.

OS: Por quê? Podemos discutir isso amanhã, se você quiser.

VP: Não, estou pronto para responder. Sabe, houve um político proeminente, Winston Churchill, que era firmemente contra o bolchevismo. Mas assim que a Segunda Guerra Mundial começou, ele se tornou grande defensor de juntar forças com a União Soviética, e chamou Stalin de grande líder e revolucionário. E após a Segunda Guerra Mundial, como se sabe, foi Churchill quem iniciou a Guerra Fria. E quando a União Soviética fez o primeiro teste nuclear, quem se não Winston Churchill anunciou a necessidade de coexistência dos dois sistemas. Ele era muito flexível. No entanto, acho que, no fundo de seu coração, sua atitude em relação a Stalin nunca vacilou, nunca mudou.

Stalin é um produto de sua época. Você pode tentar demonizá-lo o quanto quiser. Procuramos falar a respeito de seus méritos em alcançar uma vitória contra o fascismo. Quanto à sua demonização, houve uma pessoa assim na história: Oliver Cromwell. Ele foi um sanguinário, que chegou ao poder na onda de uma revolução e se converteu em um ditador e tirano. Mas monumentos dele ainda estão espalhados por toda a Grã-Bretanha. Napoleão é endeusado. O que ele fez? Usou a onda de ardor revolucionário e chegou ao poder. E Napoleão não só restaurou a monarquia como se proclamou imperador. Além disso, levou a França a uma catástrofe nacional, a uma derrota completa. Há muitas situações, muitas pessoas assim. Mais do que o suficiente na história mundial. Acho que a demonização excessiva de Stalin é uma das maneiras de atacar a União Soviética e a Rússia, de mostrar que a Rússia de hoje tem algo que se originou do stalinismo. Bem, claro que todos temos essas marcas de nascença.

O que estou dizendo é que a Rússia mudou radicalmente. Claro que alguma coisa, provavelmente, ficou em nossa mentalidade, mas não há nenhuma volta ao stalinismo, porque a mentalidade do povo mudou. Quanto a Stalin, ele chegou ao poder propondo ideias maravilhosas. Falou da necessidade de igualdade, fraternidade, paz... Mas, claro, ele se transformou em um ditador. Não acho que numa situação como aquela outra atitude teria sido possível. Estou me referindo àquela situação específica do mundo. Era melhor na Espanha ou na Itália? Ou na Alemanha? Havia muitos países em que o governo era baseado na tirania.

Porém, claro que isso não significa que Stalin não foi capaz de unir o povo da União Soviética. Ele conseguiu organizar a resistência ao fascismo e não se comportava como Hitler. Stalin escutava seus generais. Até obedecia algumas das decisões por eles propostas. Isso não significa, porém, que devemos nos esquecer de todas as atrocidades cometidas por Stalin: a aniquilação de milhões de nossos compatriotas, os campos de extermínio. Nada disso deve ser esquecido. Ele é uma figura ambígua. Acho que, no fim de sua vida, estava em uma posição muito difícil. Uma posição mental muito difícil, acredito. Mas isso requer um estudo imparcial.

OS: E seus pais o admiravam, não é?

VP: Sim, com certeza. Acho que a maioria esmagadora dos cidadãos soviéticos admirava Stalin. Da mesma forma que a maioria esmagadora dos franceses admirava Napoleão no passado. E muitos ainda o admiram.

OS: Gostaria de terminar com um comentário rápido, mais leve. Vi em um filme a seu respeito que você aprendeu a tocar piano.

VP: Pois é. Recentemente, um amigo me ensinou a tocar com dois dedos algumas melodias muito conhecidas.

OS: Acho incrível que, na sua idade, você queira aprender algo novo. Também o vi esquiando. Você nunca tinha esquiado antes.

VP: Comecei a esquiar quando era estudante. Mas só há pouco comecei a patinar.

OS: Sim, eu vi isso. No hóquei.

VP: Quando comecei a patinar, achei que jamais iria aprender. Isso aconteceu há apenas dois anos. E meu primeiro pensamento foi: como faço para parar esta coisa?

OS: Ficou com medo de quebrar o tornozelo? Ou não teve receio de se machucar?

VP: Bem, se é para se afligir com essas coisas, é melhor ficar em casa.

OS: O hóquei é um esporte duro.

VP: Eu não esperava que fosse tanto. Achava que o judô era o esporte mais rigoroso, mas constatei que o hóquei era muito atlético em sua natureza.

OS: Você anda jogando?

VP: Sim. Hoje de manhã joguei hóquei.

OS: Sério? Inacreditável. E você tem planos de praticar um novo esporte?

VP: Não, ainda não.

OS: Você aprendeu francês?

VP: Não. Na realidade, apenas algumas frases.

OS: Bem, você foi à Guatemala. Foi o suficiente para conseguir os Jogos Olímpicos de Inverno.

VP: Um dos membros do Comitê Olímpico Internacional me disse que eu devia falar ao menos algumas palavras em francês. Foi o máximo que ele disse.

OS: Ah, foram apenas algumas? Você trapaceou.

VP: Ele garantiu que era um sinal de respeito. Não aos franceses, mas aos países africanos de língua francesa.

OS: Bem, obrigado, sr. Putin, pelo maravilhoso começo.

VP: Obrigado. Amanhã prosseguimos.

Notas

1. Informação geral:
O Cerco a Leningrado (atualmente, São Petersburgo) durou 872 dias, de 8 de setembro de 1941 a 27 de janeiro de 1944. Durante o cerco, os nazistas conseguiram sitiar Leningrado e cortar quase todo o abastecimento para a cidade, incluindo o de alimentos. Em consequência, só em 1942, 650 mil habitantes morreram. https://www.britannica.com/event/Siege-of-Leningrad

2. Informação geral:

O número real de baixas relativo ao número de homens mobilizados durante a Primeira Guerra Mundial é assustador. Entre os Aliados, o número total alcançou 52%. Entre as Potências Centrais, o total atingiu 67%. Veja, "First World War Causalties", Chris Trueman, *The History Learning Site* (17 de abril de 2015). Acessado em: http://www.historylearningsite.co.uk/world-war-one/world-war-one-and-casualties/first-world-war-casualties/

Os números do site de Trueman são confirmados por aqueles encontrados em *International Encyclopedia of the First World War*. Veja: "War Losses", Antoine Prost (8 de outubro de 2014). Acessado em: http://encyclopedia.1914-1918-online.net/article/war_losses

3. Informação geral:

A *perestroika* foi, nas palavras da Library of Congress: "O programa de Mikhail Gorbachev [com início em 1986] de reestruturação econômica, política e social, [que] se tornou o catalisador involuntário da desmontagem" do Estado soviético. "Revelations from the Soviet Archive", Library of Congress. Acessado em: https://www.loc.gov/exhibits/archives/pere.html

4. Informação geral:

O golpe de agosto de 1991 foi uma conspiração efêmera tramada pelos comunistas de "linha-dura", como a eles o Ocidente se referiu, que empreendeu um esforço desesperado para salvar a União Soviética em face da situação caótica provocada pela *perestroika* de Gorbachev. O golpe foi breve, durou apenas alguns dias, e de modo mais memorável envolveu o sequestro de Gorbachev e a tentativa de restabelecer o controle comunista sobre a União Soviética. A conspiração fracassou completamente, fazendo de Boris Yeltsin um herói, que liderou abertamente os protestos contra o golpe, precipitando o colapso da URSS. Veja: "The KGB's Bathhouse Plot", Victor Sebestyen, *New York Times* (20 de agosto de 2011). Acessado em: http://www.nytimes.com/2011/08/21/opinion/sunday/the-soviet-coup-that-failed.html.

5. Informação geral:

De acordo com o *New York Times*, "Anatoly A. Sobchak, ex-prefeito de São Petersburgo e reformista democrático (...) introduziu o presidente interino Vladimir V. Putin na vida pública". Foi Sobchak quem, como prefeito, mudou o nome de Leningrado para São Petersburgo, após o golpe de agosto de 1991. "A. A. Sobchak, Dead at 62; Mentor to Putin", Celestine Bohlen, 21 de fevereiro de 2000. Acessado em: http://www.nytimes.com/2000/02/21/world/aa-sobchak-dead-at-62-mentor-to-putin.html

6. Informação geral:

Os socialistas utópicos franceses acreditavam em uma sociedade igualitária, que seria estabelecida por meio de pequenas "comunidades-modelo, que ofereceriam exemplos de cooperação harmoniosa para o mundo". Era uma visão de democracia radical em pequena escala, levando, gradualmente, a um mundo melhor. Os socialistas marxistas, por outro lado, sobretudo como expresso na criação da União Soviética, acreditavam que o socialismo seria construído por meio de um "conflito de forças sociais", que levaria com o tempo ao Estado dos trabalhadores, que, inicialmente, assumiria a forma da ditadura do proletariado. Em outras palavras, era uma visão do socialismo viabilizado, não gradualmente, nem suavemente, mas, como resultado da necessidade, pela luta revolucionária dos trabalhadores (os revolucionários russos acrescentariam os camponeses), que, de início, teria de criar um Estado forte para suprimir a antiga classe dominante, constituída de proprietários de indústrias e proprietários de latifúndios. Veja, por exemplo, "Socialismo", Terence Ball, Richard Dagger, *Encyclopedia Brittanica*. Acessado em: https://www.britannica.com/topic/socialism

7. Informação geral:

Para mais detalhes a respeito do caos econômico e do desarranjo social provocados pelas rápidas mudanças da *perestroika* e o colapso resultante da URSS, veja: Cohen, Stephen F., *Soviet Fates and Lost Alternatives: From Stalinism to the New Cold War* (Columbia University Press, 2011).

8. Informação geral:

A Primeira Guerra da Chechênia, travada durante a presidência de Boris Yeltsin, ocorreu entre 1994 e 1996. A guerra foi travada por Moscou para reafirmar o controle da República da Chechênia, que desejava a independência. A Segunda Guerra da Chechênia, iniciada no lado russo pelo novo presidente, Vladimir Putin, foi travada em defesa da liderança chechena contra os extremistas islâmicos radicais, muitos dos quais infiltrados do exterior, que tentavam derrubar o novo governo checheno. Milhares de pessoas morreram em ambos os lados desses conflitos, que vieram a ser considerados como a "Guerra do Vietnã da Rússia". A Rússia só declarou sua vitória na Segunda Guerra da Chechênia em 2009. "Chechnya, Russia and 20 years of Conflict", Mansur Mirovalev, *Al Jaazera* (11 de dezembro de 2014). Acessado em: http://www.aljazeera.com/indepth/features/2014/12/chechnya-russia-20-years-conflict-20141211161310580523.html

Para uma cronologia real desses conflitos, veja: "Chechnya and Russia: timeline", *The Guardian* (16 de abril de 2009). Acessado em: http://www.theguardian.com/world/2009/apr/16/chechnya-russia-timeline

9. Informação geral:

Boris Berezovsky era um oligarca bilionário polêmico, que ficou rico, como muitos ficaram, assumindo o controle de indústrias durante a privatização da economia russa pouco antes e depois do colapso da URSS. Em 2013, ele morreu em circunstâncias misteriosas. Para a *Forbes*, Berezovsky pode ter assassinado Paul Klebnikov, editor da revista. "Did Boris Berezovsky Kill Himself? More Compelling, Did He Kill Forbes Editor Paul Klebnikov?", Richard Behar, *Forbes* (24 de março de 2013). Acessado em: https://www.forbes.com/sites/richardbehar/2013/03/24/did-boris-berezovsky-kill-himself-more-compelling-did-he-kill-forbes-editor-paul-klebnikov/#621359176729

10. Afirmação: "Creditam-lhe a realização de muitas coisas boas em seu primeiro mandato. As privatizações foram interrompidas. Você fortaleceu setores como eletrônica, engenharia, petroquímica, agricultura e muitos outros. Um verdadeiro filho da Rússia. Você devia estar orgulhoso. Elevou o PIB, aumentou a renda, atualizou o Exército, solucionou a Guerra da Chechênia."

Sustentação: De acordo com o jornal londrino *Guardian*, Putin é lembrado de modo favorável pelo povo russo por ajudar a "conduzir uma era de prosperidade sem precedentes (...) com a renda disponível real dobrando entre 1999 e 2006", e com o PIB crescendo 2,7 vezes de 2006 a 2014. "15 years of Vladimir Putin, 15 ways he has changed Russia and the World", Alec Luhn (6 de maio de 2015). Acessado em: https://www.theguardian.com/world/2015/may/06/vladimir-putin-15-ways-he-changed-russia-world

11. Afirmação: "Imensamente popular em 2004. Você foi reeleito com 70% dos votos."

Sustentação: Oliver Stone está correto ao afirmar que Putin venceu a eleição presidencial de 2004 com cerca de 70% dos votos. Veja: "Russia in 2004", Elizabeth Teague, *Encyclopedia Britannica*. Acessado em: https://www.britannica.com/place/Russia-Year-In-Review-2004

12. Informação geral:

O democrata Franklin Delano Roosevelt assumiu a presidência dos Estados Unidos pela primeira vez em 1933, tornando-se o 32º presidente do país. Com o tempo, ele seria eleito para mais três mandatos. Um recorde. No entanto, ele morreu antes de concluir seu quarto mandato. Dois anos após sua morte, em 21 de março de 1947, o Congresso aprovou a 22ª emenda à Constituição norte-americana, afirmando que nenhuma pessoa poderia ser eleita para o cargo de presidente mais de duas vezes. A emenda foi sancionada em 1951.

Veja: "FDR nominated for unprecedented third term", *History*. Acessado em: http://www.history.com/this-day-in-history/fdr-nominated-for-unprecedented-third-term

13. Afirmação: "Devo lhe dizer que o presidente Medvedev executou com independência todas as suas funções. Havia uma divisão de funções conforme a Constituição. Jamais interferi em seu domínio."

De fato, na Rússia, existe uma divisão clara de funções entre o presidente e o primeiro-ministro. Veja: "FACTBOX: Russian president and prime minister: who does what?", *Reuters* (7 de maio de 2008). Acessado em: http://www.reuters.com/article/us-russia-inauguration-president-duties-idUSL0718325420080507

No entanto permanece a questão de quão realmente independente era o relacionamento entre Putin e Medvedev, de 2008 a 2012, quando

Dmitry Medvedev era o presidente e Vladimir Putin, o primeiro-ministro. Sistematicamente, a mídia ocidental retratou os dois como amigos, cuja relação, de vez em quando, experimentava tensões com respeito às reformas propostas e implantadas pelo presidente Medvedev. No entanto, mais concretamente, as fontes ocidentais concordaram que o primeiro-ministro Putin era aquele que dava as ordens na Rússia. Veja: "Vladimir Putin Is Medvedev's Friend — And Boss", Dmitry Sidorov, *Forbes* (23 de fevereiro de 2009). Acessado em: https://www.forbes.com/2009/02/23/russia-president-prime-minister-opinions-contributors_medvedev_putin.html

14. Informação geral:
Dmitry Medvedev cumpriu o mandato de presidente da Rússia de 2008 a 2012, e também cumpriu o mandato de primeiro-ministro russo durante os mandatos de Vladimir Putin como presidente. "Dmitry Medvedev, Fast Facts", CNN (30 de agosto de 2016). Acessado em: http://www.cnn.com/2012/12/26/world/europe/dmistry-medvedev-fast-facts

15. Afirmação: "Cinco tentativas de assassinato, me disseram. Não tanto quanto Castro, a quem entrevistei. Acho que ele foi alvo de 50. Mas tomei conhecimento de cinco."
As tentativas de assassinato de Putin são incertas e inverificáveis. No entanto, autoridades cubanas afirmam que as tentativas de assassinato de Fidel Castro alcançam uma quantidade superior a 638 vezes, também inverificáveis. Veja: "Fidel Castro survived 600 assassination attempts, officials say", Patrick Oppmann, CNN (26 de novembro de 2016). Acessado em: http://www.cnn.com/2016/08/12/americas/cuba-fidel-castro-at-90-after-assassination-plots/

Viagem 1 – Dia 2 – 3 de julho de 2015

YELTSIN E A GUERRA DO GOLFO

VP: Muitos assessores econômicos norte-americanos trabalhavam com o governo central e a administração do presidente Yeltsin. E como estávamos em São Petersburgo, havia pouco a fazer em relação a isso.

OS: Mas você se juntou a Yeltsin em 1995, certo?

VP: Em 1996, para ser mais exato. Gostaria de chamar sua atenção para o fato de que eu trabalhava na secretaria de governo do presidente, e tínhamos de lidar com assuntos domésticos. Eu era encarregado das questões jurídicas, mais precisamente. Porém, sem dúvida, mais tarde, quando passei para a Secretaria de Administração, e quando estava trabalhando em São Petersburgo, acompanhávamos de perto todas essas questões. E vimos as discussões entre a escola norte-americana de economia e os europeus. A maioria deles não aprovava inteiramente as recomendações dadas pelos norte-americanos. Em particular, refiro-me à privatização da propriedade estatal. Para ser sincero, não podíamos interferir nesse processo, e não interferimos. No entanto, eu achei bastante objetivo o que os europeus nos disseram naquela ocasião, bastante justo. Contudo, aquilo que os especialistas norte-americanos nos prometeram pareceu muito mais atraente.

OS: Agora, em retrospecto, isso foi uma iniciativa do setor privado? Ou você também sentiu a presença do governo norte-americano?

VP: Acho que dos dois. Tanto do setor privado como do governo. Certamente, o setor privado estava assumindo parte ativa nesse processo. No entanto, sem dúvida, sob controle do governo central.

OS: Yeltsin manifestou alguma vez pensamentos sombrios acerca dos interesses norte-americanos aqui?

VP: Não, nunca.

OS: Nunca.

VP: Nunca. Yeltsin não manifestou tais pensamentos, mas não se aprofundava nas questões econômicas. Em geral, ele confiava no governo. Confiava na gente que trabalhava com ele. Gente que ele achava que era a nova geração.

OS: E os europeus lhe diziam o quê?

VP: Os europeus achavam que a privatização descontrolada não resultaria no aumento da eficiência da economia russa. Especialmente no que diz respeito à privatização de setores-chave da economia. Na verdade, eles propuseram um jeito mais brando para nós. Duas palavras: economia de mercado. Agora que remonto àquela época, acho que teria sido muito mais eficiente. E não teria levado a consequências sociais tão graves. No entanto, devemos reconhecer e dar crédito àqueles que tomaram a decisão. Foi necessário bastante coragem para tomar medidas sem as quais nenhuma transição rumo à economia de mercado teria sido possível.

OS: E quem foram essas pessoas?

VP: Yegor Gaidar, principalmente. Chubais, do Ministério da Economia. Andrei Nechaev.

OS: Então, você está dizendo que concorda com a política, mas que foi implantada muito rápido?

VP: Concordo com os objetivos formulados por eles. Mas não concordo com os métodos que eles empregaram.

OS: Como jovem, você viu algo de errado quando Gorbachev fez um acordo com Reagan e trouxe de volta as tropas da Europa Oriental? Você viu algo de errado quando os Estados Unidos intervieram no Iraque, em janeiro de 1991?

VP: No que diz respeito à primeira parte de sua pergunta, já falei a respeito publicamente. Quanto à Europa Oriental, acho que seria absurdo e deletério se a União Soviética impusesse sobre os outros povos e os outros países suas regras de conduta — sua visão de como a sociedade devia se desenvolver, de como o sistema político e estatal desses países devia ser concebido. Essa abordagem não tinha nenhum futuro. Era bastante evidente que, de uma forma ou de outra, isso tinha de acabar. As pessoas não se sujeitam sempre às decisões que lhe são impostas de fora. Além disso, em geral, a Europa Oriental e a Europa possuíam suas próprias tradições políticas, que não podiam ser desprezadas.

OS: Vamos falar com franqueza aqui. Eu participei da Guerra do Vietnã. Os Estados Unidos enviaram 500 mil soldados para lá. Isso foi ultrajante e condenado pelo restante do mundo. Após a *détente* com Gorbachev, Reagan e os Estados Unidos enviaram 500 mil soldados para a Arábia Saudita e o Kuwait.

VP: Sei que você é bastante crítico do governo norte-americano em muitas dimensões. Nem sempre compartilho do seu ponto de vista. Não obstante o fato de que, com respeito à liderança norte-americana, nem sempre temos o relacionamento que gostaríamos. Às vezes, certas decisões precisam ser tomadas, e não são aprovadas inteiramente por alguns setores da sociedade. No entanto, é melhor tomar certas decisões do que não tomar nenhuma.

OS: Então, você não desaprova o envio repentino de 500 mil soldados norte-americanos ao Oriente Médio?

VP: Na minha opinião, é errado impor sobre outros países e outros povos nossos próprios padrões e modelos. Em particular, eu me refiro à democracia. A democracia não pode ser imposta de fora. Ela só pode nascer no interior da sociedade. E a sociedade deve ser ajudada a seguir esse caminho. Porém, tentar impor a democracia pela força de fora é absurdo, é contraproducente, é prejudicial. E quanto ao uso da força, incluindo forças terrestres, de vez em quando é necessário. Claro que é melhor se feito a convite do governo interessado ou de acordo com a lei internacional, e com base em uma decisão do Conselho de Segurança das Nações Unidas.

OS: Sim. Tudo bem. Gorbachev, aliás, fez um esforço supremo em favor da paz. E poucos meses depois da queda do Muro de Berlim, os Estados Unidos enviaram tropas para o Panamá ilegalmente, sem o apoio de outros países e com a condenação das demais nações latino-americanos.

VP: Bem, seguramente, não há nada de bom nisso. Mas Gorbachev, antes de tomar medidas unilaterais, devia ter ponderado sobre como seus parceiros reagiriam. Medidas podem ser tomadas em relação ao seu parceiro, mas você precisa entender o que virá na sequência. Você me perguntou sobre o Iraque. Acho que foi um erro enviar tropas para o Iraque, derrubar Saddam Hussein.

OS: Isso aconteceu depois. Refiro-me ao início dessa coisa, em 1991, quando o Iraque invadiu o Kuwait.

VP: Naquele momento, os Estados Unidos não foram mais longe, não derrubaram o governo iraquiano. Sei que existem discussões sobre esse assunto, e alguns dizem que os Estados Unidos deviam ter ido mais longe e derrubado Saddam Hussein. Outros são de opinião de que tudo foi feito de maneira correta, que tinham de parar no momento certo. O presidente Bush agiu muito bem. Ele foi cauteloso. Ele respondeu à agressão e, em seguida, parou, no tempo certo.

OS: Tudo bem. Entendo seu ponto de vista. Não concordo com ele, mas entendo. Quando os Estados Unidos enviam 500 mil soldados para qualquer lugar do mundo, o objetivo é consolidar interesses importantes. E depois que muitos soldados norte-americanos são enviados para uma região, isso muda para sempre a dinâmica dessa região. Não há nenhuma maneira, agora, de os Estados Unidos deixarem o Oriente Médio.

VP: Acho que não. A coisa mais deplorável é a tentativa de mudar regimes naquela parte do mundo, na expectativa de que, no dia seguinte, tudo se ajeite e que a democracia ao estilo norte-americano se estabeleça. Mas isso é impossível. Estamos testemunhando o que está acontecendo naquela região neste momento. De onde veio o Estado Islâmico? Nunca existiram terroristas ali antes. E, agora, eles têm uma cabeça de ponte naquela região e controlam dois terços do território iraquiano. E o mesmo vem acontecendo na Síria. A Líbia, como Estado territorialmente íntegro, deixou de existir.[16] Lembremos o quão felizes os líbios ficaram quando Kadafi foi morto, mas não havia motivo para felicidade.[17] O padrão de vida ali era bastante alto, quase o nível médio europeu. Os líbios tinham de lutar pela democracia? Sim, tinham, mas não usando os meios de que lançaram mão. Podemos ver que o resultado disso foi uma catástrofe.

OS: Entendo. Acho que você está tomando um pouco a dianteira em relação a mim.

O 11 DE SETEMBRO

OS: Antes de mais nada, quero saltar para o desenvolvimento dessa questão, que é o segundo Bush... O W. Após a posse, em 2001, ele teve um encontro com você, creio que na Eslovênia, quando teria dito: "Olhei nos seus olhos e tive uma dimensão de sua alma."[18]

VP: Sim, foi exatamente o que ele disse. Ele é uma pessoa muito decente. Um bom homem.

OS: O que você sentiu ao ouvir isso do presidente Bush?

VP: Senti que ali estava alguém com quem podíamos chegar a um acordo. Uma pessoa com quem podíamos lidar. Ao menos, era o que eu esperava.

OS: No 11 de Setembro, você foi um dos primeiros a telefonar para ele e oferecer condolências?[19]

VP: Sim, tínhamos planejado exercícios militares de nossas novas forças estratégicas para o dia seguinte. Eu cancelei os exercícios e quis que o presidente dos Estados Unidos soubesse. Com certeza, eu entendia que chefes de Estado e governos nessa situação precisam de apoio moral, e quis demonstrar esse apoio ao presidente Bush.

OS: Quando o presidente Bush invadiu o Afeganistão, você cooperou com a invasão e estabeleceu bases no Cáucaso, na Eurásia, para que os norte-americanos tivessem uma linha de abastecimento para a guerra no Afeganistão?

VP: Não foi bem assim. Não estabelecemos nenhuma base militar especificamente para esse propósito. Desde o tempo da União Soviética, tínhamos uma divisão no Tajiquistão, que, posteriormente, transformou-se em uma base militar para proteger essa direção, que é perigosa, do ponto de vista de terroristas, no Afeganistão. Apoiamos os Estados Unidos.[20] E permitimos que eles utilizassem nosso território para suprimento de armas e outras cargas.

OS: E continuaram fazendo isso até recentemente.

VP: Sim. Acreditamos que essa cooperação é de nosso interesse nacional. Essa é uma área em que podemos e devemos juntar nossas forças. Fornecemos informações adicionais aos nossos parceiros norte-americanos, incluindo informações de inteligência, tanto quanto possível.

OS: A Rússia possui uma longa história de serviço de informações no Afeganistão. Claro que você sabe muito a esse respeito. Como vocês não descobriram onde Bin Laden estava e o que realmente vinha acontecendo com ele? Não só seu paradeiro, mas o quão frágil era a base da Al-Qaeda nessa altura no Afeganistão.

VP: A Al-Qaeda não é resultado de nossas atividades. É o resultado das atividades de nossos amigos norte-americanos.[21] Tudo começou durante a guerra dos soviéticos no Afeganistão, quando os agentes do serviço de inteligência norte-americano forneceram apoio às diferentes tendências do fundamentalismo islâmico, ajudando-as a lutar contra as tropas soviéticas no Afeganistão. Assim, foram os norte-americanos que fomentaram a Al-Qaeda e Bin Laden. Mas tudo isso ficou fora de controle, como sempre acontece. Assim, eles devem culpar a si mesmos.

OS: Entendo. Se bem que Bill Casey, diretor da CIA no governo de Ronald Reagan, fez um esforço especial — isso está documentado — para instigar os muçulmanos no Cáucaso, na Ásia Central, contra a União Soviética.[22] Seu plano era maior do que apenas derrotar a União Soviética no Afeganistão. Ele esperava uma mudança de regime na União Soviética.

VP: Veja, a questão é que essas ideias ainda estão vivas. E quando os problemas no Cáucaso e na Chechênia surgiram, infelizmente os norte-americanos apoiaram esses processos.[23] Não as forças oficiais, não o governo democrático de Yeltsin. Isso eles não apoiaram. Embora contássemos com isso. Supusemos que a Guerra Fria havia acabado, que tínhamos relações transparentes com os Estados Unidos, com o restante do mundo, e, sem dúvida, contávamos com esse apoio. No entanto, em vez disso, vimos os serviços de inteligência norte-americanos apoiarem terroristas. E mesmo quando confirmamos isso, quando demonstramos que os combatentes da Al-Qaeda estavam lutando no Cáucaso, ainda vimos os serviços de inteligência norte-americanos continuarem a apoiar esses combatentes. Eu falei ao presidente Bush a esse respeito, e ele me perguntou: "Você tem dados concretos de quem especificamente fez isso?" E eu lhe respondi: "Sim, eu tenho esses dados"; e os mostrei, e até forneci os nomes das pessoas dos serviços de inteligência norte-americanos que trabalhavam no Cáucaso, inclusive em Baku. E esses agentes não forneciam apenas apoio político geral, mas também apoio técnico, ajudando a transferir combatentes de um lugar para outro. E a reação do presidente Bush foi a correta: muito negativa. Ele disse: "Vou resolver isso." No entanto, não houve resposta. E as semanas se passaram...

OS: Em que ano foi isso?

VP: Em 2004 ou 2005. Então, depois de algum tempo, recebemos uma resposta dos serviços de inteligência norte-americanos. Foi bastante peculiar. Eles nos escreveram: "Apoiamos todas as forças políticas, incluindo as forças de oposição, e continuaremos a fazer isso."

OS: Enviaram uma carta para você em 2005?

VP: Sim, a CIA nos enviou uma carta,[24] como também a seus colegas em Moscou. Para ser honesto, fiquei muito surpreso, principalmente após minha conversa com o presidente norte-americano.

OS: Você falou com ele depois disso?

VP: Sim, sem dúvida. Sabe, a política é uma área estranha. Tenho certeza de que o presidente Bush sempre foi uma pessoa íntegra. Mas toda essa burocracia, que ainda se agarra a ideias das quais você falou, ou seja, a possibilidade do uso do fundamentalismo para desestabilizar a situação... Bem, essas ideias ainda estão vivas. Mesmo apesar do fato de a situação ter mudado radicalmente na própria Rússia: a União Soviética deixou de existir. Vou dizer algo que acredito ser muito importante. Estamos, agora, bastante convictos — na verdade, desde aquela época —, de que, embora nossos parceiros norte-americanos falassem da necessidade de cooperar, incluindo a luta contra o terrorismo, na realidade estavam usando aqueles terroristas para desestabilizar a situação política interna da Rússia. E, sendo bem sincero, nós ficamos muito decepcionados.

OS: Suponho que você queira que passemos para o Palácio.

VP: Sim, será mais fácil.

OS: Tive dois grandes sonhos.

VP: Em um deles você voava?

OS: Sim. Tento me lembrar dos sonhos. Assim que acordo, eu os anoto. É um hábito que adquiri.

VP: Muito interessante.

OS: Sim, é importante. Por isso, fiquei surpreso quando você disse que não prestava atenção aos sonhos ou não se lembrava deles.

VP: Às vezes, eu me lembro dos sonhos, por pouquíssimo tempo, e, depois, esqueço.

OS: Eu me esforço para me levantar no meio da noite para me lembrar dos sonhos, porque sei que vou esquecê-los quando voltar a dormir.

VP: E onde você mora a maior parte do tempo?

OS: Entre Nova York e Los Angeles. Eu viajo muito.

VP: Você tem um apartamento em Nova York e uma casa em Los Angeles?

OS: Tenho residências nas duas cidades. Mas passei os últimos seis meses em Munique.

A GUERRA DO IRAQUE E A EXPANSÃO NORTE-AMERICANA

OS: Ok. Então, você está envolvido na Guerra do Afeganistão e na cooperação com os Estados Unidos. Eles estão na Ásia Central agora. Você sabe cada vez mais a respeito do apoio norte-americano ao terrorismo — terrorismo islâmico — contra a União Soviética. Mas, agora, eles estão combatendo o terrorismo, procurando Bin Laden e investindo muito dinheiro na caçada à Al-Qaeda, embora tenham me dito que as forças da Al-Qaeda no Afeganistão tinham, no máximo, 100 combatentes. Havia apenas 100 combatentes da Al-Qaeda quando ainda estávamos combatendo lá.[25]

VP: Lamentavelmente, o princípio geral de alguns países é apoiar pessoas que possuem visões radicais, a fim de obter ajuda para combater aqueles que aparentemente, são seus inimigos. A questão e o maior problema é que fazer uma distinção entre tais pessoas é impossível. Porque essas pessoas também evoluem e mudam. Elas se adaptam às condições, o que torna impossível entender quem está usando quem — se os serviços de inteligência dos Estados Unidos estão usando os radicais islâmicos. Os radicais entendem que os serviços de inteligência querem usá-los para lutar por seus próprios interesses, e ganham dinheiro, conseguem apoio, obtêm armas e, em seguida, desferem um golpe pesado contra seus benfeitores. Ou transferem parte de seu dinheiro, armas ou equipamentos para outras unidades armadas e que estão envolvidas em atividades que não são acolhidas positivamente por seus benfeitores, ou para aquelas que apoiam isso ou para aquela unidade do país. O mesmo está acontecendo com o Estado Islâmico neste momento. Exatamente a mesma coisa. Há toda aquela conversa sobre a necessidade de apoiar a oposição na Síria, a oposição normal: mas ela recebe dinheiro e armas, e, então, descobre-se que parte da oposição se bandeou para o Estado Islâmico. E nossos parceiros reconhecem isso. Mas é um erro sistemático que sempre se repete. É a mesma coisa que aconteceu no Afeganistão na década de 1980. E, neste momento, está acontecendo no Oriente Médio.

OS: Sei que discutimos isso antes, mas, por favor, me diga de novo se você acredita que os Estados Unidos se envolveram de alguma maneira no apoio aos chechenos na primeira ou na segunda guerra.

VP: Sim. Temos certeza absoluta, pois possuímos provas objetivas disso.[26] Veja, você não precisa ser um grande analista para ver que os Estados Unidos apoiaram política e financeiramente, forneceram informações. Eles apoiaram os separatistas e os terroristas no Cáucaso do Norte. E quando perguntamos aos nossos parceiros: "Por que vocês os recebem em nível oficial?", ouvimos deles: "Não estamos fazendo isso em alto nível — é apenas um nível técnico, o nível dos especialistas." Mas isso era simplesmente ridículo. Era evidente que eles lhes davam apoio, nós víamos isso. Em vez de tentar juntar forças para combater uma ameaça comum, alguém está, o tempo todo, procurando usar a situação para seu próprio benefício e seus interesses de curto prazo. Porém, no final das contas, são eles os prejudicados por aqueles que apoiam. Foi o que aconteceu na Líbia, quando o embaixador norte-americano morreu.

OS: Você está falando de armas para os chechenos? Está falando de dinheiro? Também da contribuição da Arábia Saudita?

VP: A Arábia Saudita, em nível de Estado, não concedeu nenhum apoio a eles. Sempre tivemos boas relações com os sauditas, com o finado rei e com a liderança atual do país. Não temos nenhuma prova de que o governo oficial apoiou o terrorismo. Tem mais. Há muitos fundos privados e pessoas físicas que deram apoio, e sabemos disso. Também havia motivo de preocupação com a família real da Arábia Saudita. Ela sempre se preocupou com a ameaça de uma onda do terrorismo. Bin Laden é saudita. Porém, a Arábia Saudita não é nossa aliada. Antes de mais nada, é aliada dos Estados Unidos.

OS: Mas o apoio norte-americano foi secreto. Você disse que tem provas de que os Estados Unidos apoiavam os chechenos?

VP: Sim, sem sombra de dúvida. Eu e você já conversamos sobre isso. Em relação à informação e ao apoio político, nenhuma prova é necessária. Era evidente para qualquer um, porque era feito abertamente. Temos provas, no entanto, dos apoios operacional e financeiro, e algumas delas nós apresentamos aos colegas norte-americanos, como acabei de lhe dizer. E você sabe disso. Eu também lhe falei a respeito. Eles nos enviaram aquela carta oficial, e nos disseram: "Apoiamos todas as forças políticas, incluindo as forças de oposição, e continuaremos a fazer isso." Era evidente que não se referiam apenas às forças de oposição, mas também das organizações e estruturas terroristas. Não obstante, elas eram retratadas exatamente como oposição normal.

OS: Em sua opinião, qual foi o momento mais perigoso das guerras da Chechênia, a primeira, a segunda?

VP: Acho difícil mencionar um momento específico. A assim chamada Segunda Guerra da Chechênia começou com o ataque de grupos armados internacionais do território da Chechênia no Daguestão, e foi uma tragédia.[27] A questão é que tudo teve início com as forças federais se confrontando com os terroristas. Começou com cidadãos comuns do Daguestão, que também é uma república muçulmana. Eles pegaram em armas e organizaram a resistência contra os terroristas. Lembro-me muito bem daquela época. O Daguestão não estava apenas nos exortando, mas também gritando para nós: "Se você, Rússia, não nos proteger, então, nos dê armas e faremos isso por nossa própria conta." E, naquele tempo, tive de me envolver ativamente em resolver esse problema. Na ocasião, era primeiro-ministro interino.

OS: Enquanto isso, os Estados Unidos, embora estivessem no Afeganistão, invadem o Iraque, em março de 2003. Qual foi sua reação diante da preparação para a guerra e também da invasão?

VP: Nós entendemos que as evoluções, que nasceram no Afeganistão, estavam relacionadas aos ataques terroristas contra Nova York. E tivemos a informação que dizia que havia uma célula terrorista. Havia uma concentração de terroristas nesses territórios. E dissemos imediatamente que consideraríamos dar apoio aos Estados Unidos. Em relação ao Iraque, já lhe disse. Acreditávamos que, no final, isso levaria à desintegração do país, ao desaparecimento das estruturas capazes de resistir ao terrorismo, que, por sua vez, levaria a problemas regionais de larga escala. Formulamos propostas para cooperar nesse sentido, mas elas foram deixadas sem resposta. Os Estados Unidos preferem tomar tais decisões unilateralmente. A propósito, nem todos os aliados da OTAN dos Estados Unidos apoiaram as ações norte-americanas. França e Alemanha foram contra essa decisão. Além disso, houve aquela situação singular: tanto a França como a Alemanha, e não nós, formularam suas próprias posições a respeito do Iraque e tentaram nos convencer a apoiar a posição europeia.

OS: Desculpe se não entendi, mas você afirmou que os russos tinham evidência de que existiam células terroristas no Iraque relacionadas ao ataque em Nova York? Foi isso que você disse?

VP: Não, era no Afeganistão.

OS: Certo, mas achei que você tinha dito Iraque. Então, você sabia que não existia ligação entre os ataques em Nova York e o Iraque?

VP: Com certeza, não havia nenhuma ligação. Existia uma ligação com os grupos terroristas que estavam em certas áreas do território afegão. Mas o Iraque não tinha nada a ver com isso.

OS: Mas foi dito pelo governo Bush, particularmente por Richard Cheney, o vice-presidente, que havia uma ligação.

VP: Não tínhamos nenhuma prova disso.

OS: Ou seja, você sabia que era uma teoria fabricada.

VP: De algum modo, foi inventada. Provavelmente, o governo oficial dos Estados Unidos utilizou alguma informação que não era inteiramente correta. Não acho que tenho o direito de fazer nenhuma acusação. Mas foi um grande erro, como estamos testemunhando neste momento.

OS: Quanto às armas de destruição em massa, presumo que você teve uma reação semelhante.

VP: Sim, sem dúvida. Além disso, tínhamos dados exatos de que não havia nenhuma arma de destruição em massa no Iraque.[28]

OS: Você nunca discutiu isso com Bush?

VP: Sim, discutimos. Porém, nossos parceiros norte-americanos achavam que tinham provas suficientes e que elas bastavam. Era o que eles achavam.

OS: Bem, quer dizer que, do seu ponto de vista — e você conversou com diversos líderes mundiais —, Bush era um homem decente, íntegro, mas mesmo assim foi enganado muitas vezes por seus especialistas.

VP: Nem sempre. Não o tempo todo. Além do mais, depois do ataque terrorista em Nova York, o presidente Bush, decerto, se concentrou em como proteger os Estados Unidos e os cidadãos norte-americanos. E era cômodo para ele acreditar nos dados fornecidos pelos serviços de inteligência. Ainda que esses dados não fossem inteiramente corretos. Há tentativas de demonizar Bush, e não acho que seja a coisa correta a fazer.

OS: Certo, certo. Bush não deu continuidade à expansão da OTAN — que Clinton começara a expandir de novo — durante seu mandato.

VP: Foi outro erro.

OS: Ok... Como você se sentiu? Quero dizer, a partir do que escutei de Gorbachev, e também do que li dos dirigentes norte-americanos, incluindo James Baker, de que havia um acordo com a União Soviética de não expansão da OTAN para o Leste.

VP: Sim, falei disso publicamente, inclusive em Munique. Quando a decisão sobre a reunificação da Alemanha foi tomada, o presidente dos Estados Unidos, o secretário-geral das Nações Unidas e o representante da República Federal da Alemanha disseram que a União Soviética podia ter certeza de uma coisa: a fronteira oriental da OTAN não se estenderia além da fronteira oriental da República Democrática Alemã.

OS: Então foi uma clara violação.[29]

VP: Não foi posto no papel. Foi um erro, mas esse erro foi cometido por Gorbachev. Em política, tudo tem de ser posto no papel, porque, mesmo algo documentado, pode ser muitas vezes violado. E ele só conversou e decidiu que era suficiente. Mas não foi o caso. Depois disso, houve duas ondas de expansão da OTAN. A propósito, lembro-me do presidente Clinton e de sua última visita oficial aqui. Nós nos reunimos no recinto adjacente com ele e sua delegação. Eu lhe disse, meio a sério, meio de brincadeira: "Acho que a Rússia deveria pensar em ingressar na OTAN." Clinton respondeu: "Por que não? Acho que é possível." No entanto, quando percebemos a reação de sua equipe, entendemos que ela ficou um tanto perplexa ou até assustada com essa ideia.

OS: Você realmente foi sincero?

VP: Eu disse que falei isso meio a sério, meio de brincadeira. O que eu quis dizer, de verdade, prefiro não revelar neste momento. Mas foi o que falei para Clinton, e a reação de sua delegação foi bastante cautelosa. E posso lhe dizer o motivo: porque a OTAN, no que me diz respeito, é um remanescente do passado. Essa organização surgiu durante a Guerra Fria, entre dois sistemas. E agora a OTAN é um mero instrumento da política externa dos Estados Unidos. Eles não possuem aliados nela, apenas vassalos. E eu sei muito bem como se trabalha no interior da OTAN. Alguns membros podem discutir acerca de questões secundárias. No entanto, no que diz respeito a questões sérias, não há nenhuma discussão no interior da OTAN. Há apenas duas opiniões na OTAN: a opinião norte-americana e a opinião errada.

OS: Bem, parece que você estava levando a sério essa mudança de ventos.

VP: Só um momento, eu gostaria de acrescentar algo. Apenas imagine se a Rússia fizesse parte da OTAN. Sem dúvida, não nos comportaríamos assim, porque temos pontos de vista próprios a respeito de diversas questões. E defenderíamos o nosso.

OS: Então, há uma vantagem em ingressar na OTAN, porque você é capaz de votar "Não" para alguma coisa.

VP: (Risadas) Acho que foi exatamente o que a delegação norte-americana não gostou com relação à ideia.

OS: Bem, acredito que, de acordo com as regras da OTAN, você teria de compartilhar todas as suas informações nucleares com os Estados Unidos.

VP: Veja, a abertura a todos os nossos parceiros — incluindo os Estados Unidos —, após a desintegração da União Soviética, e após a mudança de nosso sistema político, foi tão grande que até abrangeu nossas forças nucleares. Naquela época, não tínhamos quase segredos. Os monitores norte-americanos estavam em uma de nossas maiores fábricas produzindo componentes para armas nucleares. E esses monitores estavam baseados ali de modo permanente. Entende? Estávamos bastante abertos. E não havia ameaças adicionais de nossa parte.

OS: A essa altura dos acontecimentos parece claro que você não estava percebendo os sinais no ar. Havia muitos sinais chegando, incluindo a saída de Bush, em 2001, do Tratado de Mísseis Antibalísticos de 1972.[30]

VP: Não, não era o caso. Estávamos discutindo muito ativamente essa questão com nossos parceiros. E há uma coisa curiosa: o presidente de nosso país muda, mas a política não muda; quero dizer, nas questões de princípio. Refiro-me, em particular, à saída dos Estados Unidos do Tratado de Mísseis Antibalísticos.[31] É o objetivo. Em geral, o tratado era a base do sistema de segurança nacional. Era o alicerce da segurança internacional. E, inicialmente, o presidente Clinton tentou me persuadir a apoiar a saída dos Estados Unidos desse tratado.

OS: Com que base?

VP: Sem fundamento, sem base nenhuma. Ele me disse que havia uma ameaça proveniente do Irã. Em seguida, a mesma tentativa foi empreendida pelo presidente Bush. Tentamos convencê-lo, mostrando que era uma ameaça contra nós. Isso não foi inteiramente inútil. Em certa etapa, nossos colegas norte-americanos, ao nível do secretário de Defesa e do secretário de Estado, afirmaram que entendiam nossas preocupações. Devo dizer que propusemos trabalhar juntos num sistema de mísseis antibalísticos: os Estados Unidos, a Europa e a Rússia. Porém, no fim, ainda que nossos parceiros, infelizmente, se recusassem a seguir essa proposta, sugeriram que devíamos abordar nossas preocupações tecnicamente. Mas eles se recusaram a seguir sua própria proposta. Nesse aspecto, analisamos durante muito tempo essa questão e dissemos que não desenvolveríamos nosso sistema de mísseis antibalísticos porque era muito caro e não sabíamos se isso levaria a alguma coisa. No entanto, para preservar o elemento crucial da segurança e estabilidade internacional — ou seja, o equilíbrio estratégico do poder —, seríamos obrigados a desenvolver nossa capacidade ofensiva: mísseis capazes de superar quaisquer sistemas de mísseis antibalísticos. A resposta deles foi bastante simples. Eles nos disseram que não estavam desenvolvendo aquele sistema contra a Rússia. Também disseram: "Façam o que quiserem, porque assumiremos que não é contra os Estados Unidos." Afirmei: "Tudo bem, façamos assim." E é o que estamos fazendo. Acho estranho que, agora, quando anunciamos estar renovando nossa capacidade nuclear sem exceder os limites dos tratados sobre redução de nosso arsenal nuclear, isso provoque sempre uma reação muito irritada da parte de nossos parceiros. Não fomos os primeiros a começar essa corrida e, antes de mais nada, dissemos a eles o que íamos fazer; o que teríamos de fazer.

OS: Duas perguntas breves: Bush fez isso sem consulta? Ele simplesmente fez?

VP: Tivemos muitas discussões, muitas negociações sobre esse tema, mas os Estados Unidos tomaram unilateralmente a decisão de se retirar do tratado.

OS: Certo, com Clinton houve discussões, mas com o pessoal de Bush não funcionou?

VP: Tivemos discussões com a equipe de Bush e com a equipe de Clinton.

OS: Ok, nada de regras... Novas regras. Regras norte-americanas.

VP: Provavelmente, nossos parceiros acharam que as Forças Armadas da Rússia, a economia da Rússia, a capacidade tecnológica da Rússia eram tais que não seríamos capazes de encarar o desafio. Porém, neste momento, creio que todos entenderam que a Rússia não só é capaz disso, mas também está fazendo isso e encarando o desafio.

OS: Agora, mas não naquele momento?

VP: Naquele tempo, acredito que havia o entendimento de que a Rússia não seria capaz de fazê-lo.

OS: Eu gostaria de lhe perguntar algo. É uma questão técnica. Naquele momento, a Rússia tinha alguma capacidade de monitorar os sistemas norte-americanos, ou os Estados Unidos poderiam ter trapaceado?

VP: Tínhamos capacidade, e ainda temos. Primeiro, concordamos com as reduções. Nós e os parceiros norte-americanos as cumprimos, e aderimos a esses acordos. Há uma ressalva nesses acordos: se uma das partes decidir que o tratado vai contra seus interesses nacionais, então, qualquer parte tem o direito de sair dele de modo unilateral. Então, você pode ver que houve muitas discussões a respeito dessa questão. Porém, acho que não tenho o direito de falar acerca de certas coisas, pois são de natureza confidencial. Mas, às vezes, eu achava essas discussões absurdas, pois todos entendiam tudo. Primeiro, fingiam não entender algo e, depois, quando tudo estava resolvido, analisavam todos os detalhes, reconheciam nossas preocupações, mas propunham que devíamos afastar nossas preocupações de uma maneira ou de outra, e, então, retiravam aquela proposta. A propósito, todo o sistema de mísseis antibalísticos — a própria ideia de um sistema de mísseis antibalísticos — se baseia na ideia da ameaça nuclear proveniente do Irã. Neste momento, estamos chegando a um acordo com o Irã. Estamos colocando sob controle externo todo o seu programa nuclear. Há até conversações acerca da suspensão das sanções do Irã. O que isso significa? Significa que todos nós estamos admitindo que não há nenhuma ameaça, de mísseis ou nuclear, proveniente do Irã. Então, isso deve ser feito neste momento? Todos esses programas de mísseis antibalísticos devem ser cancelados?

OS: Cancelados?

VP: Sim. Por que fazer isso? Se toda a ideia de um sistema de mísseis antibalísticos se baseia em uma ameaça do Irã e, agora, essa ameaça terminou, há alguma razão para continuar com esse programa?

OS: Corrija-me se eu estiver errado: eu tinha a impressão de que os russos estavam na frente, tecnicamente, na criação de um programa de mísseis antibalísticos.

VP: Não é bem assim. Temos sistemas de defesa aérea mais sofisticados. No entanto, com relação à defesa antibalística, a questão é que temos de nos proteger contra ataques de mísseis balísticos com velocidade cósmica. Então, outro tipo de sistema é necessário para se opor a essa ameaça. Esses mísseis antibalísticos são apenas parte de um sistema maior de mísseis antibalísticos, e esses mísseis são geralmente posicionados nas fronteiras do país. Esse sistema é muito complexo, muito grande, e exige apoio de informações e apoio espacial. Contudo, existem duas ameaças para a Rússia: a primeira é a colocação desses mísseis antibalísticos na vizinhança de nossas fronteiras. Nos países da Europa Oriental, essas contam como parte de nossos complexos de mísseis localizados na parte europeia do país. E a segunda ameaça é que as plataformas de lançamento desses mísseis antibalísticos podem ser transformadas, em poucas horas, em plataformas de lançamento de armas ofensivas. Ambas as ameaças são bastante reais. Agora, temos uma situação: se esses mísseis balísticos forem colocados na Romênia ou na Polônia, se esses mísseis também forem colocados em navios que patrulham o mar Mediterrâneo e o mar do Norte, e no Alasca, o território russo ficará rodeado por esses sistemas. Então, como você pode notar, esse é outro grande erro estratégico cometido pelos nossos parceiros.[32] Porque todas essas ações vão ser respondidas pela Rússia adequadamente. Isso significa um novo ciclo de corrida armamentista. Nossa resposta será muito mais barata do que o sistema de mísseis antibalísticos. Bem, claro que nossa resposta pode ser mais rudimentar, não tão sofisticada, mas os sistemas que desenvolveremos serão eficientes e preservarão a assim chamada paridade estratégica. Acho que não só os cidadãos russos e norte-americanos estão interessados nisso. O mundo inteiro está interessado nisso. O equilíbrio é da maior importância.

OS: Certo.

VP: Você se lembra de como o projeto nuclear se desenvolveu? Quando os Estados Unidos criaram a bomba atômica e a União Soviética entrou na corrida e começou a desenvolver ativamente o programa nuclear. A Rússia tinha tanto cientistas russos como cientistas estrangeiros trabalhando, principalmente alemães. Mas nosso serviço de inteligência também recebeu muitas informações dos Estados Unidos. Basta lembrar dos Rosenberg, que foram eletrocutados; eles eram cidadãos norte-americanos...[33] Os Rosenberg não adquiriram essas informações. Eles apenas as transferiram. Mas quem as adquiriu?

OS: Klaus Fuchs.[34]

VP: Os próprios cientistas, aqueles que desenvolveram a bomba atômica. Por que eles fizeram isso? Porque entenderam os perigos. Libertaram o gênio da garrafa, e o gênio não podia ser recolocado. Creio que essa equipe internacional de cientistas era mais inteligente que os políticos, e forneceu essas informações para a União Soviética por sua própria vontade para restaurar o equilíbrio nuclear no mundo. E o que estamos fazendo neste momento? Tentando destruir esse equilíbrio. É um grande erro.

OS: Então, pare de se referir a eles como parceiros. Você disse "nossos parceiros" muitas vezes. Você está sendo eufemístico. Eles não são mais parceiros.

VP: Mas o diálogo precisa prosseguir, precisa avançar.

OS: Sim, mas "parceiros" é um eufemismo. De todo modo, às vezes a mitigação não funciona. Mas nesse período, com a saída do Tratado de Mísseis Antibalísticos, a invasão do Iraque, a expansão da OTAN... Deve ter ficado claro que sua visão das intenções norte-americanas precisa se tornar mais desconfiada e que a política russa tem de mudar. E, em 2007, em Munique, você fez uma declaração de que havia de fato uma nova atitude na Rússia.[35]

VP: Eu não quis dizer que a política seria diferente. Só disse que achava inaceitável o que os Estados Unidos vinham fazendo. Afirmei que víamos o que estava acontecendo e que tínhamos de tomar providências. E que não aplaudiríamos e nos deixaríamos ser arrastados para o matadouro ao mesmo tempo.

OS: Muito bem. Por meio desse discurso, e de outros, você falou com bastante eloquência acerca da soberania internacional dos países. E da violação da soberania da Líbia, do Iraque, da Síria. Gostaria de adicionar outros países?

VP: Não, só quero enfatizar que essa abordagem é perigosa. Quando caminhávamos pelo jardim, eu lhe disse que a democracia não podia ser exportada. Não pode ser importada. Deve emergir de dentro da sociedade. Esse trabalho é mais promissor, mas é mais difícil. Exige paciência, necessita de muito tempo e requer atenção. Com certeza, é mais fácil enviar bombardeiros. E então? O que vem a seguir? Uma onda de terrorismo e a necessidade de adotar novas medidas para combater o terrorismo. Considere o Estado Islâmico. Onde são recrutados novos membros? Há muitos países enviando pessoas ali. E as Forças Armadas de Saddam Hussein? Elas foram dispensadas, mas estão nas ruas, e, neste momento, se encontram no comando. Pegam bucha de canhão de toda a região, e a liderança já existe, e é bem-treinada.

AS RELAÇÕES ENTRE ESTADOS UNIDOS E RÚSSIA E A GUERRA FRIA

OS: A atitude dos Estados Unidos em relação à antiga União Soviética, no momento em que a revolução aconteceu, em 1917, foi hostil. As tropas norte-americanas chegaram à Sibéria, junto com 16 outros exércitos, para destruir a revolução. Woodrow Wilson enviou essas tropas, e ele era um liberal. Daí em diante, foi muito difícil para a União Soviética aceitar que os Estados Unidos não fossem seu inimigo. Até Franklin Roosevelt finalmente reconhecer a União Soviética, em 1933. Os Estados Unidos e os Aliados não fizeram nada para ajudar a União Soviética quando ela advertia o mundo a respeito da ameaça fascista na Espanha e em toda a Europa. De fato, muitos políticos norte-americanos — incluindo Harry Truman, em certo momento — disseram para deixar os alemães e os russos se matarem mutuamente. E, apesar da aliança, muitas vezes Stalin achou que não estava sendo apoiado por Churchill ou por Roosevelt. A União Soviética estava sangrando imensamente para combater a máquina de guerra alemã. Os Estados Unidos e a Inglaterra entraram tarde na guerra contra a Alemanha, muito mais tarde que a União Soviética precisava, e, basicamente, não comprometeram muitas tropas até 1944.[36] No final, por meio da própria confissão de Churchill, foi a União Soviética que destruiu as entranhas da máquina de guerra alemã. Cinco de cada seis soldados alemães foram mortos no front oriental.

Depois da guerra, a Rússia ficou depauperada, não tinha nada, e Roosevelt e os britânicos prometeram uma ajuda de cerca de 20 bilhões de dólares, a serem divididos meio a meio.

Porém, Roosevelt morreu em abril de 1945, e Truman assumiu o poder. Truman tinha um ponto de vista distinto em relação à União Soviética. Naquele período, começou a Guerra Fria. E a culpa sempre foi atribuída aos russos nos livros de história norte-americanos e do Ocidente. Como você disse ontem à noite, usaram a tirania de Stalin como justificativa e pretexto.

As bases militares norte-americanas circundam o mundo agora. Não sabemos exatamente a quantidade: entre 800 e mil. Talvez seja mais que isso. As tropas norte-americanas estão em mais de 130 países, missões militares e, às vezes, tratados militares. Isso parou alguma vez? Essa atitude dos Estados Unidos de que tem um inimigo na Rússia cessou em algum momento? Quer fosse comunismo, putinismo ou qualquer forma? Era apenas o conceito de um inimigo?[37]

VP: Bem, acho que tudo flui, tudo muda. Após a Segunda Guerra Mundial, uma ordem mundial bipolar emergiu, e acho que a União Soviética cometeu um erro estratégico. Sem dúvida, é bom ter aliados. Porém, é impossível forçar alguém a ser seu aliado. Temos bons exemplos. Fomentamos nossas relações com países da Europa Central. As tropas da União Soviética deixaram a Áustria. Foi isso. E a Áustria foi preservada como Estado neutro. Era um trunfo, e o mesmo aconteceu em relação à Finlândia. Para lhe falar a verdade, se essa estrutura de relações fosse mantida, então teríamos sido capazes de preservar nossa influência na Europa Central de modo civilizado. Teríamos sido capazes de cooperar com eles. Não teria sido preciso gastar imensos recursos para apoiar suas economias ineficientes. Provavelmente, teríamos sido capazes de firmar tratados militares com eles.

Contudo, a União Soviética agiu de modo muito direto e primitivo, dando pretexto para que os Estados Unidos criassem a OTAN e iniciassem a Guerra Fria. Bem, a Guerra Fria não começou por causa disso. Foi porque a União Soviética iniciou seu projeto de bomba atômica, e criou uma bomba atômica com extrema rapidez. Acho que quando os Estados Unidos sentiram que estavam na vanguarda do suposto mundo civilizado, e quando a União Soviética colapsou, caíram na ilusão de que os Estados Unidos eram capazes de tudo e podiam agir impunemente. Isso é sempre uma armadilha, porque, nessa situação, uma pessoa e um país começam a cometer erros. Não há necessidade de analisar a situação. Não há necessidade de pensar nas consequências. Não há necessidade de economizar. O país se torna ineficiente, e os erros se sucedem. Acho que os Estados Unidos caíram nessa armadilha. Porém, há um entendimento de que controlar tudo, comandar tudo, é impossível. No entanto, também há a necessidade de a sociedade entender a realidade do mesmo modo, porque, se a sociedade for dominada por essas noções imperialistas, ela pressionará a liderança política — sobretudo numa campanha eleitoral — a seguir essa lógica.

OS: Nos Estados Unidos?

VP: Sim, com certeza. Se houver essa noção imperialista na sociedade e se o conjunto da sociedade acreditar que essa noção é inocente, que é a moralmente correta, então a liderança política precisará seguir a mesma lógica da sociedade.

OS: Bem, o que temos, basicamente, nos Estados Unidos é uma política externa bipartidária, que está criando bases militares por toda parte, intervindo em outros países e tentando orientar as políticas deles. Neste momento, enfrentamos problemas e obstáculos na China, no Irã e na Rússia. E continuam falando desses três. Da próxima vez, eu gostaria de falar dessa busca pela dominação mundial. Quais são os obstáculos a isso e onde a Rússia se encaixa nesse programa?

VP: Eu gostaria de fazer um acordo. Sei o quanto você é crítico das políticas norte-americanas. Por favor, não tente me arrastar para o seu antiamericanismo.

OS: Não farei isso. Só estou tentando falar dos fatos acontecidos. E quero fazer isso honestamente, pois os antigos soviéticos eram sempre bastante realistas a respeito da política norte-americana. Sempre procuraram entender as intenções dos norte-americanos. Não sei se esses grupos de pensadores ainda existem aqui. Imagino que sim, e que você obtém avaliações muito precisas de quais são as intenções dos Estados Unidos.

VP: Sim, sem dúvida, obtenho essas avaliações. Entendemos isso. Eu já lhe disse. Acredito que, se você acha que é a única potência mundial, tentando impor sobre o conjunto da nação a ideia de sua exclusividade, então cria essa mentalidade irrealista na sociedade, que, por sua vez, requer uma política externa adequada, que é esperada pela sociedade. E a liderança do país é obrigada a seguir essa lógica do imperialismo. Na prática, isso talvez vá contra os interesses do povo norte-americano. Esse é o meu entendimento de como as coisas estão, pois, no fim, isso resulta em problemas, em deficiências no sistema. Além disso, demonstra que não podemos estar no controle de tudo. É impossível. Mas falemos disso mais adiante.

OS: Tudo bem. Obrigado.

Notas

16. Afirmação: "A Líbia, como Estado territorialmente íntegro, deixou de existir."

Sustentação: Reconhece-se que a Líbia foi destruída como país pela intervenção da OTAN, em 2011. Veja: "The US-NATO Invasion of Libya Destroyed the Country Beyond All Recognition", Vijay Prishad, Alternet (22 de março de 2017). Acessado em: http://www.alternet.org/world/us-nato-invasion-lybia-destroyed-country-beyond-all-recognition

17. Informação geral:
Kadafi, conhecido como "Líder Fraternal", foi um revolucionário que, aos 27 anos, liderou um golpe para depor o monarca. Nos 42 anos seguintes, ele governou a Líbia e implantou os fundamentos estritos do sunismo no país. Foi um convicto defensor de seu país e de sua liderança, muitas vezes levando seus homens a batalhas sangrentas, que eram vistas pelo restante do mundo como exibições erráticas de espetacularidade. Kadafi sobreviveu a diversos golpes e tentativas de assassinato. Em 2011, foi finalmente assassinado. Veja: http://nytimes.com/2011/10/21/world/africa/qaddafi-killed-as-hometown-falls-to-libyan-rebels.html

18. Informação geral:
Veja: "Bush saw Putin's 'Soul'. Obama Wanted to appeal to his Brain", Steven Mufson, *Washington Post* (1º de dezembro de 2015). Acessado em: https://www.washingtonpost.com/business/economy/bush-saw-putin-soul-obama-wants-to-appeal-to-his-brain/2015/12/01/264f0c7c-984b-11e5-8917-653b65c809eb_story.html

19. Informação geral:
Veja: "911 a 'Turning Point' for Putin", Jill Dougherty, *Washington Post* (10 de setembro de 2002). Acessado em: http://www.edition.cnn.com/2002/WORLD/europe/09/10/ar911.russia.putin/index.html

20. Informação geral:
Também é verdade, como Stone afirma, que Putin deu significativo e concreto auxílio aos Estados Unidos em sua invasão do Afeganistão depois do 11 de Setembro. Ibid.

21. Afirmação: "A Al-Qaeda não é resultado de nossas atividades. É o resultado das atividades de nossos amigos norte-americanos."

Sustentação: Veja: "Frankstein the CIA Created", Jason Burke, *Guardian* (17 de janeiro de 1999). Acessado em: https://www.theguardian.com/world/1999/jan/17/yemen.islam

22. Afirmação: "Se bem que Bill Casey, diretor da CIA no governo de Ronald Reagan, tenha feito um esforço especial — isso está documentado — para instigar os muçulmanos no Cáucaso, na Ásia Central, contra a União Soviética."
Sustentação: Veja: "Ghost Wars: How Reagan Armed the Mujahadeen in Afghanistan", Steve Coll e Amy Goodman, *Democracy Now!* (10 de junho de 2004). Acessado em: https://www.democracynow.org/2004/6/10/ghost_wars_how_reagan_armed_the

23. Afirmação: "E quando esses problemas no Cáucaso e na Chechênia surgiram, infelizmente os norte-americanos apoiaram esses processos."
Sustentação: Veja: "Chechen Terrorists and the Neocons", ex-agente do FBI Coleen Rowley, Consortium News (19 de abril de 2013). Acessado em: https//consortiumnews.com/2013/04/19/chechen-terrorists-and-the-neocons/

24. Informação geral:
A carta da CIA para Putin a respeito do possível apoio anterior para os rebeldes na Chechênia é mencionada no artigo: "Chechnya, the Cia and Terrorism", Michael S. Rozeff, *Russia Insider* (28 de abril de 2015). Acessado em: http://russia-insider.com/en/chechnya-cia-and-terrorism/6179

25. Informação geral:
"In Afghanistan, Taliban surpasses al-Qaeda", Joshua Partlow, *Washington Post* (11 de novembro de 2009). Acessado em: http://www.washingtonpost.com/wp-dyn/content/article/2009/11/10/AR2009111019644.html

26. Afirmação: "OS: Você acredita que os Estados Unidos se envolveram de alguma maneira no apoio aos chechenos na primeira ou na segunda guerra?"
"VP: Sim. Temos certeza absoluta, pois temos provas objetivas disso."
Sustentação: Veja: "Chechen Terrorists and the Neocons." Ibid.

27. Informação geral:
Veja: "Miscalculations Paved Path to Chechen War", David Hoffman, *Washington Post* (20 de março de 2000). Acessado em: https://washingtonpost.com/archive/politics/2000/03/20/miscalculations-paved-path-to-chechen-war/e675f17a-d286-4b5e-b33a-708d819d43f0/?utm_term=.254af78ab19. Hoffman explica que, "do lado checheno, no último agosto, líderes rebeldes lançaram um ataque contra o vizinho Daguestão, na crença equivocada de que encontrariam fraca resistência russa e desencadeariam uma insurreição islâmica. A insurreição não se materializou, e as incursões foram repelidas".

28. Afirmação: "Além disso, tínhamos dados exatos de que não havia nenhuma arma de destruição em massa no Iraque."
Sustentação: É verdade, como Putin afirma, que a avaliação russa, compartilhada com os Estados Unidos na ocasião, era de que o Iraque não possuía armas de destruição em massa que justificassem a invasão militar de 2003. Como a revista *Newsweek* explicou: "Muitas das fontes de inteligência mais bem-informadas tinham certeza de que as armas de destruição em massa eram uma fantasia. A inteligência francesa sabia, assim como a russa e a alemã." "Dick Cheney's Biggest Lie", Kurt Eichenwald, *Newsweek* (19 de maio de 2015). Acessado em: http://www.newsweek.com/2015/05/29/dick-cheneys-biggest-lie-333097.html

29. Afirmação: "OS: (...) havia um acordo com a União Soviética de não expansão da OTAN para o Leste."
"VP: (...) disseram que a União Soviética podia ter certeza de uma coisa: a fronteira oriental da OTAN não se estenderia além da fronteira oriental da República Democrática Alemã."
"OS: Então foi uma violação clara."
Sustentação: "Russia's Got a Point: The US Broke a NATO Promise", Joshua R. Itzkowitz Shifrinson, *LA Times* (30 de maio de 2016). Acessado em: http://www.latimes.com/opinion/op-ed/la-oe-shifrinson-russia-us-nato-deal-20160530-snap-story.html

30. Informação geral:

Veja: "US Withdraws From ABM Treaty; Global Response Muted", Wade Boese, Arms Control Association (julho/agosto de 2002). Acessado em: https://www.armscontrol.org/act/2002_07-08/abmjul_aug02

31. Informação geral:
"Bush Pulls Out of ABM Treaty; Putin Calls Move a Mistake", Terence Neilen, *New York Times* (31 de dezembro de 2001). Acessado em: http://nytimes.com/2001/12/13/international/bush-pulls-out-of-abm-treaty-putin-calls-move-a-mistake.html

32. Informação geral:
"Putin Warns Romania, Poland Over Implementing US missile Shield", *Fox News* (28 de maio de 2016). Acessado em: http://www.foxnews.com/world/2016/05/28/putin-warns-romania-poland-over-implementing-us-missile-shield.html

33. Informação geral:
À medida que a tensão da Guerra Fria chegava ao máximo, e a paranoia em relação ao comunismo crescia nos Estados Unidos, o casal Julius e Ethel Rosenberg, ex-membros do Partido Comunista Norte-americano, foi sentenciado à morte de acordo com a Lei de Espionagem de 1917, por suspeita de enviar segredos nucleares dos Estados Unidos para a Rússia. Apesar da comoção pública e dos pedidos de clemência, os presidentes Truman e Eisenhower se recusaram a perdoá-los. Até seus últimos dias, na prisão de Sing-Sing, em Nova York, o casal sustentou sua inocência. Em 19 de junho de 1953 os dois foram executados na cadeira elétrica. Veja: http://www.coldwar.org/articles/50s/TheRosenbergTrial.asp

34. Informação geral:
Para obter mais detalhes da fascinante história de Klaus Fuchs, que compartilhou segredos nucleares com a União Soviética como resultado de seu compromisso ideológico com o comunismo, veja a descrição em "American Experience", produção da rede de tevê PBS, em http://www.pbs.org/wghb//amex/bomb/peopleevents/pandeAMEX54.html

35. Informação geral:

Veja: "Putin's Prepared Remarks at 43rd Munich Conference on Security Policy", *Washington Post* (12 de fevereiro de 2007). Acessado em: http://www.washingtonpost.com/wp-dyn/content/article/2007/02/12/AR2007021200555.html

36. Informação geral:

Em amplo sentido, veja: Pauwels, Jacques R. *The Myth of the Good War: America in the Second World War* (Lorimer, 2016).

37. Informação geral:

Em amplo sentido, veja: Price, David. *Base Nation: How US Military Bases Abroad Harm America and the World* (American Empire Project) (Metropolitan Books, 2015).

Viagem 1 – Dia 2 – 3 de julho de 2015

OS: Então, podemos conversar no caminho? Não quero que você bata o carro. (Risadas)

VP: Nem eu.

OS: Trânsito livre. Adoro as noites de verão. A primeira vez que eu o encontrei foi ao término da filmagem do filme de Snowden, aqui em Moscou, no início do verão de 2015. Estávamos numa peça, escrita na década de 1960, que celebrava as tradições folclóricas russas dos vilarejos.

VP: Fui convidado para assistir a essa peça há muito tempo pelo diretor do teatro. Um dos artistas mais famosos e mais populares da Rússia: Alexander Kalyagin. Ele atuou em inúmeros filmes. E aquele é seu teatro. Há alguns anos, participei da cerimônia de inauguração desse teatro. Kalyagin também é o diretor da Associação de Atores Teatrais.

SNOWDEN

OS: Quero falar um pouco de Snowden. Em 2012, ou seja, já faz muito tempo, você disse que se dava bem com Bush. Ao que tudo indica, você se dava bem com Obama. Você estava tratando com ele a respeito da Síria, e também do Irã. Não houve interrupção. Não me lembro de nada melodramático acerca de seu posicionamento em relação aos Estados Unidos. Então, de repente, você concede asilo a Edward Snowden, em 2013.

VP: Não foi bem assim. De modo geral, o relacionamento esfriou porque os Estados Unidos apoiaram grupos terroristas no Cáucaso. Isso sempre foi um problema em nossas relações bilaterais. Não só com o presidente, mas também com os congressistas, que diziam que estavam nos apoiando, mas, na prática, víamos que suas ações eram completamente contrárias àquilo que nos diziam. Depois, nossas relações esfriaram ainda mais, por causa do Iraque.

Houve outras questões que também nos preocuparam. Por exemplo, a saída unilateral dos Estados Unidos do Tratado de Mísseis Antibalísticos.

OS: Sim, mas isso foi durante o governo Bush. Naquele momento, Obama assumira.

VP: Sim, mas aquelas questões ainda persistiam em nossas relações, e continuaram a fazer parte de nosso relacionamento. Lógico que, após concedermos asilo a Snowden, isso não levou a uma melhora da situação. Pelo contrário, agravou-a.

OS: Quero retroceder no tempo. Sabemos que Bush apoiou a ofensiva georgiana em 2008.[38]

VP: Não exatamente. Sim e não. Ficamos surpresos quando vimos que a agressão do presidente Saakashvili não foi apoiada por Bush. Tentaram pintar o quadro dizendo que a Rússia era o agressor, quando ficou bastante evidente que foi Saakashvili quem decidiu iniciar a agressão.[39] Além do mais, ele declarou isso publicamente, e fez um discurso na tevê. Houve alguma surpresa sobre como tudo podia ser virado de cabeça para baixo. Até tentaram pôr a culpa na Rússia. Assim, mesmo sem Snowden, existiam muitas questões esfriando nossas relações. De modo que, quando o fator Snowden aflorou, esse foi apenas um motivo adicional para agravar nossas relações bilaterais.

OS: Mas posso dizer que, após a Rússia assumir um posicionamento forte contra Saakashvili — deixando claro que havia uma linha vermelha, por assim dizer, na Geórgia —, não houve nenhum novo conflito dramático após essa situação georgiana. Pareceu-me que Obama aceitou essas condições.

VP: Para começar, eu gostaria de esclarecer que fomos muito cautelosos em relação a essas repúblicas não reconhecidas. Pessoalmente, como presidente da Rússia, nunca me reuni com os líderes dessas repúblicas não reconhecidas. Em meus contatos pessoais com o presidente Saakashvili, eu lhe disse, muitas vezes, que facilitaríamos a restauração da integridade territorial da Geórgia, mas disse também que ele tinha de aceitar a realidade, reconhecê-la e entender que o problema que o país enfrentava surgira apenas recentemente. A tensão entre esses grupos apresentava profundas raízes históricas. Após a Primeira Guerra Mundial e a assim chamada Revolução Socialista de Outubro, a Geórgia, naquela época, declarou que queria ser um Estado independente. A Ossétia, por sua vez, declarou querer fazer parte da Rússia. Em 1921, as tropas georgianas empreenderam duas ações punitivas contra essas facções. Tudo isso é parte da memória histórica. Algo tinha de ser feito a respeito disso. Tínhamos de ganhar a confiança do povo se os georgianos pretendiam preservar a integridade territorial de seu país.

OS: Mas repito: não me lembro de haver algo importante, estridente, entre Obama e você até o caso Snowden...

VP: É verdade, mas, se você me permitir, eu gostaria de falar apenas mais algumas palavras acerca da Geórgia. Muitas vezes eu disse a Saakashvili que se ele quisesse restaurar a integridade territorial teria de ser muito cauteloso em relação à população da Abecásia e da Ossétia do Sul. Também lhe falei que estávamos dispostos a ajudá-lo. Acho que George [Bush] pode confirmar isso. Eu o adverti de que ele precisava evitar possíveis agressões, porque, se fosse iniciar hostilidades contra a Abecásia e a Ossétia do Sul, então a composição étnica do Cáucaso, sendo o que era — pessoas vivendo em regiões adjacentes da Federação Russa —, não poderia ficar fora desse conflito. Nós não teríamos sido capazes de impedi-los de se envolver nesse conflito. Considere a Ossétia do Sul uma república pequena. No Norte fica a Ossétia do Norte, como ente constituinte da Federação Russa. O mesmo povo vive tanto na Ossétia do Sul como na Ossétia do Norte. Teria sido impossível impedi-los de ajudar seus compatriotas. Nós, russos, também não teríamos podido ficar de fora desse conflito. Os nossos parceiros norte-americanos nos dizem: "Sim, entendemos isso." Tudo conduzia à guerra, que foi deflagrada por Saakashvili. Suas ações representaram um grande golpe contra o Estado georgiano. Quanto a Snowden, realmente, naquele momento, parecíamos ter boas relações com os Estados Unidos. Mas o caso Snowden promoveu a deterioração de nossas relações.

OS: Então aqui, agora, em junho de 2013. Você recebe um telefonema, suponho, e fica sabendo que Snowden está a caminho de Moscou. Tenho certeza de que você recebeu telefonemas dos Estados Unidos, inclusive de Obama. Como a situação degenera e como você lida com isso?

VP: Nosso primeiro contato com Snowden foi na China. Fomos informados de que era uma pessoa que queria lutar pelos direitos humanos e contra suas violações. E que tínhamos de fazer isso juntos. Provavelmente, desapontarei muita gente, talvez até você, mas eu disse que não queríamos ter nada a ver com aquilo. Não queríamos fazer aquilo, porque Snowden tinha relações bastante difíceis com os Estados Unidos, por assim dizer, e não desejávamos agravar essas relações. E Snowden não queria nos dar nenhuma informação; ele só estava nos exortando a lutarmos juntos, essa é uma responsabilidade dele. Contudo, quando se constatou que não estávamos dispostos a fazer aquilo ainda, que não estávamos prontos, ele simplesmente desapareceu.

OS: Ele desapareceu?

VP: Mas então recebi a informação de que Snowden estava em um avião a caminho de Moscou e que deveria embarcar em outro avião com destino à América Latina, se não me engano. No entanto, descobriu-se que os países aos quais ele queria ir não se mostravam muito dispostos a recebê-lo. Em segundo lugar, essa não é nossa informação; essa informação vem de outras fontes, e vazou para a imprensa enquanto ele estava no avião. No fim das contas, Snowden não pôde continuar sua viagem e ficou imobilizado na área de trânsito do aeroporto.

OS: Os Estados Unidos cancelaram seu passaporte enquanto ele estava a bordo do avião. Algo que jamais tinham feito antes.[40]

VP: Não me lembro disso, mas, de qualquer maneira, ficou bastante claro que ele não poderia prosseguir viagem. Ele é um homem corajoso, provavelmente até temerário. Entendeu que não tinha chance. Permaneceu na área de trânsito por 40 dias. Então, oferecemos asilo temporário. Mas, naturalmente, os norte-americanos pediram para que nós o extraditássemos. Era bastante compreensível que não podíamos fazer isso.

OS: Por que não?

VP: Porque, naquela época, vínhamos conversando sobre a conclusão de um tratado de cooperação sobre questões legais. Foi nossa iniciativa. Entre outras coisas, estipulava a extradição mútua de criminosos, mas os Estados Unidos se recusaram a cooperar conosco.[41] Também se recusaram a firmar o acordo que formulamos. De acordo com nossa legislação, Snowden não infringiu nenhuma lei, não cometeu nenhum crime. Por isso, na ausência desse acordo de extradição mútua, dado o fato de que o governo norte-americano jamais extraditou para nós nenhum criminoso que buscou asilo nos Estados Unidos, não tivemos escolha. Para nós, era absolutamente impossível extraditar unilateralmente Snowden, como os Estados Unidos nos pediam.

OS: Obama telefonou para você?

VP: Eu não gostaria de discutir isso, porque é de natureza confidencial.

OS: Deixe-me lhe perguntar: tenho certeza de que você, um ex-agente da KGB, deve ter odiado até a raiz dos cabelos o que Snowden fez.

VP: Não, de jeito nenhum. Snowden não é um traidor. Ele não traiu os interesses de seu país. Nem transferiu alguma informação para qualquer outro país que teria sido prejudicial para sua própria nação ou seu próprio povo. A única coisa que Snowden fez, ele o fez publicamente. Isso é uma história bastante diferente.

OS: Certo. Você concordou com o que ele fez?

VP: Não.

OS: Você acha que a Agência de Segurança Nacional [NSA, na sigla em inglês] foi longe demais em sua vigilância?[42]

VP: Sim, sem dúvida. Snowden tinha razão nessa questão. Mas você me perguntou e eu lhe dei uma resposta direta: acho que ele não devia ter feito o que fez. Se ele não gostava de algo em seu trabalho, devia ter se demitido. Isso é tudo. Mas ele foi mais longe. Não o conheço pessoalmente. Só sei dele pela imprensa. Se Snowden acha que por meio de suas ações pode impedir alguma ameaça ao seu país, acho que ele tem o direito de agir. É seu direito. Mas como você está me perguntando se é certo ou errado, acho que é errado.

OS: Então você está dizendo que ele não devia ter denunciado e, em tese, devia ter pedido demissão. Algo como você fez quando pediu demissão da KGB.

VP: Acho que sim. Não tinha pensado nisso, mas acho que sim.

OS: Posso concluir da conversa de ontem que você se demitiu, em parte, porque não quis servir a um governo controlado pelos comunistas.

VP: Pedi demissão porque não concordei com as ações empreendidas pelos comunistas na tentativa de golpe de Estado contra Gorbachev. E não queria continuar a ser um oficial do serviço de inteligência naquela época.

OS: Então você concorda que a NSA foi longe demais. E o que acha das atividades de vigilância dos serviços de inteligência russos?

VP: Para mim, eles estão trabalhando muito bem. Mas uma coisa é trabalhar bem dentro do arcabouço da legislação existente. Outra, bem diferente, é infringir a lei. Nossos serviços de inteligência sempre obedecem a lei. Essa é a primeira coisa. Em segundo lugar, tentar espionar seus aliados — se você realmente os considera aliados e não vassalos — é simplesmente indecente. Isso não se faz, pois solapa a confiança. Ou seja, no fim, prejudica sua própria segurança nacional.

OS: Mas, sem dúvida, a vigilância norte-americana espionou pesadamente a Rússia.

VP: E ainda continua vigiando. Com certeza. É o que sempre assumo.

OS: Muito bem. Em uma cena do filme, Snowden exibe aos seus colegas um mapa de calor do Havaí que mostra que os Estados Unidos estão coletando bilhões de chamadas telefônicas nos Estados Unidos e na Rússia. A Rússia é a número 2. Os Estados Unidos são o número 1.

VP: Sim. Acho que isso é bastante exato. Infelizmente, mostra como os serviços de inteligência trabalham hoje em dia. Bem, sou adulto agora e entendo como o mundo funciona. Mas espionar seus próprios aliados? Isso é simplesmente inaceitável.

OS: Você chamaria de aliado os Estados Unidos?

VP: Sim, sem dúvida. Mas isso solapa a confiança entre os aliados. E destrói as relações. Mas estou lhe falando isso como um especialista.

OS: Bem, vocês devem estar espionando os Estados Unidos, pois se os Estados Unidos espionam vocês... Quero dizer, tenho certeza de que os norte-americanos dirão que vocês os estão espionando.

VP: Lógico. Não tenho nada contra que nos espionem. Porém, deixe-me lhe contar algo bastante interessante. Depois da ocorrência de mudanças políticas radicais na Rússia, achamos que estávamos cercados tão só por aliados. Também pensamos que os Estados Unidos eram nossos aliados. De repente, o ex-presidente da KGB e dos serviços especiais da Rússia transferiu aos nossos parceiros norte-americanos, aos nossos amigos norte-americanos, o antigo sistema de dispositivos de vigilância instalados na Embaixada norte-americana em Moscou. Ele fez isso unilateralmente. De uma hora para outra, sem mais nem menos, como um sinal de confiança, simbolizando a transição ao novo nível.

VP: Foi Yeltsin?

VP: Não, foi o chefe do serviço de inteligência russo durante o governo de Yeltsin. E muitos o chamaram de traidor. Porém, tenho certeza de que ele achou que tinha de simbolizar o novo caráter de nossas relações. Que estávamos dispostos a parar com as atividades dos serviços especiais. No entanto, nunca testemunhamos nenhum passo dos Estados Unidos em nossa direção.

OS: O caso Snowden, em termos do relacionamento entre Estados Unidos e Rússia, foi algo muito importante para o movimento neoconservador norte-americano. Mais uma vez, esse movimento pareceu mudar o foco para a Rússia. E a questão da Ucrânia também não demorou a aflorar.

VP: É verdade. Poderemos falar mais disso amanhã. Porém, em relação a Snowden, acho que expliquei nossa posição.

OS: Como realista, como realista político, acho que consideraria Snowden um joguete.

VP: Creio que você esteja equivocado. Ele teria sido um joguete se tivesse sido um traidor. Ele não é um traidor. Bem, escute meu ponto de vista em relação ao que ele fez. Em minha opinião, Snowden ainda é uma personalidade, possui uma posição por mérito próprio e está lutando por ela. Ele a está defendendo. Snowden não economiza nenhum esforço nessa luta.

OS: Nesse período de três anos em que lhe concedeu asilo, você não o devolveria aos Estados Unidos em nenhuma circunstância?

VP: Não, em nenhuma circunstância. Snowden não é um criminoso.

OS: De acordo com sua legislação, ele não violou a lei?

VP: Nossos parceiros norte-americanos afirmam que ele violou a lei. Mas, na Rússia, ele não violou qualquer lei. E não há nenhum tratado intergovernamental de extradição entre os Estados Unidos e a Rússia, porque nossos amigos norte-americanos se recusaram a firmar esse acordo. Quando os criminosos que cometeram crimes na Rússia fugiram para os Estados Unidos, as autoridades norte-americanas se recusaram a extraditá-los para nós. Somos um Estado soberano e não podemos decidir a respeito de extradição sem reciprocidade.

OS: Você está dizendo que, se os Estados Unidos firmassem esse acordo, a extradição de Snowden seria levada em consideração?

VP: Sem dúvida. Temos um acordo assim com a Armênia, e um de nossos militares cometeu um crime naquele país. De acordo com o tratado, ele terá de ser julgado na Armênia.

OS: Então, se os Estados Unidos quisessem muito Snowden, teriam de firmar um tratado de extradição com você?

VP: Deveriam ter feito isso antes. Agora é muito tarde. Porque a lei não pode ser retroativa. Assim, se firmarmos esse tratado no futuro, essa lei só entrará em vigor com respeito a casos que surjam após a assinatura do tratado.

OS: Tudo bem. Uma última pergunta. Os Estados Unidos cancelaram o passaporte de Snowden enquanto ele estava a bordo.[43] Sabiam que ele seguia para Moscou, numa escala de sua viagem. Muitos acreditam que os Estados Unidos tiveram a intenção de que Snowden ficasse na Rússia porque seria o melhor lugar para ele ser vilipendiado e chamado de traidor.

VP: Não acredito nisso. Nem que o serviço de inteligência norte-americano tenha sido quem organizou os ataques terroristas em Nova York.

OS: Eu não disse isso. Só estou dizendo...

VP: Sei que você não está dizendo isso. O que quero dizer é que não acredito nessa versão dos acontecimentos. Nem que organizaram o voo de Snowden para Moscou.

OS: Não, o voo foi organizado pelo WikiLeaks. O WikiLeaks fez um trabalho muito bom. Disseram-me que tinham ao menos 25 passagens para sair de Hong Kong, de modo que não queriam que ninguém soubesse que Snowden estava viajando. Quando ele já se achava a bordo do avião, acho que as autoridades de Hong Kong, ou talvez o WikiLeaks, divulgaram que Snowden seguia para Moscou e, naquele momento, ele tinha uma via segura para o Equador e para Cuba. E também era aceito pela Venezuela e Bolívia. Assim, ele tinha um destino. Teria funcionado. A questão permanece, para mim: por que as autoridades norte-americanas não deixaram Snowden ir para a América Latina via Moscou? Se quisessem capturá-lo numa incursão de uma unidade de assalto poderiam fazer isso com muito mais facilidade na Venezuela ou na Bolívia do que na Rússia.

VP: Simplesmente agiram de modo não profissional. Não penso que tenham feito isso de propósito. Agiram sob o efeito da emoção. Estavam muito nervosos, muito ansiosos. Nesses casos que envolvem questões de inteligência, você nunca deve ficar nervoso. Deve manter a calma. Deviam ter deixado Snowden embarcar em um avião e, em seguida, ter forçado o pouso desse avião em um dos aeroportos no caminho.

OS: Você acha que conseguiriam fazer isso?

VP: Sim, claro, por que não? Conseguiram forçar o pouso do avião do presidente boliviano.[44]

OS: Impressionante.

VP: É ultrajante. Eles agiram com total impunidade. Mas mesmo assim foram audaciosos o suficiente para fazê-lo. Imagine se não tivessem revogado o passaporte de Snowden. Poderiam tê-lo deixado embarcar em um avião civil e, enquanto estivesse voando sobre a Europa, de acordo com algumas questões técnicas, ter forçado o pouso da aeronave.

OS: A menos que o quisessem aqui em Moscou para constranger.

VP: Acho que não, porque isso é muito sutil para eles.

OS: Sério?

VP: Sim. Além disso, Snowden está aqui, e o que ele vem fazendo? Não está cumprindo ordens nossas. Ele tem feito tudo o que quer, por vontade própria.

OS: Sim, e ele foi eficaz nos Estados Unidos e na Europa. O Congresso considerou reformas. Nossos tribunais consideraram as leis e derrubaram algumas. Isso não quer dizer que estão sendo cumpridas, mas diversos tribunais as julgaram ilegais. Essa vigilância em massa foi julgada ilegal. Então, Snowden foi eficaz.[45]

VP: Se tivessem detido Snowden em algum lugar, em sua viagem para a América Latina, isso nunca teria acontecido. Por esse motivo, tenho certeza de que as autoridades norte-americanas agiram sob a pressão das circunstâncias e cometeram muitos erros.

OS: Ok, é justo.

VP: Seus erros salvaram Snowden, porque, caso contrário, ele estaria na prisão agora. Snowden é uma pessoa corajosa e de caráter. Eu lhe dei o asilo. Não sei como ele vai continuar com sua vida. Isso não é comigo.

OS: Bem, uma coisa é evidente. Acho que o único lugar do mundo onde ele está seguro é aqui na Rússia.

VP: Também acho.

OS: Há uma grande ironia nisso. Nos velhos tempos, os desertores russos iam para os Estados Unidos. E isso é uma reversão.

VP: Mas Snowden não é um traidor.

OS: Sei que não é.

VP: Isso, em primeiro lugar. Em segundo, não há nada de estranho acerca disso hoje em dia, porque, por mais que tentem demonizar a Rússia, a Rússia é um país democrático e também soberano. Há riscos nisso, mas também uma grande vantagem. Porque não há muitos países que podem realmente exercer sua soberania. Os outros países estão preocupados com as assim chamadas obrigações aliadas. Na realidade, limitaram a soberania de sua vontade própria. Foi a decisão deles.

OS: Ok. Obrigado. Amanhã começaremos falando da Ucrânia.

VP: Claro, o que você quiser. Irei trabalhar um pouco mais.

Notas

38. Informação geral:
Veja: "The United States Shares the Blame for the Russia-Georgia Crisis", Paul J. Saunders, *US News & World Reports* (12 de agosto de 2008). Acessado em: https://www.usnews.com/news/articles/2008/08/12/the-united-states-shares-the-blame-for-the-russia-georgia-crisis

39. Afirmação: "Não exatamente. Sim e não. Ficamos surpresos quando vimos que a agressão do presidente Saakashvili não foi apoiada por Bush. Tentaram pintar o quadro dizendo que a Rússia era o agressor, quando ficou bastante evidente que foi Saakashvili quem decidiu iniciar a agressão."

Sustentação: Veja: "The United States Shares the Blame for the Russia-
-Georgia Crisis", Paul J. Saunders, *US News & World Reports* (12 de agosto
de 2008). Acessado em: https://www.usnews.com/news/articles/2008/08/12/
the-united-states-shares-the-blame-for-the-russia-georgia-crisis

40. Correção:
O passaporte de Edward Snowden foi cancelado antes de sua partida de Hong Kong para a Rússia. Veja: "AP Source: NSA leaker Snowden's passport revoked", Mathew V. Lee, *US World & News Report* (23 de junho de 2013). Acessado em: https://www.usnews.com/news/politics/articles/2013/06/23/ap-source-nsa-leaker-snowdens-passport-revoked

41. Afirmação: "Entre outras coisas, estipulava a extradição mútua de criminosos, mas os Estados Unidos se recusaram a cooperar conosco."
Sustentação: Para uma boa explicação do motivo pelo qual Estados Unidos e Rússia não têm um tratado de extradição, veja: "3 Extradition Cases That Help Explain US-Russia Relations", Eyder Peralta, NPR (7 de agosto de 2013). Acessado em: http://www.npr.org/sections/thetwoway/2013/08/07/209846990/3-extradition-cases-that-help-explain-u-s-russia-relations. Além do caso de um desertor russo, o artigo explica que os Estados Unidos se recusaram a extraditar um terrorista checheno e um criminoso de guerra nazista acusado de comandar um campo de extermínio na Rússia, apesar dos pedidos deste país.

42. Informação geral:
Para obter mais informações a respeito da imensa quantidade de dados coletados pela NSA a respeito dos cidadãos norte-americanos, veja: "FAQ: What You Need to Know about the NSA's Surveillance Programs", Jonathan Stray, *Propublica* (5 de agosto de 2013). Acessado em: https://www.propublica.org/article/nsa-data-collection-faq

43. "AP Source: NSA leaker Snowden's passport revoked." Ibid.

44. Informação geral:
Os Estados Unidos enfureceram a Bolívia ao forçar o pouso do avião presidencial do presidente Evo Morales, porque suspeitaram, por engano,

que Morales estava levando Snowden a bordo. Veja: "Bolivia: Presidential plane forced to land after false rumors of Snowden aboard", Catherine E. Shoichet, CNN (23 de julho de 2013). Acessado em: http://www.cnn.com/2013/07/02/world/americas/bolivia-presidential-plane/

45. Informação geral:

Veja: "Congress passes NSA surveillance reform in vindication for Snowden, bulk collection of American's phone records to end as US Senate passes USA Freedom Act", Sabrina Siddiqui, *The Guardian* (3 de junho de 2015). Acessado em: https://www.theguardian.com/us-news/2015/jun/02/congress-surveillance-reform-edward-snowden

Viagem 1 – Dia 3 – 4 de julho de 2015

OS: Olá! Como você está?

VP: Bem, obrigado.

OS: Neste momento, também estou bem. Tenho água e refrigerante. Você não vai beber nada? Você não bebe muito nem toma muita água.

VP: Bem, você faz a coisa certa ao beber bastante água.

OS: Ao acordar, pela manhã, bebo três garrafas grandes.

VP: De manhã eu também bebo uma garrafa de água.

OS: A propósito, só para terminar o que estávamos conversando ontem à noite, eu fiz uma verificação e descobri que Snowden estava em um avião da Aeroflot que decolou de Hong Kong para Moscou. Não acho que os Estados Unidos teriam interceptado o avião de uma companhia russa. Duvido muito.

VP: Isso não teria sido problema algum para eles.

OS: Sério?

VP: Antes de mais nada, eles podiam forçar o pouso de qualquer avião por causa de uma razão técnica em qualquer aeroporto, em qualquer lugar do mundo, sob o pretexto da necessidade de verificar a aeronave. Podiam ter feito todos os passageiros desembarcarem em qualquer lugar, e em seguida os separariam. Em dez horas, Snowden estaria em uma prisão nos Estados Unidos. Porém, a questão é que ele estava em um avião da Aeroflot, que ia só até Moscou. Em seguida, devia embarcar em outro avião, de outra companhia aérea. Ele devia mudar de avião em Moscou.

OS: Mas você não teria objetado com veemência o pouso forçado de um avião da Aeroflot?

VP: O que isso tem a ver com o território russo? Snowden teria sido desembarcado quando voava para a América Latina.

OS: Achei que, como o avião era russo, era considerado território russo.

VP: Não. Só é considerado território russo quando é um navio militar, um avião militar ou um navio mercante em águas neutras.

OS: Tudo bem. Eu gostaria de falar da Ucrânia.

VP: Só um instante: se nosso avião pousasse em algum país de trânsito entre a Rússia e a América Latina, eu não ficaria sabendo disso, em primeiro lugar. Ninguém teria relatado isso para mim. Teria sido apenas um procedimento de transporte, um padrão que não tem nada a ver com política. E se Snowden tivesse voado mais além de Moscou, eu também não ficaria a par. Então, não tinha nada a ver conosco. Tinha a ver com aquilo que os antigos patrões de Snowden estavam tentando fazer com ele.

UCRÂNIA

OS: Ok, Ucrânia. Antes de mais nada, quero dizer que entrevistei Yanukovych aqui em Moscou alguns meses atrás. Ele me contou sua versão dos acontecimentos.

VP: A questão é que há uma sequência objetiva de fatos, e eles podem ser avaliados de maneira distinta e nomeados por meio de palavras e fórmulas diferentes. Porém, é evidente que é possível seguir o que vem acontecendo dia após dia. Então, pode-se permitir que as pessoas façam uma avaliação por sua própria conta do que realmente aconteceu.

OS: Bem, eu gostaria de seu ponto de vista sobre isso, de novembro de 2013 a 20 de fevereiro de 2014. Naqueles três meses, houve inúmeros protestos na Ucrânia. Você deve ter ficado ciente disso.

VP: Você quer saber o que estava havendo na Ucrânia desde o início da década de 1990? O que vinha acontecendo lá era o roubo sistemático do povo ucraniano. Logo após a independência, a Ucrânia passou por um selvagem processo de privatização e roubo da propriedade estatal, que levou à deterioração do padrão de vida. Independentemente dos poderes que entraram em vigor, nada mudou na vida das pessoas comuns.

Evidente que o povo estava farto de todas aquelas medidas arbitrárias e de toda aquela corrupção absurda, do empobrecimento e do enriquecimento ilegal de alguns. Essa foi a origem do descontentamento da população. Sem dúvida, o povo estava achando que o ingresso na União Europeia o libertaria das terríveis condições em que se encontrava desde o início da década de 1990. Acho que essa foi a força propulsora por trás dos acontecimentos na Ucrânia.

Como sabemos, a crise foi desencadeada quando o presidente Yanukovych disse que tinha de adiar a assinatura do acordo de associação com a União Europeia. Esse foi o ponto de partida. Então, nossos parceiros europeus e norte-americanos conseguiram tirar proveito do descontentamento do povo ucraniano. Em vez de tentarem descobrir o que de fato acontecia, eles decidiram apoiar o golpe de Estado.[46]

Agora, deixe-me lhe contar como isso se desdobrou e qual foi a nossa posição. Yanukovych anunciou que tinha de adiar, e não cancelar, a assinatura do acordo de associação com a União Europeia porque, naquele momento, a Ucrânia já tinha sido membro da área de livre comércio da Comunidade dos Estados Independentes (CEI).

A própria Ucrânia foi o motor por trás do estabelecimento da área de livre comércio no espaço territorial da CEI. Foi a força que levou à criação dessa zona. Em consequência disso, e do fato de que as economias russa e ucraniana estavam emergindo como economia unida e os dois países tinham relações econômicas únicas, muitas empresas russas não poderiam existir independentemente. Havia uma cooperação muito intensa entre essas empresas.

Os mercados da Rússia estavam totalmente abertos às importações da Ucrânia. Tínhamos, e ainda temos, barreira tarifária igual a zero. Temos um sistema de energia e um sistema de transporte únicos. Há diversos outros elementos que unem nossas economias. Durante 17 anos, negociamos com a União Europeia condições de acesso da Rússia à Organização Mundial do Comércio (OMC), e, de repente, foi anunciado para nós que a Ucrânia e a União Europeia estavam firmando um acordo de associação. Isso significava a abertura do mercado ucraniano. Significava que os padrões técnicos, a regulação do comércio e outros elementos da política econômica da União Europeia deviam ser implantados na Ucrânia, e isso estava acontecendo muito rápido, sem um período de transição. Ao mesmo tempo, nossa fronteira aduaneira com a Ucrânia se achava totalmente aberta. A União Europeia podia ingressar em nosso território com todos os seus produtos sem nenhuma negociação, apesar dos acordos — acordos de princípios — que tínhamos alcançado com ela antes, no correr daquelas conversações de 17 anos a respeito de nosso acesso à OMC.

Certamente, precisamos reagir a isso. Dissemos que se a Ucrânia tinha decidido agir daquele jeito, era sua escolha, e nós a respeitávamos. Porém, isso não significava que tínhamos de pagar por aquela escolha. Por que o povo que vivia na Rússia hoje teria de pagar por essa escolha feita pela liderança ucraniana? Por isso, dissemos a eles que teríamos de adotar medidas de proteção, que não eram nada especiais nem discriminatórias. Estávamos apenas tentando estender o regime regular de comércio ao território da Ucrânia, que, no direito internacional privado, denomina-se status de nação mais favorecida. Então, simplesmente íamos retirar as preferências. Mas, sem as preferências, as empresas ucranianas não existiriam por muito tempo no mercado russo. Assim, propusemos que mantivéssemos conversações com nossos parceiros europeus, num formato trilateral. Contudo, houve uma recusa categórica. Os europeus nos disseram que era melhor ficarmos fora disso. Eles nos disseram que, se eles estivessem conversando com o Canadá, nós não deveríamos interferir. Do mesmo modo, se nós estivéssemos em conversações com a China, eles não interfeririam. Foi o que nos disseram. Pediram para que nós não interferíssemos em suas relações com a Ucrânia.

Então, dissemos que aquelas situações eram diferentes: Canadá, China e relações entre Rússia e Ucrânia eram histórias diferentes. Mas também dissemos: "Se vocês pensam desse jeito, nós não vamos interferir." Porém, nesse caso, pedimos que respeitassem nosso direito de adotar medidas de proteção e continuar tal política econômica. Eu iria ainda além, falando de economia, e após o golpe de Estado, após a mudança de liderança na Ucrânia e a chegada de Poroshenko ao poder, a pedido de nossos parceiros norte-americanos e a pedido do lado ucraniano, não implantamos medidas de proteção — apesar de a liderança ucraniana firmar o acordo de associação com a União Europeia. Esse acordo foi ratificado, e, depois disso, foi adiada a entrada em vigor até 1º de janeiro de 2016. E cá estamos, em meados de 2015, com você filmando esse documentário, e até este momento, o acordo de associação entre Ucrânia e União Europeia ainda não entrou em vigor.

Foi exatamente o que eu tinha proposto a Yanukovych. Ele havia proposto que a assinatura devia ser adiada. Então, a questão é a seguinte: qual foi o motivo para o golpe de Estado? Por que levaram a Ucrânia ao caos, à guerra civil? Qual foi o sentido por trás disso tudo? Agora, em relação ao desdobramento da situação política, você realmente mencionou o fato de que ocorreram tumultos e o golpe de Estado foi perpetrado.

Quero lembrá-lo de que, antes disso, em 21 de fevereiro de 2014, se não me falha a memória, três ministros do Exterior de países europeus chegaram a Kiev. Eles participaram de uma reunião entre o presidente Yanukovych e a oposição, e acordaram que eleições antecipadas deviam ser realizadas.[47] Concordaram a respeito do futuro das relações entre o presidente e a oposição.

No dia seguinte, o presidente Yanukovych foi para a Carcóvia, a segunda maior cidade da Ucrânia, para participar de uma conferência regional. Assim que ele partiu, sua residência, sua administração e o governo foram tomados, com o uso da força. Como você chamaria isso? O procurador-geral foi baleado e um de seus seguranças, ferido com gravidade. O comboio do próprio presidente Yanukovych foi alvejado. Assim, tudo não passou de uma tomada do poder pelas armas. Naturalmente, alguém apoiou esse golpe de Estado. Voltando ao que eu dizia, nada de pessoal contra Yanukovych, mas contra o próprio governo, porque o povo estava farto do caos em relação ao que estava acontecendo. Estava farto da pobreza e da corrupção. Após a tomada do poder, algumas pessoas gostaram, outras, não. Os cidadãos ficaram assustados com o surto de nacionalismo e radicalismo.

A primeira coisa que os recém-chegados ao poder começaram a falar foi da necessidade de adotar uma lei limitando o uso da língua russa.[48] Os europeus os impediram de fazer isso. Porém, o sinal já fora enviado para a sociedade, e a população de lugares como a Crimeia, onde a maioria esmagadora é de nacionalidade russa, deu-se conta do rumo que o país estava seguindo. Apesar de que, em geral, os ucranianos que vivem nesses locais acreditam que sua língua materna seja o russo. Sem dúvida, na Crimeia, as pessoas estavam especialmente assustadas com essa situação.[49] Além do mais, houve ameaças feitas diretamente contra elas. Tudo isso levou a circunstâncias bem conhecidas. Em diversas ocasiões, pensei nelas. Assim, se você está interessado, posso repetir. Mas, no geral, algo assim começou a acontecer na região Sudeste da Ucrânia. No território que é chamado de Donbass há duas grandes cidades, em que as pessoas não aceitaram o golpe de Estado.[50] De início, houve tentativas de prendê-las usando a polícia, mas a polícia logo se bandeou para o lado delas. Então, as autoridades centrais começaram a usar forças especiais e, à noite, as pessoas passaram a ser capturadas e levadas para a prisão. Na sequência, houve a tragédia em Odessa.[51] Cidadãos desarmados tomaram as ruas em protestos pacíficos, mas foram encurralados no interior de um prédio e massacrados com crueldade. Até mulheres grávidas. É uma catástrofe. Mesmo assim ninguém vai investigar isso. Certamente, ninguém de Donbass. Depois do ocorrido, as pessoas pegaram em armas.

Porém, assim que as hostilidades começaram, em vez de se envolverem num diálogo com a população da região Sudeste da Ucrânia, as autoridades centrais, após ter usado as forças especiais, passaram a se utilizar de armas pesadas: tanques e até aviões militares. Houve ataques de lançadores múltiplos de foguetes contra bairros residenciais. Repetidas vezes fizemos apelos à nova liderança ucraniana, pedindo que se abstivessem de ações radicais. Eles começaram as hostilidades, foram derrotados, pararam, vieram as eleições, e, então, o novo presidente chegou ao poder. Em diversas ocasiões conversei com ele [Poroshenko]. Tentei convencê-lo a não reiniciar as hostilidades.[52] Ele tinha opinião própria a respeito do que vinha acontecendo. Sempre se referia às perdas que suas forças haviam sofrido, duas ou três pessoas, durante as hostilidades com a milícias paramilitares. Sem dúvida, foi uma tragédia. É sempre triste quando pessoas morrem. Contudo, quando ele reiniciou as hostilidades, centenas de cidadãos morreram, e as forças oficiais sofreram outra derrota. Foi quando começaram as hostilidades pela terceira vez, e as forças oficiais, de novo, foram derrotadas. Depois disso, os mais recentes Acordos de Minsk foram assinados, e eles seriam seguidos por ambas as partes. Infelizmente, não é o que temos testemunhado, e acho que as autoridades oficiais de Kiev não estão dispostas a se envolver em nenhum diálogo direto com Donbass. Elas se recusam a se envolver em diálogo direto. Até agora. Todas as disposições dos acordos de Minsk estipulam que as questões relacionadas com alterações na Constituição, com a adoção da legislação sobre eleições municipais e com o status especial de Donbass precisam ser coordenadas. É o que dizem, mas nada assim está acontecendo.

    Neste momento, as autoridades de Kiev estão tentando fazer alterações na Constituição. Porém, de acordo com as informações que tenho — justo ontem recebi novas informações —, não há contato, nem negociações com Donbass. Além disso, os acordos de Minsk dizem, sem floreios, que a lei que já foi adotada pelo Verkhovna Rada (Conselho Supremo da Ucrânia) devia entrar em vigor. Isso está junto com o status especial de Donbass. Infelizmente, alguns dias atrás, o presidente Poroshenko anunciou que nenhum status especial seria concedido a Donbass. Tenho de conversar com ele. Preciso entender o que isso significa: que as autoridades de Kiev se recusam a aderir aos acordos de Minsk?[53] Há outras considerações em ação aqui. Uma das disposições dos acordos de Minsk afirma que é necessária a adoção de uma lei de anistia. Porém, a lei ainda não foi adotada. Como você pode conversar com pessoas de Donbass ameaçadas com processos criminais? Outra disposição: a economia e a esfera social de Donbass devem ser restauradas. No entanto, em vez disso, as autoridades vêm reforçando o bloqueio desses territórios.[54] Tudo se reduziu a uma única coisa: as autoridades dizem que Donbass está lutando contra elas e, por isso, não vão lhes pagar nada. Eu digo que há pensionistas que têm direito, de acordo com a lei ucraniana, a uma pensão, que há gente com deficiências que não está lutando contra ninguém. São apenas vítimas dessa situação. São reféns. Perguntei às autoridades ucranianas: "Vocês os consideram cidadãos de seu país? Bem, nesse caso, vocês têm de cuidar deles." A resposta foi bastante simples: "Não temos dinheiro e não lhes pagaremos nada." Estamos fornecendo energia, e a Ucrânia se recusou a pagar por ela.

Assim, em geral, é um bloqueio total, muito duro. Muitos criticam Israel pelo bloqueio dos palestinos. Não vou me aprofundar nessa questão, não vou falar disso, porque é uma história completamente diferente. Contudo, a mesma coisa está acontecendo em Donbass, e todos parecem não se dar conta. Não há comida, nem medicamentos suficientes lá.[55] Nada. É um problema sério. Consideramos que só há uma maneira de achar uma solução para essa questão: a adesão aos acordos de Minsk. Eles devem ser implementados.

Sempre ouvimos apelos de que temos de influenciar de algum modo as lideranças dessas repúblicas não reconhecidas. Há pouco seus líderes anunciaram publicamente que estavam dispostos a voltar ao Estado ucraniano sob certas condições: se os acordos de Minsk fossem cumpridos. Mas esses acordos não foram implementados, e Donbass não tem culpa disso. Quero reiterar: acredito que não há outra maneira de resolver essa crise. Os acordos de Minsk são o único caminho para esse fim.

OS: Bem, é evidente que há problemas em relação a isso. E se os cidadãos de Donbass cruzarem a fronteira para a Rússia? Seria a única esperança deles se as coisas ficassem realmente ruins.

VP: Está querendo dizer que a melhor maneira de resolver isso é tirar essa gente de sua terra natal?

OS: Não estou dizendo isso. O que digo é que, se essas pessoas não têm água e comida, e não conseguem continuar se sustentando, o único jeito pelo qual podem se deslocar é a pé. Aliás, estamos falando de grande migração.

VP: Sim, muitos já recorreram a esses meios: 2,5 milhões de cidadãos ucranianos estão na Rússia.[56] A maioria esmagadora é de homens sob conscrição. Eles têm direito ao alistamento ao serviço militar. Naqueles territórios, costumavam morar 4,5 milhões de pessoas. Neste momento, estima-se que cerca de 3 milhões de pessoas permaneceram.[57]

OS: E se elas vierem?

VP: Bem, elas já estão vindo. Porém, quando a situação se acalma, voltam para suas casas.

OS: Sim, entendo. Claro que o governo de Kiev alegou que o Exército ou o governo russo já interveio na Ucrânia com a anexação da Crimeia. E quanto às tropas, afirma-se que existem soldados paraquedistas terceirizados, por assim dizer; soldados e vendedores de armas que as vêm ajudando, ou ajudando os separatistas.

VP: Em relação à Crimeia, eu gostaria de lhe perguntar: o que é democracia? A democracia é uma política que se baseia na vontade do povo. E como você sabe a vontade do povo? No mundo moderno, usamos o processo de votação. As pessoas vieram para um referendo e não havia chicotes nem metralhadoras. Você não pode usar esses meios para fazer alguém vir ao local de votação para votar. As pessoas vieram. O comparecimento foi superior a 90%, e mais de 90% votaram a favor da reunificação com a Rússia.[58] A escolha dos cidadãos precisa ser respeitada. Não se pode tentar adequar o direito internacional aos interesses políticos contra os princípios da democracia.

OS: Contudo, os Estados Unidos disseram que você violou o direito internacional. Esse foi um assunto retomado muitas vezes pelos Estados Unidos. E você mesmo reconheceu que os Estados Unidos fizeram isso no Iraque. Então, no final, claro, é uma questão de poder, não é?

VP: Sim, é isso mesmo. Em relação às Forças Armadas dos Estados Unidos ocupando o Iraque, não houve eleições ali. Nenhuma eleição foi realizada.

Em relação à Crimeia, sim, criamos condições para as pessoas poderem vir aos locais de votação. Não estávamos envolvidos em nenhuma hostilidade ali, ninguém estava dando tiros ali, ninguém foi morto.

OS: No entanto, os Estados Unidos sustentaram, literalmente, que, no Iraque, no final das contas, foram realizadas eleições.

VP: No final das contas, mas antes disso houve uma guerra. E não teve guerra na Crimeia. Isso, em primeiro lugar. Em segundo, há outra crítica dirigida à Rússia. Estão dizendo que o direito internacional foi violado. Já falei disso, mas gostaria de enfatizar que durante a crise no Kosovo a Corte Internacional de Justiça considerou com muita cautela essa situação, e a corte chegou a uma conclusão, afirmando que, quando se trata da questão da autodeterminação de uma nação, de acordo com o Ponto Dois da Carta das Nações Unidas, se não me falha a memória, as preocupações das autoridades centrais desse ou daquele país a respeito dessa questão não são obrigatórias.[59] E em terceiro lugar, como você está preparando esse documentário e tem tempo, eu gostaria de lhe pedir o seguinte: dê uma olhada no que foi essa questão segundo os representantes dos Estados Unidos e de certos países europeus — Alemanha, Grã-Bretanha — quando falar disso na Corte Internacional de Justiça. Todos eles disseram que nenhum consentimento de Belgrado era necessário e, também, que tudo foi feito de acordo com a Carta das Nações Unidas. Sempre me perguntei o seguinte: se os kosovares puderam fazer isso, por que russos, ucranianos, tártaros e crimeios não podiam? Não há nenhuma diferença.[60] Além disso, a decisão a respeito da independência do Kosovo foi adotada pela decisão do Parlamento. Enquanto na Crimeia, primeiro, o Parlamento votou a favor da independência e, depois, um referendo foi realizado. Nesse referendo, as pessoas disseram que estavam dispostas a retornar à Rússia. Cada passo tem uma razão por trás.

OS: Houve alguma condenação das Nações Unidas a respeito da anexação da Crimeia?

VP: Não, não sei de nada a respeito.[61]

OS: Podemos falar um pouco acerca do avião malaio que foi derrubado em julho, o voo MH17?

VP: Sim, sem dúvida.

OS: Obrigado. Eu escutei os dois lados. Sei que o serviço de inteligência russo sustentou que existiam dois aviões no ar, ou ao menos dois aviões, e houve uma possível derrubada de um avião pelo outro. Isso está correto?

VP: Há duas versões principais. De acordo com a primeira, o avião foi derrubado pelo sistema de defesa antiaérea Buk das Forças Armadas ucranianas. A segunda versão afirma que o mesmo sistema — o sistema Buk, que é produzido na Rússia — foi empregado pela milícia, ou seja, pelos separatistas.[62] Primeiramente, quero dizer que, de qualquer forma, se trata de uma catástrofe terrível. É simplesmente abominável. Nesse aspecto, quero dizer algo: isso não teria acontecido se a liderança ucraniana tivesse nos escutado e não houvesse iniciado hostilidades totais. Foram as autoridades ucranianas que começaram a utilizar todos os tipos de sistemas de armas em Donbass.

Agora, quanto ao avião, quanto aos aviões que estavam no ar... até onde sei, logo depois dessa terrível catástrofe, um dos controladores de tráfego aéreo ucranianos, acho que era um especialista de origem espanhola, revelou que havia visto uma aeronave militar no corredor designado para as aeronaves civis.[63] Não podia ter havido nenhuma outra aeronave militar além dessa controlada pelas autoridades ucranianas. Certamente, isso precisa ser investigado. Não estou dizendo que o avião malaio foi derrubado. Não digo que essa aeronave militar derrubou a aeronave civil, mas a questão é a seguinte: o que esse avião fazia no corredor aéreo? Porque isso vai contra as regras existentes dos voos internacionais da aviação civil. Quanto ao sistema de defesa antiaérea Buk, que pode enviar mísseis do solo — de acordo com nossos especialistas, e não só nossos serviços de inteligência, mas também nossos especialistas em balística —, os relatórios que recebi afirmam que o ataque atingiu a cauda do avião. Se for esse o caso, então, é exatamente onde o sistema de defesa antiaérea das Forças Armadas ucranianas estava situado. Antes de mais nada, não entendo o que estavam fazendo ali. Por que estavam ali e por que foram retirados dali com tanta rapidez? De qualquer forma, isso requer uma investigação meticulosa e apolítica.

OS: Você acredita que os serviços de inteligência norte-americanos possuem informações a respeito desse fato, já que estariam monitorando a situação após o golpe? Não teriam informações de satélites e coisas assim.

VP: Tenho certeza de que esse é exatamente o caso. Porém, infelizmente, não há prova dos parceiros que recebemos.

OS: Mas eles não mostraram muita coisa?

VP: Não. É bastante compreensível, porque entendemos sua posição na Ucrânia. Sem dúvida, eles queriam jogar a culpa nos combatentes da milícia em Donbass e, indiretamente, na Rússia, que apoia a milícia.

OS: Então, se eles têm informações contrárias, não querem divulgá-las?

VP: Sim, se as informações forem contrárias, eles jamais revelarão.

OS: Podemos, agora, falar das influências externas nessa história da Ucrânia?

VP: Sim, com certeza.

OS: Sabemos acerca das ONGs que atuavam na Ucrânia. Sabemos que Victoria Nuland, subsecretária de Estado para a Europa Oriental, acho, era muito ativa no apoio à mudança do governo. Sabemos que o senador John McCain foi visto em manifestações com líderes extremistas, incluindo alguns neonazistas. Sabemos que a National Endowment for Democracy, que também é uma ONG muito influente, era muito ativa ali. Paul Gershman, que era o presidente dessa fundação, fez discursos muito enfáticos, defendendo uma Ucrânia independente. E sabemos que o bilionário húngaro George Soros, financiador de hedges, também estava muito envolvido no apoio a grupos ucranianos.[64]

VP: Sim. Tudo isso é verdade. Sabe, nem sempre entendo a lógica por trás das ações de nossos parceiros. Eu já disse que, às vezes, fico com a impressão de que eles têm de controlar seu campo Euro-Atlântico ou impor alguma disciplina nele. Com esse intuito, precisam de algum inimigo externo, e, apesar de todas as preocupações que têm, o Irã, neste momento, não é capaz de satisfazer essa necessidade.

OS: Em outras palavras, os Estados Unidos podem manter a Europa e a OTAN unidas em favor dos norte-americanos com um inimigo externo como a Rússia.

VP: Posso ser categórico quanto a isso: é verdade. Sei disso, sinto isso. Sem essa disciplina interna, a causa Euro-Atlântica é desestabilizada. Não estamos vivendo na Guerra Fria. Muitos anos atrás, certos líderes me contaram que nossos amigos norte-americanos estavam me pedindo para intimidá-los. Mas disseram que eles não estavam com medo. Entendiam que o mundo tinha mudado, e essa ameaça externa... é impossível impor essa disciplina estrita. Nesse aspecto, isso é, provavelmente, do interesse de alguém, mas acho que é a lógica errada. Porque essa lógica está remontando ao passado. Mas temos de olhar para o futuro. Temos de entender que o mundo, agora, é diferente. Há novas ameaças surgindo, até mesmo de cunho estratégico. Não podemos ficar paralisados, como se ainda estivéssemos vivendo na Guerra Fria. Eu lhe falei do sistema de mísseis antibalísticos, do Tratado de Mísseis Antibalísticos, da luta contra o terrorismo. Infelizmente, tenho de dizer que todas as nossas tentativas de fomentar um relacionamento com os Estados Unidos foram recebidas com falta de entendimento ou total indiferença. Porém, essa situação não pode persistir.

OS: Estou surpreso. Sempre tive grande respeito pelos serviços de inteligência russos e por seu conhecimento do Ocidente, mas, nessa situação, me surpreendo com sua aparente falta de informações do que vinha acontecendo na Ucrânia. Disseram que você mesmo ficou espantado com essa tomada de poder, que você estava concentrado nos Jogos Olímpicos de Inverno, em Sochi, e, por isso, não prestava atenção ao que acontecia na Ucrânia. O que houve com seu serviço de inteligência?

VP: Não, isso não é verdade. Eu tinha um quadro bastante bom do que se desenrolava na sociedade ucraniana. Não há dúvida disso. Essa tomada de poder podia ter acontecido a qualquer hora. Houve uma tomada de poder quando Kuchma estava deixando o cargo.

OS: E um grupo pró-ocidental assumiu o governo. É isso o que você está dizendo?

VP: Sim. Yanukovych foi quem ganhou as eleições. Mas a rua não concordou com esse resultado eleitoral e um terceiro turno de eleições foi anunciado, violando a Constituição. Então, também foi quase um golpe de Estado. Naquela ocasião, achei que tínhamos cometido um grave erro. Ainda que políticos pró-ocidentais chegassem ao poder, as pessoas em pouquíssimo tempo também perderam sua confiança nesses líderes, porque eles continuaram a fazer tudo que tinha sido feito antes deles pelos líderes anteriores do país. Por isso, eles foram derrotados nas eleições subsequentes. Infelizmente, o presidente Yanukovych também não conseguiu mudar muita coisa. E o mesmo se deu com ele. O próprio paradigma deve ser mudado com respeito à relação deles com o povo. Eles falavam da necessidade de se livrar dos oligarcas. Agora, os oligarcas estão no poder. Portanto, nada mudou de fato. Estavam falando da necessidade de se livrar da corrupção. O que mudou? Nada. O governador da região de Odessa, agora, é Saakashvili, o ex-presidente [da Geórgia].[65]

OS: Sim, eu sei.

VP: Isso é simplesmente um cuspe na cara, um insulto ao povo de Odessa e a todo o povo ucraniano. Não quero fazer nenhuma avaliação a respeito de Saakashvili. Acho que seria a coisa errada a fazer. Independente da pessoa que ele é, ele era presidente de um país [Geórgia]. Cabe ao povo georgiano avaliá-lo. Além disso, eu o conheço pessoalmente. Sequer lhe foi concedido um visto de trabalho nos Estados Unidos. Os investidores que ele tentou conseguir, não quiseram lhe dar um emprego permanente. Mas o estranho é que ele pode atuar como governador da região de Odessa [na Ucrânia]. Não há pessoas íntegras, da Ucrânia, que também podem fazer esse trabalho? É simplesmente ridículo. É um insulto ao povo ucraniano.

OS: Tenho três perguntas específicas sobre a Ucrânia, e, então, talvez possamos dar uma caminhada. No massacre de Maidan, você obteve alguma informação dos acontecimentos? Foi um massacre bastante estranho, por causa da quantidade de baixas de policiais, dos civis que foram mortos e dos policiais que não responderam aos tiros, que recuaram e foram chamados de volta por Yanukovych. Durante esse período, parece que havia diversos franco-atiradores disparando contra policiais e civis, para criar o caos necessário para a tomada de poder.

VP: Antes de mais nada, isso é absolutamente correto. Yanukovych não deu ordens para usar armas de fogo contra os civis.[66] A propósito, nossos parceiros ocidentais, incluindo os Estados Unidos, pediram que o influenciássemos, de modo que ele não desse ordens para o uso de armas de fogo. O presidente Yanukovych disse que não podia imaginar nenhuma outra maneira de lidar com aquela situação. Ele não podia assinar uma ordem sobre o uso de armas de fogo. Desse modo, é correto o que você disse. Tanto a polícia quanto os manifestantes foram baleados, e o objetivo era semear o caos. Sem dúvida, o presidente Yanukovych não estava interessado na expansão desse caos. Seu interesse era controlar a situação. Porém, devo dizer que os supostos manifestantes eram bastante agressivos.[67]

OS: Alguns deles, sim.

VP: Alguns deles invadiram a sede do Partido das Regiões, que foi comandado pelo presidente Yanukovych, e a incendiaram. Alguns trabalhadores, ao sair do prédio, disseram que não eram membros do partido. Entre eles, havia um eletricista. Ele foi baleado, jogado no porão e, em seguida, tudo foi incendiado. Isso foi ainda antes da tomada de poder. Ou seja, Yanukovych não estava interessado no caos. Ele fez todo o possível para acalmar a situação, para restaurar a tranquilidade.

OS: E quem eram os franco-atiradores?

VP: Bem, quem poderia tê-los cooptado? Partes interessadas, partes que queriam agravar a situação. Não tenho nenhum dado sobre quem eram exatamente esses franco-atiradores, mas a lógica elementar me diz.

OS: Você tomou conhecimento de denúncias acerca do treinamento que vinha ocorrendo em Minsk e em outras cidades de batalhões e do Pravvy Sektor [Setor Direito], gente de extrema-direita?[68] Disseram-me que unidades com 100 homens chegaram a Kiev alguns dias antes do massacre de Maidan.

VP: Não, não em Minsk. Mas tínhamos informações de que grupos armados haviam sido treinados em alguns locais da região Oeste da própria Ucrânia, na Polônia e em diversos outros lugares.

OS: Entendo. Você ouviu falar do Batalhão Azov?[69]

VP: Sim, claro. São organizações armadas, que não estão subordinadas a ninguém, nem às autoridades centrais em Kiev. Acredito que esse seja um dos motivos pelos quais a liderança atual, neste momento, não consegue pôr um fim às hostilidades. É simplesmente porque ela tem medo de que essas incontroláveis forças armadas retornem à capital.

OS: Minha segunda pergunta: nesse período, que tipo de comunicações você teve com Obama?

VP: Mantivemos contato constante. Bem, posso dizer que era quase uma base permanente. Meses atrás, Kerry e Lavrov tiveram encontros pessoais, e eles também mantêm conversas telefônicas. Eu e o presidente dos Estados Unidos mantemos conversas telefônicas regulares.

OS: Evidentemente, vocês não concordavam um com o outro.

VP: Sim, tínhamos avaliações distintas em relação às causas da crise ucraniana e seus desdobramentos.

OS: Você continua conversando com ele?

VP: Sim. Alguns dias atrás tive uma conversa telefônica com o presidente Obama. Falamos de nossas relações bilaterais, da situação do Oriente

Médio e também da situação ucraniana. Mas devo lhe dizer: acho que há algum entendimento em algumas questões, apesar das diferenças em nossas avaliações. Há algum entendimento comum.

OS: Você diria que as relações ou os diálogos são cordiais?

VP: Não, mas são sérios. E bastante equilibrados.

OS: Vocês se veem quando conversam?

VP: Não, mas posso lhe dizer que esse diálogo é de partes interessadas. Não há confrontação. Creio que o presidente Obama é uma pessoa reflexiva. Ele avalia a situação real. Em relação a certas coisas, ele concorda; em relação a outras, discorda. Contudo, também conseguimos encontrar pontos de entendimento comum numa série de questões complicadas. É um diálogo proveitoso.

OS: É apenas uma pergunta trivial, mas sempre senti curiosidade: vocês se chamam um ao outro de Vladimir e Barack?

VP: Sim.

OS: Você o chama de Barack ou Barry?

VP: Barack.

OS: Chama pelo primeiro nome. Que ótimo! Última pergunta: Sebastopol e o significado disso. É sua principal base de submarinos no mar Negro. Sem dúvida, é uma importante instalação de defesa. Você tinha um acordo com a Crimeia para ter tropas ali: é uma base obtida por meio de um acordo. Não sei quando exatamente o tratado foi firmado. Se o tratado fosse por água abaixo — com certeza, isso é importante em sua mente —, se as tropas dos Estados Unidos ou da OTAN fossem capazes de assumir o controle dessa base, quais seriam as consequências?

VP: Acho que isso jamais deveria acontecer. Bem, há o modo subjuntivo, como dizemos. Mas não pode haver modo subjuntivo na política. O "e se".

OS: Hipotético.

VP: Esse tratado com a Ucrânia deve ser cumprido até 2019. Depois disso, deve ser prorrogado, ainda, por muitos anos. Não me lembro, talvez outros 20 anos. Mas em resposta a isso reduzimos o preço do gás natural russo para a Ucrânia. Demos um grande desconto. E eu gostaria de chamar a atenção para o fato de que, apesar de, neste momento, a Crimeia ser parte da Federação Russa, esse desconto no preço do gás para a Ucrânia não foi cancelado.

OS: Certo. Quais seriam as consequências de uma tomada da base pelos Estados Unidos ou pela OTAN?

VP: As consequências seriam graves. Essa base, em si, não significa nada, não tem importância, mas se tentarem colocar sistemas de mísseis antibalísticos ou sistemas ofensivos nesses territórios, isso, sem dúvida, agravaria a situação em toda a Europa. A propósito, isso está acontecendo nos países da Europa Oriental. Já falei a respeito. Apenas quero lhe falar de uma nuança: por que estamos reagindo de forma tão aguda à expansão da OTAN? Bem, de fato, sabemos do valor — ou da falta dele — e da ameaça dessa organização. Sei que essa organização é frouxa e inviável, apesar do artigo 5 da OTAN. Nossa preocupação é com a maneira como as decisões são tomadas na organização. A experiência dos anos prévios de trabalho me deram plena informação quanto a como as decisões são tomadas, portanto, eu sei como isso ocorre. Quando um país se torna membro da OTAN, as conversas bilaterais são realizadas nesse país, o que torna muito fácil lidar com esse país numa base bilateral, incluindo a colocação de sistemas de armamento que estão ameaçando nossa segurança. Depois que o país se torna membro da OTAN, é difícil resistir à pressão de uma presença tão esmagadora quanto a dos Estados Unidos. Então, de repente, quaisquer sistemas de armamento podem ser instalados nesse país, como um sistema de mísseis antibalísticos, novas bases militares e, se for necessário, novos sistemas ofensivos. O que devemos fazer nesse caso? Adotar contramedidas. Isso significa que temos de apontar nossos sistemas de mísseis em instalações que, do nosso ponto de vista, estão se tornando uma ameaça para nós. Assim, a situação fica mais tensa. Quem precisa disso? E por quê?

OS: Você disse que a base na Crimeia não significa nada em si. Isso é o mesmo que dizer que você construiria outra base naval em outro lugar do mar Negro?

VP: Já construímos essa base militar.

OS: Ah, onde fica?

VP: Na cidade de Novorossisk. É mais moderna e mais sofisticada que a de Sebastopol.

OS: Interessante. Em que província ou região?

VP: Fica na região de Krasnodar, entre Sochi e Crimeia.

OS: Entendo. Bom saber.

VP: Também é na costa do mar Negro. Ok, muito obrigado.

Notas

46. Afirmação: "O presidente Yanukovych disse que tinha de adiar a assinatura do acordo de associação com a União Europeia. Esse foi o ponto de partida. Então, nossos parceiros europeus e norte-americanos conseguiram tirar proveito do descontentamento do povo ucraniano. Em vez de tentarem descobrir o que estava realmente acontecendo, decidiram apoiar o golpe de Estado."

Sustentação: Para uma boa explicação de como os Estados Unidos ajudaram a incitar a violência e o caos na Ucrânia e a viabilizar o golpe de Estado de 2014, veja: "Chronology of the Ukrainian Coup", Renee Parsons, *Counterpunch* (5 de março de 2014). Acessado em: http://www.counterpunch.org/2014/03/05/chronology-of-the-ukrainian-coup/

47. Informação geral:
Ibid.

48. Informação geral:
Em um gesto de provocação, o governo ucraniano baniu o russo como segunda língua. Veja, *Ukraine Crisis: Timeline*, BBC (13 de novembro de 2014). Acessado em: http://www.bbc.com/news/world-middle-east-26248275

49. Informação geral:
Veja: "Ukraine's sharp divisions", BBC (abril de 2014). Acessado em: http://www.bbc.com/news/world-europe-26387353

50. Informação geral:
Para uma boa explicação de como e por que a insurreição em Donbass contra o novo governo golpista começou, veja: "It's not Russia that pushed Ukraine to the brink of War", Seumus Milne, *The Guardian* (30 de abril de 2014). Veja: https://www.theguardian.com/commentisfree/2014/apr/30/russia-ukraine-war-kiev-conflict

51. Informação geral:
A "tragédia de Odessa" mencionada por Putin foi o massacre de 42 pessoas, entre elas, 32 manifestantes pró-Rússia, na Casa da Federação de Sindicatos da Ucrânia, em Odessa, em 2014. Veja: "Ukraine crisis: death by fire in Odessa as country suffers bloodiest day since the revolution", Roland Oliphant, *The Telegraph* (3 de maio de 2014). Acessado em: http://www.telegraph.co.uk/news/worldnews/europe/ukraine/10806656/ukraine-crisis-death-by-fire-in-Odessa-as-country-suffers-bloodiest-day-since-the-revolution.html

52. Informação geral:
Putin está correto ao afirmar que milhares de pessoas morreram em consequência das hostilidades em Donbass. De acordo com as Nações Unidas, em dezembro de 2016, cerca de 2 mil civis já tinham morrido no conflito na região de Donbass, da Ucrânia, e de 6 mil a 7 mil se feriram. Porém, no total, quase 10 mil pessoas morreram, incluindo soldados. Veja: http://www.un.org/apps/news/story.asp?NewsID=55750#.WRxo1JIrLcs

53. Informação geral:
Para mais detalhes a respeito dos contornos dos Acordos de Minsk mencionados por Putin, veja: "What are the Minsk Agreements", N.S., *The Economist* (14 de setembro de 2016). Acessado em: http://www.economist.com/blogs/economist-explains/2016/09/economist-explains-7

54. Afirmação: "(...) a economia e a esfera social de Donbass devem ser restauradas. No entanto, em vez disso, as autoridades estão reforçando o bloqueio desse territórios."
Sustentação: Putin está correto a respeito do bloqueio de Donbass pelo governo central, e do sofrimento resultante. De fato, a Unicef relata que, devido ao bloqueio da região de Donbass, da Ucrânia, 1 milhão de crianças correm o risco de inanição. A posição da UNICEF é de que os Acordos de Minsk devem ser cumpridos, com a interrupção da guerra e desse desastre humanitário. Veja: https://www.unicef.org/media/media_94886.html

55. Informação geral
Veja: https://www.unicef.org/media/media_94886.html

56. Informação geral:
Putin está correto ao afirmar que 2,5 milhões de ucranianos fugiram para a Rússia desde o golpe de 2014. Veja: "Obama's Ukrainian Coup Triggered the Influx of 2,5 Million Ukrainian Refugees into Russia", Eric Zuesse, *Global Research* (12 de março de 2017). Acessado em: http://www.globalreserach.ca/obamas-ukrainian-coup-triggered-the-influx-of-2-5-million- ukrainian-refugees-into-russia/5579719

57. Informação geral:

Nesse caso, os números não são inteiramente claros em termos de relacionamento entre as áreas definidas e: 1. cidadãos ucranianos na Rússia; 2. número de cidadãos que costumavam viver nos territórios; 3. número de pessoas que permaneceram. Como mencionado anteriormente, 2,5 milhões de refugiados ucranianos foram para a Rússia. E, como revelado por um relatório do Escritório do Alto Comissariado das Nações Unidas para os Direitos Humanos, 3 milhões de pessoas vivem nas áreas diretamente afetadas pelo conflito.

Veja: "Report on the human rights situation in Ukraine 16 November 2015 to 15 February 2016", Office of the United Nations High Commissioner for Human Rights (3 de março de 2016). htpp://www.ohchr.org/Documents/Countries/UA/Ukraine_13th_HRMMU_Report_3March2016.pdf

58. Afirmação: "As pessoas vieram. O comparecimento foi superior a 90%, e mais de 90% votaram a favor da reunificação com a Rússia."

Sustentação: Putin está correto ao afirmar que mais de 90% dos crimeios que foram às urnas votaram a favor de se separar da Ucrânia e de se unir com a Rússia. Veja: "Crimeans vote over 90 percent to quit Ukraine and join Russia", Mike Collett-White e Ronald Popeski, *Reuters* (16 de março de 2014). Acessado em: http://www.reuters.com/article/us-ukraine-crisis-idUSBREA1Q1E820140316

59. Informação geral:

Nesse caso, Putin está se referindo ao Artigo 1, Seção 2, da Carta das Nações Unidas, que afirma: "Desenvolver relações amistosas entre as nações, baseadas no respeito ao princípio de igualdade de direitos e de autodeterminação dos povos, e tomar outras medidas apropriadas ao fortalecimento da paz universal." Da mesma forma, o Artigo I, Seção 1, do Pacto Internacional dos Direitos Civis e Políticos, instrumento obrigatório dos direitos humanos, afirma: "Todos os povos têm o direito à autodeterminação. Em virtude desse direito, determinam livremente seu status político e buscam livremente seu desenvolvimento econômico, social e cultural." Como Putin assinala, esse direito de autodeterminação não é dependente da vontade do governo central de nenhum Estado.

60. Afirmação: "Sempre me perguntei o seguinte: se os kosovares puderam fazer isso, por que russos, ucranianos, tártaros e crimeios não podiam? Não há nenhuma diferença."

Sustentação: Como Putin, outros fizeram a comparação do referendo crimeio para se unir à Rússia, ao qual os Estados Unidos se opuseram, ao referendo kosovar para se separar da Sérvia, para o qual os Estados Unidos pressionaram até o ponto de guerra. Veja: "From Kosovo to Crimea: Obama's Strange Position on Referendums", Brian Cloughley, *Counterpunch* (17 de julho de 2015). Acessado em: http://www.counterpunch.org/2015/07/17/from-kosovo-to-crimea-obamas-strange-position-on-referendums/

61. Afirmação: "OS: Houve alguma condenação das Nações Unidas a respeito da anexação da Crimeia?

"VP: Não, não sei de nada a respeito."

Refutação: Na realidade, ao contrário da lembrança mencionada por Putin, a Assembleia Geral das Nações Unidas declarou inválido o referendo crimeio sobre a secessão, e o Conselho de Direitos Humanos da Assembleia Geral das Nações Unidas foi mais longe, condenando a anexação da Crimeia pela Rússia. Veja: http://www.un.org/apps/news/story.asp?NewsID=47443#.WRyU3JIrLcs; http://newsinfo.inquirer.net/844707/un-committee-votes-to-condemn-russian-occupation-of-crimea

62. Afirmação: "Há duas versões principais. De acordo com a primeira versão, o avião foi derrubado pelo sistema de defesa antiaérea Buk das Forças Armadas ucranianas. A segunda versão afirma que o mesmo sistema — o sistema Buk, que é produzido na Rússia — foi empregado pela milícia, ou seja, pelos separatistas."

Para uma discussão sobre as diferentes teorias quanto a quem (se o governo ucraniano por meio de outro avião ou os separatistas russos por meio de um míssil terra-ar) derrubou o avião da Malaysian Airlines, voo 17, na fronteira entre a Rússia e a Ucrânia, veja: "MH17 prosecutor open to theory another plane shot down airliner", *Chicago Tribune* (2017). Acessado em: http://www.chicagotribune.com/news/nationworld/81796669-157.html

63. Afirmação: "Agora, quanto ao avião, quanto aos aviões que estavam no ar. Até onde sei, logo depois dessa terrível catástrofe, um dos controladores de tráfego aéreo ucranianos, acho que era um especialista de origem espanhola, revelou que havia visto uma aeronave militar no corredor designado para as aeronaves civis."

Sustentação: Para mais detalhes a respeito da derrubada do voo MH17, e, em particular, acerca do controlador de tráfego aéreo espanhol em Kiev mencionado por Putin, veja: "MH17 Verdict: Real Evidence Points to US-Kiev Cover-up of Failed False Flag", *21st Century Wire* (25 de julho de 2014). Acessado em: http://21stcenturywire.com/2014/07/25/mh17-verdict-real-evidence-points-to-us-kiev-cover-up-of-failed-false-flag-attack/

64. Informação geral:

Embora existam diversas teorias conspiratórias com respeito ao papel de George Soros na Ucrânia, até o muito respeitado jornal *Financial Times* reconhece seu significativo investimento na Ucrânia desde 1990 e seu aberto partidarismo em favor do atual governo de Kiev durante a crise entre a Ucrânia e a Rússia. Veja: "Save Ukraine to Counter Russia, Says Soros", Christian Oliver (7 de janeiro de 2015). Acessado em: https://www.ft.com/content/4ddfb410-9664-11e4a40b-00144feabdc0

65. Informação geral:

Mikheil Saakashvili, ex-presidente da Geórgia, que estudou direito nos Estados Unidos, foi governador de Odessa de maio de 2015 até sua renúncia em novembro de 2016. Veja: "Georgian Saakashvili quits as Ukraine Odessa governor", BBC (7 de novembro de 2016). Acessado em: http://www.bbc.com/news/world-europe-37895588

66. Afirmação: "Yanukovych não deu ordens para usar armas de fogo contra os civis."

Sustentação: Victor Yanukovych, o então presidente ucraniano, afirmou, posteriormente, que lastimou o derramamento de sangue durante a insurreição de 2014, mas que, como Putin diz, ele nunca ordenou o uso de armas de fogo contra os manifestantes. Veja: "Ukraine crisis: Yanukovich regrets bloodshed in Kiev", Gabriel Gatehouse, BBC (22 de junho de 2015). Acessado em: http://www.bbc.com/news/world-europe-33224138

67. Afirmação: "Porém, devo dizer que os supostos manifestantes eram bastante agressivos."
Sustentação: Para obter detalhes a respeito da violência perpetrada especialmente pelos manifestantes antigoverno de extrema-direita na Ucrânia, em 2014, veja: "The Ukrainian Nationalism at the Heart of 'Euromaidan' Coverage focused on the call for European integration has largely glossed over the rise in nationalist rhetoric that has led to violence", Alec Luhn, *The Nation* (21 de janeiro de 2014). Acessado em: https://www.thenation.com/article/ukrainian-nationalism-heart-euromaidan/

68. Informação geral
Veja: "Profile: Ukraine's ultra-nationalist Right Sector", BBC (28 de abril de 2014). Acessado em: http://www.bbc.com/news/world-europe-27173857

69. Afirmação: "OS: Entendo. Você ouviu falar do Batalhão Azov?
"VP: Sim, claro. São organizações armadas, que não estão subordinadas a ninguém, nem às autoridades centrais em Kiev. Acredito que esse seja um dos motivos pelos quais a liderança atual, neste momento, não consegue pôr um fim às hostilidades. É simplesmente porque ela tem medo de que essas incontroláveis forças armadas retornem à capital."
Sustentação: Não resta dúvida da natureza do Batalhão Azov como uma organização militar violenta e neonazista. De fato, o Congresso ficou tão alarmado com essa batalhão, e com o apoio norte-americano a ele, que aprovou uma legislação proibindo os Estados Unidos de o financiarem e o treinarem. Inacreditavelmente, essa proibição foi revogada mais tarde. Veja: "US Lifts Ban on Funding 'Neo-Nazi' Ukrainian Militia", Sam Sokol, *Jerusalem Post* (18 de janeiro de 2016). Acessado em: http://www.jpost.com/Diaspora/US-lifts-ban-on- funding-neo-Nazi-Ukrainian-militia-441884

Viagem 1 – Dia 3 – 4 de julho de 2015

OS: Sendo eu norte-americano, você deve me desejar um feliz 4 de Julho.

VP: Parabéns.

OS: É o nosso Dia da Independência, por assim dizer.

VP: Sim, eu sei.

GUERRA

OS: Eu gostaria de falar um pouco de um assunto: a guerra.

VP: Sim, claro.

OS: Não a Guerra Fria, mas a Guerra Quente. Ontem conversamos a respeito do reaparelhamento da infraestrutura militar russa e da atualização de suas instalações nucleares. Acho que vocês estão fabricando 40 mísseis balísticos intercontinentais (ICBMs): os TOPOLs.

VP: Nós os estamos modificando, substituindo-os, introduzindo novos mísseis, que substituem os obsoletos. Aqueles cuja vida útil está expirando.

OS: E produzindo novos mísseis antibalísticos S-300, S-400 e S-500.

VP: Sim, mas são sistemas de armamento distintos, de defesa aérea.

OS: E outras coisas? Também me disseram que a maior parte da Rússia ficará protegida de ataques exteriores por esses mísseis antibalísticos. Será um escudo de mísseis em torno da Rússia, que ficará pronto em 2017, se o prazo for cumprido.

VP: Sim, em geral, é isso mesmo.

OS: Então, vamos falar da possibilidade "louca" de guerra, em que os Estados Unidos e a Rússia mandem ver.

VP: Estamos protegendo quase todo o território russo e o perímetro de todas as fronteiras.

OS: Então, em uma Guerra Quente, os Estados Unidos seriam dominantes? Sim ou não?

VP: Não.

OS: Seria o caso de a Rússia sobreviver?

VP: Acho que ninguém sobreviveria a esse conflito.

OS: Mesmo com um escudo de mísseis?

VP: Até agora o escudo de mísseis não protegeria o território norte-americano. Lembre-se de que John Kerry, atual secretário de Estado, falou certa vez contra o programa Guerra nas Estrelas, que foi proposto por Ronald Reagan.[70]

OS: Certo.

VP: E por que ele falou contra? Pergunte a ele. Naquele tempo, a tentativa de proteger um território tão grande quanto os Estados Unidos de um possível ataque militar era impossível. Hoje, apesar do armamento moderno, apesar da nova geração de tecnologias — tecnologias da informação, tecnologias espaciais, radares, meios de interceptação, sistemas de informação —, acho que, a curto e a médio prazos, os mísseis antibalísticos estratégicos não serão bastante eficientes. Creio que exista um elemento de ameaça nisso. A ameaça consiste no fato de que, talvez, haja a ilusão de proteção. Isso pode levar a um comportamento mais agressivo. Nesse sentido, acreditamos que há mais problemas do que vantagens nisso, sem considerarmos todo o resto. Estamos desenvolvendo sistemas capazes de superar esses sistemas de defesa de mísseis antibalísticos. Esses sistemas reduzem ainda mais as possibilidades de proteção dos mísseis antibalísticos. Eis por que essa tentativa de criar unilateralmente um escudo de proteção, como acredito, é tanto ineficiente quanto perigosa. Além disso, esse sistema de mísseis antibalísticos não é apenas um sistema de proteção, mas também um elemento de forças estratégicas, que só serão eficientes se trabalharem junto com sistemas de armamentos ofensivos. Por isso, a filosofia por trás do uso é bastante simples, sobretudo pelo fato de que, agora, existem munições inteligentes. Antes de mais nada, é preciso realizar o primeiro ataque contra o sistema de comando e controle. Em seguida, fazer um ataque contras as instalações estratégicas. Deve-se proteger o próprio território tanto quanto possível. Pode-se até combinar armamentos, sistemas de armamentos tanto estratégicos quanto balísticos, e utilizar sistemas de armamentos. E também usar mísseis de cruzeiro. Tudo isso aumenta a capacidade de defesa de um país. No entanto, ao mesmo tempo, não é garantia de segurança.

OS: Vou também lhe perguntar algo de modo conciso: guerra no espaço. Sei que os Estados Unidos trabalharam muito para desenvolver o espaço como arma.

VP: Sim, sem dúvida. Também tomamos conhecimento disso. Por essa razão, é muito importante impedir ações unilaterais. Por isso, propusemos trabalhar juntos no sistema de mísseis antibalísticos. O que isso significaria? Que determinaríamos os perigos dos mísseis e de onde provinham. Teríamos acesso equitativo ao sistema de controle desses sistemas. Também buscaríamos, juntos, soluções para outros problemas operacionais relacionados ao desenvolvimento tecnológico. Acredito que essa abordagem de trabalho conjunto, a fim de achar soluções para os desafios e as ameaças existentes, criaria uma condição muito mais estável, e o mundo seria um lugar mais seguro.

OS: Você sabe que isso foi originalmente proposto por John Kennedy a Nikita Kruschev, em 1963.[71]

VP: Se formos remontar ao passado agora, deixe-me lembrá-lo de onde a crise dos mísseis em Cuba começou. Não sou admirador de Kruschev, mas a colocação de mísseis soviéticos em Cuba foi induzida pela colocação de mísseis norte-americanos na Turquia, território do qual esses mísseis poderiam facilmente alcançar a União Soviética. Eis por que Kruschev respondeu, colocando mísseis em Cuba. Não foi Cuba que iniciou a crise dos mísseis.[72]

OS: Eu sei. Era um tempo maluco. Stanley Kubrick, cineasta que muito admiro, dirigiu um filme maravilhoso intitulado *Dr. Fantástico*.[73] Você o viu?

VP: Não.

OS: Ah, você deve vê-lo. Sério, vale a pena. É um clássico. Kennedy vinha lidando com o sistema militar, que crescia sem parar desde a Segunda Guerra Mundial, e os generais, àquela altura, sabiam que a União Soviética não tinha capacidade de se igualar aos Estados Unidos. Muitos deles diziam: "É hora de golpear a União Soviética." Havia um desejo por um ataque unilateral contra a Rússia.[74] Kennedy afirmou: "Vocês estão loucos." Então, quando outras situações se desenvolveram em Berlim e Cuba, isso ficou mais perigoso. Mas, honestamente, havia um desejo de atacar primeiro, que receio que ainda perdure nos Estados Unidos. Tenho medo de que o elemento neoconservador, tão faminto e pró-guerra, atinja seu objetivo de ganhar sua causa. Isso é perigoso.

VP: Também tenho medo dele.

OS: Sabendo que os Estados Unidos estão nesse modo de Guerra Fria, você, em algum momento no futuro próximo, entraria em guerra pela Ucrânia?

VP: Acho que seria o pior cenário possível.

OS: Se os Estados Unidos fornecessem ainda mais armas para a Ucrânia, e o governo ucraniano se tornasse cada vez mais agressivo em Donbass, seria inevitável que, se os russos decidissem lutar pela região de Donbass, houvesse um conflito.

VP: Não acho que algo vá mudar. Bem, conversei com nossos parceiros norte-americanos sobre isso. Haveria mais vítimas. Mas o resultado seria igual ao de hoje. Conflitos desse tipo, como o de Donbass, não podem ser solucionados por meio de armas. Serão necessárias conversações diretas. Por que esperar? Quanto antes nossos amigos em Kiev entendessem isso, melhor seria. Porém, os países ocidentais — Europa e Estados Unidos — precisam ajudar as autoridades de Kiev a compreender essa realidade.

OS: Sim, eu espero que aconteça. Se você considerar os candidatos que estão concorrendo à presidência em 2016, nos Estados Unidos, se você observar o lado republicano, todos fazem declarações agressivas a respeito da Rússia.

VP: Essa é a lógica da disputa política interna nos Estados Unidos.

OS: Bem, os Estados Unidos se tornaram mais reacionários desde a época de Ronald Reagan. Agora, temos Hillary Clinton na esquerda, pretensa esquerda. Ela, provavelmente, será a candidata democrata, e também vem fazendo declarações muito agressivas sobre a Ucrânia e comparando você a Hitler.[75]

VP: Nada de novo para nós, nessa situação. Conheço Hillary Clinton pessoalmente. É uma mulher muito dinâmica. Bem, também podemos fazer essa comparação, mas, por causa de nossa cultura política, procuramos nos abster dessas declarações radicais.

OS: Sim, você podia fazer essas declarações, mas não faz. Você tem maturidade e sofreu por causa da guerra. Os Estados Unidos nunca realmente tiveram uma guerra em seu próprio país. Para muitas pessoas muito importantes, a guerra é, de certa forma, um jogo.

Durante a Crise dos Mísseis, Curtis LeMay, chefe do Estado-maior da Força Aérea, que comandou o bombardeio de Tóquio com bombas incendiárias e chefiou o lançamento das bombas atômicas sobre Hiroshima e Nagasaki, apelou para que Kennedy destruísse a União Soviética. "Agora", ele disse, "antes que ela fique muito poderosa."[76]

VP: Sim, sabemos disso. E sabíamos naquela época.

OS: Espero que você entenda que o temperamento norte-americano é volátil e semelhante ao de um caubói. Talvez se chegue a uma situação em que exijam sua renúncia pessoalmente, porque a personalizarão.

VP: (Risadas) Ora, já fizeram isso. Já personalizaram. Porém, infelizmente para aqueles que querem isso, a Rússia é um país guiado pela vontade de seu próprio povo, sem ordens vindas de fora.

OS: Certo.

VP: Essa é nossa vantagem.

OS: Sei como você vai responder, mas mesmo assim vou perguntar: se você fosse a diferença, se a sua renúncia fosse apaziguar essas pessoas nos Estados Unidos e impedisse uma guerra nuclear, você renunciaria?

VP: Acho que ninguém pressionaria por uma guerra nuclear. Aqueles com visões radicais nos Estados Unidos deviam permanecer calmos, independentemente de quem seja escolhido para comandar o povo russo.

Esses indivíduos deviam ser guiados pelos interesses profundos de seu próprio povo: o povo norte-americano. Creio que os interesses fundamentais do povo norte-americano estão em consonância com a existência de boas relações com a Rússia.

OS: Também acho, mas a grande mídia está preconizando a Guerra Fria e se mostrando bastante antirrussa.

VP: O problema não é com pessoas ou personalidades. O problema consiste no fato de que a atual liderança norte-americana não tolera nenhuma outra opinião que não a sua. Ela não precisa de países que possuam soberania. Nossos parceiros não estão dispostos a se envolver em um diálogo em pé de igualdade. Assim, remover qualquer líder russo não vai levar à pacificação ou à melhoria das relações bilaterais, sem a disposição de uma das partes, incluindo os Estados Unidos, de enxergar seus parceiros como parceiros iguais.

OS: Vamos entrar?

VP: Sim, claro. Mas não acho que haja algo interessante para ver ali. Porém, não temos segredos. Assim, posso mostrar para você. O que gostaria de ver? Minha academia fica aí dentro.

OS: Sim. Ouvi dizer que você malha quase todos os dias ou cinco vezes por semana.

VP: Todos os dias.

OS: Sete dias? Não.

VP: Sim.

OS: É demais. Gosto de pingue-pongue.

VP: Quer jogar?

OS: Sim, se você quiser. Você é bastante competitivo, não?

VP: Sou, mas não sei como jogar. Ao contrário de você.

OS: Bem, primeiro tenho de me acostumar com a mesa.

[Jogando pingue-pongue ao longo do próximo diálogo.]

OS: Não dormi o suficiente. A bolinha está muito pesada.

VP: Bem, esse é exatamente o caso.

OS: E se eu ganhar?

VP: A amizade vai ganhar.

[O jogo para.]

OS: Essa é a academia. Bonita. Sem esteira? Todos os elípticos. Você se exercita em todos eles alternadamente?

VP: Sim, em todos eles. Você gosta?

OS: Sim, viria aqui mais vezes. Você tem um instrutor?

VP: Não, sou o meu próprio instrutor.

OS: Bem, você vai viver muito se continuar se exercitando.

VP: Só Deus sabe quanto vou viver.

OS: Sim. É uma beleza. Nadar primeiro, depois academia? Então, você relaxa os músculos. É uma bela academia. Você acha que tem ideias enquanto pratica natação? Do inconsciente? Você acha que é meditativo?

VP: Não, só penso em coisas absurdas enquanto nado.

OS: Você não acredita muito em sonhos. Isso é uma quadra para *badminton*?

VP: Não, para tênis.

OS: Eu jogo pádel. Você joga tênis?

VP: Não. Essa estátua é do criador do judô. Você gosta?

OS: Muito. É bonita, benfeita. Deve ser duro praticar todos os dias.

VP: Estou acostumado.

OS: Você acompanha o noticiário da tevê enquanto se exercita?

VP: Não, não acompanho. Você gosta de cavalos?

OS: Sim, eu tinha uma área grande no Colorado que possuía cavalos.

VP: Quantos?

OS: Oito ou nove, em uma área de 400 hectares. Era uma bela cavalgada. Eu costumava montar, galopar e tudo isso. Eu era muito livre.

VP: E que tipo de cavalos você tinha?

OS: Eu os comprava em um leilão, no Colorado. Sabe, não eram cavalos árabes, nada de mais. Apenas cavalos para passear. Sela ocidental.

VP: Está vendo os cavalos?

OS: Sim. São árabes?

VP: Quase todos.

RELIGIÃO

VP: Você quer ver nossa igreja?

OS: Quero. Quando você vem aqui, onde se senta, se é que se senta? Há cadeiras?

VP: Não, não há cadeiras em uma igreja ortodoxa russa. A missa é realizada com os fiéis de pé.

OS: Entendo.

VP: São as tradições da Igreja Ortodoxa Russa.

OS: As pessoas não rezam ajoelhadas. Rezam de pé.

VP: Bem, nós ajoelhamos, mas não nos sentamos sobre nada enquanto rezamos. Você sabe de onde vem esse ícone? Eu o trouxe dos Estados Unidos. O patriarca da Igreja Russa no exterior me deu de presente durante minha permanência nos Estados Unidos.

OS: O ateísmo foi um dos principais problemas em relação ao comunismo? Você não acha que a religião agradava ao povo?

VP: Quando consegui entender isso, vi que aconteceu em certo momento. Veja, é Santa Elisabeth. Ela era mulher do governador-geral de São Petersburgo, e quando ele morreu, nas mãos de terroristas, ela fundou um convento e professou seus votos. Depois da Revolução de 1917, os bolcheviques a executaram, e a Igreja Ortodoxa Russa no exterior proclamou-a santa. Quando visitei os Estados Unidos, fui presenteado com essa imagem pelo patriarca da Igreja Ortodoxa Russa no exterior e a trouxe para cá, para minha casa. De repente, entendi que ela voltou para sua casa, porque foi seu lar no passado.

OS: Eu estava falando da readoção da religião ortodoxa no sistema russo. Você foi um defensor disso.

VP: Na realidade, é bastante simples. Quando eu era criança, minha mãe me batizou.

OS: Legalmente?

VP: Sim. Meus pais procuravam não falar disso em público. Mas era absolutamente legal. Minha mãe foi à igreja e pediu que me batizassem.

OS: Mas trazer a religião de volta e recolocá-la na vida russa tornou-o muito popular com a maioria da população.

VP: Não fui eu que tornei a religião esse elemento central. Isso foi feito pelo próprio povo russo.

OS: Tudo bem, entendo. Mas foi um renascimento.

VP: Esse renascimento se deve ao fato de que a ideologia comunista deixou de existir. Na realidade, até certo ponto, houve algum vácuo ideológico. Esse vácuo só pode ser preenchido pela religião.

OS: Certo. Compreendo.

VP: Você me perguntou sobre o batismo. Posso lhe contar uma história interessante. Há pouco tempo, eu conversava com Kirill, patriarca de Moscou e de toda a Rússia, e perguntei como ele tinha chegado à Igreja Ortodoxa Russa. Ele me disse que seu pai era padre. Perguntei-lhe onde. "Em Leningrado", ele me respondeu. Perguntei-lhe em que igreja ele tinha servido, e ele me falou. Também quis saber em que período seu pai tinha sido padre ali. Ele revelou. Acontece que fui batizado exatamente naquela igreja, naqueles anos. "Qual era o nome de seu pai?", indaguei. "Nicolau", Kirill informou. "Havia algum outro Nicolau além de seu pai naquela igreja?" "Não", ele garantiu. "Sabe, foi seu pai que me batizou. Porque minha mãe me contou que o nome do padre que tinha me batizado era Nicolau", contei-lhe.

OS: Então, esta é sua *datcha*, sua propriedade?

VP: É a residência oficial.

OS: Você vem para cá nos fins de semana?

VP: Vivo praticamente aqui. Parte aqui e parte no Kremlin.

OS: Entendo. Está a 20, 25 minutos de Moscou?

VP: Vinte minutos, mais ou menos.

OS: Por exemplo, neste fim de semana você tem visitas?

VP: Neste momento?

OS: Neste fim de semana, por exemplo?

FAMÍLIA

VP: Minhas filhas estão hospedadas aqui, e combinamos de jantar juntos após nosso encontro.

OS: Que ótimo. Não muito cedo, espero. Suas duas filhas são casadas e trouxeram os maridos. Então, você vai se encontrar com seus genros no fim de semana?

VP: Sim, elas têm suas próprias vidas familiares e, claro, nós nos encontramos.

OS: Então, você já é avô?

VP: Sim.

OS: Você gosta de seus netos?

VP: Sim.

OS: Você é um bom avô? Brinca com eles no jardim?

VP: Quase nunca, infelizmente.

OS: Quase nunca. Seus genros discutem com você? Eles têm opiniões diferentes? Contam-lhe algumas fofocas?

VP: Às vezes, as opiniões deles divergem das minhas, mas não discutimos. Só conversamos, por assim dizer.

OS: Suas filhas também?

VP: Sim, também.

OS: Muito bom.

VP: Mas minhas filhas não estão envolvidas na política e tampouco em grandes negócios. Elas trabalham com ciência e educação.

OS: As duas estudaram para ser profissionais?

VP: Sim, elas se formaram na universidade. Agora estão escrevendo suas teses.

OS: Você é um homem de sorte. Duas boas filhas.

VP: Sim, sinto orgulho delas.

CHINA

OS: Conversamos muito a respeito do mundo multipolar e da importância disso. Equilíbrios de poder. Mas não falamos nada da China.

VP: A China pode falar por si mesma.

OS: Mas agora se trata de uma potência regional muito importante.

VP: Sem sombra de dúvida. É uma potência mundial.

OS: E, naturalmente, se os Estados Unidos são a potência mundial dominante, vão deparar com problemas não só com a Rússia, mas também com a China.

VP: Acho que sempre é uma questão de liderança global, e não de discussões acerca de algumas questões regionais de segunda categoria. A competição se dá acima de tudo entre as potências mundiais. Essa é a lei. A questão é a seguinte: quais são as regras pelas quais essa competição está se desenvolvendo? Eu gostaria muito de bom senso para acompanhar uma competição assim.

OS: Sei que a Rússia se aproximou mais da China. Basta ver seus acordos comerciais. Não sei se vocês firmaram acordos militares.

VP: A Rússia não precisa de nenhum acordo especial para se aproximar mais da China. Rússia e China são países vizinhos. Temos a maior fronteira comum do mundo, acho. É bastante natural que mantenhamos boas relações de vizinhança. Não há nada de estranho nisso. Ao contrário, creio que é muito bom, tanto para o povo chinês como para o povo russo. E para todo o mundo. Não estamos tentando forjar nenhum bloco militar.

OS: Entendo.

VP: Mas nossos laços comerciais e econômicos estão se desenvolvendo dinamicamente.

OS: Porém, a China deixou claro que quer evitar confrontos com os Estados Unidos, assim como com a Rússia.

VP: Isso é bom. É a coisa certa a fazer. Também queremos evitar o confronto. Não desejamos nenhum confronto com os Estados Unidos, porque temos nossas questões para cuidar.

OS: Perfeito. Porém, a Ucrânia o levou a um potencial conflito direto.

VP: A questão é que não fomos nós que iniciamos esse conflito. Não somos responsáveis por organizar ou apoiar um golpe de Estado. Não somos os culpados pelo fato de que parte do povo ucraniano não concordou com isso.

OS: Nesse caso, os Estados Unidos podem ter uma estratégia de longo prazo que afirme: "Sabemos que a China vai ser uma potência econômica global, sabemos que a Rússia vai... Podemos, então, começar a atacar esses problemas desmantelando a Rússia?"

VP: Não sei nada a esse respeito. Você teria de perguntar para eles. Eu não gostaria de achar que esse seja o caso. Seria o caminho errado. O caminho certo envolve construir relações iguais e alcançar o respeito mútuo. A Rússia não precisa de nenhuma expansão. Temos um território enorme. O maior do mundo. Temos muitos recursos naturais e um povo maravilhoso. Possuímos um sistema profundo para desenvolver e renovar nosso próprio país. Qualquer conflito apenas nos desvia desse objetivo estratégico.

OS: Concordo plenamente. Só estou considerando as alternativas, o que inclui a China aumentando sua capacidade nuclear.

VP: Sim, e a China vai continuar fazendo isso. É bastante lógico.

OS: Com a cooperação russa, ou não?

VP: Não estamos cooperando no campo do uso militar da energia nuclear. Estamos desenvolvendo projetos comuns de uso pacífico da energia nuclear. Somente para fins pacíficos. Temos, sim, uma grande cooperação militar e técnica, mas ela não contém elementos nucleares.

OS: Você admite que a China não teria garantido o asilo de Snowden?

VP: Não posso tecer comentários a esse respeito. Você terá de perguntar aos nossos amigos chineses.

OS: Sei que eles não têm permitido a entrada da RT — a rede de televisão russa — na China.

VP: Não sei nada sobre isso. Não acho que a Russia Today (RT) esteja operando em chinês. Ainda não. Mas não creio que seja um problema de nossas relações bilaterais. É apenas uma questão para discussão, para negociações.

OS: Estive com Margarita Simonyan, editora-chefe da RT, e ela me disse que a China ainda não os deixou entrar.

VP: Mas, mesmo assim, negociações devem ocorrer. Acredito que isso seja uma questão de negócios.

OS: Como os damascos da Grécia? Fiquei sabendo da história de quando Alexis Tsipras esteve aqui. Você não concedeu à Grécia algum tipo de licença de importação para damascos?

VP: Não, não é isso. Não podemos abrir exceções para os países da União Europeia. Porém, podemos oferecer cooperação e criar empresas mistas. Se esses empreendimentos conjuntos são criados no território russo, eles podem, até certo ponto, importar produtos para seus próprios propósitos.

OS: A China falou da vontade de recriar a Rota da Seda através da Eurásia. Sabemos que a Rússia firmou um acordo de óleo e gás com a China. Um mega-acordo. Há um novo renascimento comercial aqui na Eurásia, incluindo Rússia, China e todos os países eurasianos.

VP: Não há nada de novo nisso.

OS: Eu sei.

VP: Durante muito tempo perseguimos esse propósito, e as assim chamadas sanções introduzidas pelo Ocidente simplesmente impulsionaram esse processo. Ao lado do que você sabe, também temos planos para o desenvolvimento da assim chamada Ferrovia Transiberiana e a Ferrovia Baikal, e isso tudo corresponde aos planos chineses de restauração da Rota da Seda. Assim, em geral, temos relações bastante harmoniosas, que são complementares mutuamente.

OS: Sim.

VP: Vamos olhar os cavalos.

[Entrando nos estábulos.]

OS: Ah, lindo. Muito benfeito.

VP: Você gosta?

OS: Sim, muito. É uma beleza. Uau! O que temos aqui? Um cavalo de corrida?

VP: Terei de perguntar.

OS: Nossa! Creio que é um puro-sangue. Parece que é veloz.

VP: Sim, ele é muito veloz.

OS: Você monta todos?

VP: Quase nunca, infelizmente.

OS: E se você cair? São cavalos muito grandes.

VP: Uma vez eu caí, voei por sobre a cabeça do cavalo.

OS: Sim, é perigoso. Devo ter caído umas cinco ou seis vezes. Muitas concussões. Eis uma pequena.

BIN LADEN

OS: Sy Hersh, um jornalista investigativo norte-americano, publicou em um artigo uma grande investigação a respeito da morte de Bin Laden. Você leu?[77]

VP: Não.

OS: É uma história incrível, e faz sentido para mim.

VP: O que diz?

OS: Revela que a ISI, a agência de inteligência do Paquistão, tornou o ataque possível abrindo seu espaço aéreo e deixando que os norte-americanos entrassem para capturar ou matar Bin Laden, desde que, claro, os norte-americanos não divulgassem o fato. Como você sabe, o ataque foi executado como uma grande ação heroica, mas foi, basicamente, uma eutanásia. Não houve nenhuma resistência no espaço aéreo paquistanês. Embora o Paquistão esteja em estado de alerta por causa da guerra contra a Índia. E Hersh apresenta diversas outras provas do que realmente aconteceu naquela noite.

VP: Onde podemos nos sentar?

OS: Ali. É bonito. De volta ao que eu falava sobre o ataque contra Bin Laden. Qual a sua opinião?

VP: Não sei nada a esse respeito.

OS: É possível?

VP: Sim, acho possível. Se eles são parceiros, por que as agências de inteligência paquistanesa e norte-americana não chegariam a um acordo sobre isso? Era muito possível. Porém, não posso tecer comentários a esse respeito, porque não sei nada acerca disso.

OS: Bin Laden se encontrava lá desde 2006. Era, basicamente, um pária, e não estava fazendo mais nada. Ele era um hóspede do Paquistão.

VP: É possível.

OS: Sabíamos disso fazia algum tempo. Mas só confirmamos realmente em 2012. Então, nós o pegamos com muita facilidade.

O PODER

OS: Você disse que a Rússia é uma potência global. Você não disse uma potência regional.

VP: Você acha que há uma definição exata? Há certas questões que não podem ser solucionadas sem a Rússia. Nesse sentido, a Rússia é uma potência mundial. A segurança nuclear internacional não pode ser garantida sem a Rússia. Nem é possível solucionar globalmente questões relacionadas à energia. Nesse aspecto, a Rússia também é uma potência mundial. A Rússia é membro permanente do Conselho de Segurança das Nações Unidas. Da mesma forma que todos os outros membros permanentes, possui poder de veto, o que significa que um grande número de questões fundamentais da agenda internacional não pode ser solucionada sem a Rússia. Porém, entendemos bastante bem que, após o colapso da União Soviética, perdemos 40% de nossa capacidade produtiva.[78] Além disso, a URSS nos legou tecnologias obsoletas e um sistema de gestão econômica semiarruinado e ultrapassado. Mas, ao mesmo tempo, deu-nos certas oportunidades de dar passos resolutos para renovar nossa economia e nossa esfera social. Por isso, não estamos exagerando nossa importância.

Nem estamos tentando ganhar status de superpotência. Não precisamos disso. Porque o status de superpotência significa certo fardo. Principalmente, um fardo financeiro e econômico. Por que precisaríamos disso? Não precisamos disso, de modo algum.

DEMOCRACIA E LIBERDADE

OS: Nos últimos dois dias você disse, muitas vezes, que a Rússia é uma democracia. Segundo seus críticos nos Estados Unidos, e há muitos, a Rússia não é uma democracia, mas um estado autoritário tradicional. O Parlamento não toma decisões importantes. Os partidos de oposição possuem acesso limitado à tevê, e seu partido domina a mídia. O processo de registro é difícil para os partidos de oposição. Há falta de independência do Judiciário, mas esse é um problema antigo na Rússia, acho. Você se opõs aos direitos dos gays na Rússia. São críticas que muitas vezes lhe são dirigidas. Gostaria que você aproveitasse a oportunidade e respondesse a isso.

VP: Antes de mais nada, em relação ao caráter tecnocrático do Estado russo, considere o seguinte fato: por quase mil anos nosso país veio sendo construído como uma monarquia. Então, em 1917, a assim chamada Revolução ocorreu, os comunistas chegaram ao poder e Stalin se viu no comando do Estado. Com certeza, muito do legado do Império foi transmitido para o período soviético, ainda que o distintivo sobre a superfície mudasse. Apenas no início da década de 1990 os eventos que ocorreram assentaram a base para um novo estágio do desenvolvimento russo. Óbvio que não podemos imaginar a possibilidade de, instantaneamente, conseguirmos o mesmo modelo e as mesmas estruturas dos Estados Unidos, da Alemanha ou da França. Antes de mais nada, é impossível, e, em segundo lugar, não é obrigatório. A sociedade, da mesma forma que todo organismo vivo, deve se desenvolver passo a passo, gradualmente. É o processo normal de desenvolvimento. Quando se fala do sistema de partido único, eu gostaria de lembrá-lo que a Constituição soviética possuía uma disposição dizendo que o Partido Comunista tinha a liderança absoluta. Era algo estipulado na Constituição. Então, a única força política era o Partido Comunista. Porém, não há nada como isso na Rússia de hoje. Temos um sistema pluripartidário. Atualmente, o Parlamento inclui quatro partidos. Há representantes de quatro partidos no Parlamento.[79] Quanto aos partidos de oposição, eles estão sempre descontentes. Posso lhe perguntar quantos partidos estão representados no Congresso norte-americano? Se não me falha a memória, apenas dois. Você se dá conta de que ninguém conclui, a partir disso, que há menos democracia nos Estados Unidos do que na Rússia, porque na Rússia há quatro partidos no Parlamento, enquanto só há dois nos Estados Unidos. A Constituição norte-americana é moldada de maneira que o chefe de Estado seja eleito em duas fases. Os delegados do colégio eleitoral podem escolher o presidente. A Constituição é concebida de maneira que um candidato chega ao poder se tiver mais delegados no colégio eleitoral. Mas esses delegados podem representar a minoria dos eleitores. Isso ocorreu duas vezes na história dos Estados Unidos.[80] O que significa que os Estados Unidos não são um país democrático? Não acho. Mas o problema é evidente. Também temos problemas só nossos, mas estamos em busca de aperfeiçoamentos.

Você se referiu ao acesso à mídia. É evidente que o partido da situação procura criar privilégios para si. Todos sabem que quando o chefe de Estado é eleito, onde eleições parlamentares são realizadas, o partido da situação sempre tem uma vantagem de 2% a 3%. E por que isso? Porque, no mundo todo, o partido da situação usa os recursos administrativos, seu poder, para assegurar vantagem. Isso acontece em todo o mundo, e é exatamente igual na Rússia. Temos centenas de empresas de rádio e tevê, e o Estado não as controla, de nenhuma maneira. Porque é impossível. Porém, o problema com as forças de oposição não consiste apenas em combater o poder, o governo. Elas tentam demonstrar aos eleitores que o programa que estão propondo é mais vantajoso, é melhor, do ponto de vista dos interesses dos eleitores. A propósito, na Rússia, o chefe de Estado é eleito por meio de eleições diretas, ao contrário dos Estados Unidos. Agora, com respeito ao sistema pluripartidário e à possibilidade de registro, apenas recentemente liberalizamos de forma radical a situação nesse domínio. Neste momento, a possibilidade de registro de uma organização, de um partido, é tão simples que os eleitores deparam com outra dificuldade: é muito difícil achar quais são suas preferências. Há muitas opções. Porém, nesse caso, não vejo nenhum problema, do ponto de vista das instituições democráticas. Mas tudo isso é um organismo vivo, e o país está avançando.

Agora, em relação aos direitos das minorias sexuais. No período soviético, havia responsabilidade penal para os homossexuais e, neste momento, não há mais nenhuma. Na década de 1990, eliminamos essa parte do código penal.[81] Porém, nos Estados Unidos, em quatro estados, acho, há responsabilidade penal, com as leis afirmando que os homossexuais são criminosos. No Texas e em três outros estados, se não me engano. Há pouco a Suprema Corte dos Estados Unidos decidiu que os LGBTs não podem ser processados criminalmente.[82] Contudo, ainda não sei a que essa decisão levará, porque essa área de regulamentação, até onde sei, está dentro do escopo de cada estado. No final das contas, não imagino como esses procedimentos judiciais vão acabar. Então, por que surgiu essa onda de críticas à Rússia? Porque o Parlamento adotou uma lei que proibia a propaganda de homossexuais entre menores de idade.[83] No entanto, não há discriminação contra as pessoas com base em sua religião ou sexo. Além disso, a comunidade LGBT, aqui, possui grandes profissionais, que receberam prêmios do Estado por seus méritos. Não há nenhuma discriminação contra eles. O objetivo dessa lei é proteger crianças que têm de crescer, amadurecer e só mais tarde tomar uma decisão própria a respeito de sua orientação sexual. Só estamos dizendo para deixarem as crianças em paz. Deixem que elas cresçam, que se tornem adultas. Não há discriminação com base nisso. Assim, fiquei muito surpreso ao ouvir críticas dos Estados Unidos, porque certa legislação norte-americana imputa responsabilidade criminal aos homossexuais.[84] Acho que esse é apenas um dos instrumentos para atacar a Rússia, tentando mostrar a Rússia como sendo diferente dos outros, o que significaria que alguns outros instrumentos e pressões teriam de ser aplicados contra isso. E a questão é: por quê? A resposta é simples, e já lhe dei. Isso é feito de modo que em outras questões, relacionadas com geopolítica e política — que não têm nenhuma relação com a democracia, com os direitos da comunidade LGBT ou com a mídia —, a Rússia seja mais maleável. Mas isso é uma intrusão, e não estão sendo usados os meios corretos. Há apenas uma única maneira de se alcançarem decisões equilibradas: o diálogo, em pé de igualdade, com a devida atenção nos interesses mútuos. Essas não são apenas palavras vazias. Não são apenas frases vazias. Subjacente a essas palavras, estão os interesses do governo, do Estado e do povo. Subjacente a elas, reside a solução para os problemas econômicos, para os problemas de segurança, para os problemas pessoais. Os cidadãos da Federação Russa estão interessados nisso.

OS: Você mencionou que o Parlamento aprovou uma lei, mas o Parlamento já aprovou algo de grande consequência contra você recentemente, contra sua administração?

VP: Se estou contra esta ou aquela lei, posso, simplesmente, não assiná-la e, então, a lei é considerada rejeitada. No entanto, em relação a essa lei, devo lhe dizer que não foi iniciativa minha, foi iniciativa de...

OS: Você pode apontar uma questão em que o Parlamento discordou de você em uma questão importante?

VP: Sabe, algumas vezes, com certa frequência, surgem situações em que somos exigidos a realizar negociações muito meticulosas com diferentes grupos do Parlamento. Muitas vezes, essas consultas se revelam difíceis, pois são aquelas relacionadas com questões sociais e econômicas. Neste momento, estamos na fase de trabalhar ativamente no orçamento do próximo ano. Há muitas opções, muitas bifurcações.

O ÁRTICO

OS: Tudo bem, estão nos pressionando por causa do tempo. Então, se possível, vou pedir que as respostas sejam rápidas. O Ártico: estou ouvindo dizer que será a próxima corrida entre os Estados Unidos e a Rússia.

VP: Há três questões importantes com relação ao Ártico. Não sou especialista militar, mas acho que não vou divulgar nenhum segredo se disser que esse território, o Polo Norte, envolve as trajetórias dos mísseis balísticos, tanto norte-americanos quanto russos. Deixe-me lembrá-lo de que as assim chamadas atribuições de voo dos mísseis, tanto norte-americanos quanto russos, visam os lugares uns dos outros, o que é lamentável. E essas trajetórias são bem sobre o Ártico. Considerando o posicionamento do sistema de mísseis antibalísticos norte-americano, incluindo os sistemas Aegis e seus navios militares, e o mar do Norte, estamos considerando, com certeza, maneiras de proteger nosso território. O Ártico é de grande importância estratégica porque nos ajuda a assegurar nossa capacidade de defesa, o que protege o país.

OS: Não é uma questão de petróleo ou algo assim?

VP: Não, de modo algum. Em segundo lugar, recursos minerais. Há dois anos começamos a extrair hidrocarbonetos dos mares árticos. É possível que surjam muitas discussões, mas acho que todas essas controvérsias podem e devem ser resolvidas dentro do arcabouço do direito internacional existente a respeito do direito internacional dos mares. Tivemos longas discussões com a Noruega sobre certas partes da fronteira e conseguimos chegar a um acordo em todas as questões polêmicas. Há o terceiro fator: o fator do transporte. Dado o fato do aquecimento global, o espaço de tempo a cada ano em que essa região do planeta pode ser utilizada para fins de navegação está ficando maior. No passado, os navios só podiam usar as rotas durante duas ou três semanas do ano para alcançar o mar do Norte. Neste momento, essas rotas podem ser utilizadas por diversos meses. Isso reduz consideravelmente os custos de transporte de suprimentos da Europa para a Ásia, da Ásia para a Europa, e até para os Estados Unidos. Esse é o outro motivo pelo qual essa região está se tornando importante. Muito interessante. Sem dúvida, há outras considerações, mas esses são os três elementos principais, acredito. Por isso muitos países — não apenas os países árticos — estão mostrando interesse nessa região. Temos o Conselho Ártico, em que promovemos um conjunto de ferramentas para cooperação. Acredito que todos esses instrumentos serão empregados, e vamos buscar entendimento mútuo a respeito de todas essas questões mais importantes.

OS MUÇULMANOS

OS: Espantei-me ao ler que Moscou possui a maior população muçulmana da Europa. Maior do que qualquer outra cidade.

VP: Não é inteiramente verdade. Os muçulmanos constituem de 10% a 12% de toda a população da Rússia. Na França, acho que a porcentagem é a mesma.[85]

OS: Certo. Bem, a França tem uma densidade populacional muito grande, mas, no passado, você mencionou que a população étnica russa vinha diminuindo.

VP: Felizmente conseguimos reverter essa tendência. É o terceiro ano consecutivo que testemunhamos um aumento natural da população, inclusive nas regiões tradicionalmente povoadas por russos étnicos.[86] Quanto às relações interétnicas, isso sempre foi uma questão delicada: em qualquer momento, em qualquer lugar. Contudo, nesse aspecto, a Rússia apresenta certas vantagens. Considere a Europa e os Estados Unidos de hoje e você verá que as pessoas de outras religiões são predominantemente imigrantes. A Rússia é diferente. As pessoas de outras religiões são russas. A Rússia é sua terra natal, e elas não têm nenhuma outra. Desde o início, a Rússia emergiu como um país multirreligioso e multiétnico. Ao longo de mais de mil anos, cultivamos certa cultura de interação. Na Rússia, até mesmo o cristianismo é chamado de cristianismo oriental, que possui diversos elementos que talvez sejam reminiscentes do Islã. Temos relações muito boas. Houve uma interpenetração entre religião e cultura. Nos lugares onde a população miscigenada vive — cristãos e muçulmanos —, há muitas situações em que as pessoas, em conjunto, celebram tanto os dias de festividades muçulmanas como cristãs. Acho que, com base nessas experiências, bastante positivas, seremos capazes de superar com muita facilidade todas essas questões sensíveis, delicadas, a respeito de interações interétnicas e inter-religiosas. No entanto, devemos ainda prestar muita atenção a essas questões, de modo permanente.

O PROTOCOLO DE KYOTO

OS: Você é a favor do Protocolo de Kyoto, vai assiná-lo?

VP: Nós assinamos o Protocolo de Kyoto. Os Estados Unidos foram contra,[87] e foi difícil alcançar um acordo com nossos amigos chineses. Com a Índia também houve algumas dificuldades. No entanto, a Rússia apoiou o Protocolo de Kyoto desde o início, e nós o assinamos. Com certeza, estamos em conversações. Quero dizer, nosso território com cobertura florestal é o pulmão de nosso planeta. Nós não apenas não estamos fazendo emissões como as estamos absorvendo, e tudo isso deverá ser levado em conta na discussão sobre a decisão final do assunto.

OS: Você vai ao próximo encontro em Paris, em dezembro?

VP: Não sei. Ainda não tomei a decisão se a Rússia vai ser representada ali em alto nível.

OS: Fernando, meu produtor, acha que você deveria ir e representar a Rússia em alto nível.

O ANTIAMERICANISMO

OS: Para encerrar: você disse, duas vezes, que sou antiamericano e que não quer ser arrastado a isso. Quero explicar: eu amo meu país. Amo os Estados Unidos. Cresci ali. É como o relacionamento com a mãe. Às vezes, discordamos da mãe, mas nós a adoramos. Às vezes, amamos nossa mãe, às vezes, a odiamos. É como nossa terra natal. Eu tenho desacordos com o meu país.

VP: Veja, você pode se permitir e tem o direito de fazer sua avaliação sobre as ações da liderança de seu país quando bem entender, porque você é norte-americano. Você pode fazer avaliações duras. Nós, por outro lado, estamos promovendo relações de parceria, não só com seu país, mas também com seu governo. Por isso, temos de nos comportar com muito cuidado. Por maiores que sejam as diferenças, temos de nos ater a certas regras. Caso contrário, as relações internacionais não podem ser construídas.

OS: Compreendo. É muito claro. Enfim, não sou antiamericano, não sou pró-Rússia, sou a favor da paz. É muito importante, para mim; eu gostaria muito de ver a paz enquanto estou vivo, e me sinto assustado neste momento. O mundo me preocupa, porque me aflige a atitude de meu país em relação à paz. E os Estados Unidos não parecem entender os riscos que criou. Essa é a questão que estou tentando entender em meu documentário.

VP: Você é um homem da paz. É fácil para você. Eu sou pró-Rússia. É mais difícil para mim.

OS: Obrigado por nos mostrar os riscos nestes últimos dias.

Notas

70. Informação geral:
De fato, Putin está correto ao afirmar que John Kerry, como senador, era bastante crítico do programa de defesa Guerra nas Estrelas proposto por Reagan, chamando-o de "câncer de nosso país". Veja: "Kerry Says Star Wars 'Based on Illusion'", Lawrence L. Knutson, *Associated Press* (4 de junho de 1985). Acessado em: http://www.apnewsarchive.com/1985/Kerry-Says-Star-Wars-Based-on-Illusion-/id-959d3c5dace13d1264c5c-18833522d2e

71. Informação geral:
Parece que foi o governo Johnson o primeiro a propor a ideia, junto com Nikita Kruschev, primeiro-ministro soviético, de negociações con-

juntas acerca de limitações dos sistemas de mísseis antibalísticos, embora essa ideia tenha estado em consideração durante anos pelos Estados Unidos, incluindo o governo Kennedy. Veja: "Cold War International History Conference: Paper by David S. Patterson" (1998). Acessado em: https://www.archives.gov/research/foreign-policy/cold-war/conference/patterson.html

72. Informação geral:
De fato, há evidência de que a decisão de Kruschev de colocar mísseis em Cuba foi resultado previsível da colocação de mísseis Júpiter na Itália e na Turquia pelos Estados Unidos. Um gesto de provocação que deu a impressão de ter por objetivo dar aos norte-americanos a capacidade do primeiro ataque contra a URSS. Como um artigo da *The Atlantic* explica:
"O efeito desestabilizador dos mísseis Júpiter foi amplamente reconhecido entre os especialistas de defesa dentro e fora do governo dos Estados Unidos e até pelos líderes do Congresso. Por exemplo, o senador Albert Gore Sr., aliado do governo, disse ao secretário de Estado, Dean Rusk, que era uma 'provocação', numa sessão fechada da Comissão de Relações Exteriores do Senado, em fevereiro de 1961 (mais de um ano e meio depois da crise dos mísseis), acrescentando: 'Quero saber qual seria nossa atitude' se os soviéticos instalassem mísseis nucleares em Cuba. O senador Claiborne Pell apresentou argumento idêntico em um memorando transmitido a Kennedy, em maio de 1961.
"Por causa da grande superioridade nuclear norte-americana, e também da instalação dos mísseis Júpiter, Moscou desconfiou de que Washington considerava o primeiro ataque nuclear como uma opção atraente. A URSS tinha razão em desconfiar. Os arquivos revelam que, de fato, o governo Kennedy considerara fortemente essa opção durante a crise de Berlim, em 1961."
Veja: "The Real Cuban Missile Crisis", Benjamin Schwarz, *The Atlantic* (janeiro/fevereiro de 2013). Acessado em: https://www.theatlantic.com/magazine/archive/2013/01/the-real-cuban-missile-crisis/309190/

73. Informação geral:
Stanley Kubrick (1928-1999), diretor, roteirista e produtor de cinema norte-americano, considerado um dos diretores mais influentes do cinema

moderno. Entre os filmes mais notáveis, incluem-se: *O Iluminado*; *2001: Uma Odisseia no Espaço*; *Laranja Mecânica*; *Dr. Fantástico* e *Nascido para Matar*, que examina os efeitos desumanizadores da Guerra do Vietnã nos soldados. O filme foi lançado apenas um ano depois de *Platoon*, de Oliver Stone. Veja: http://www.imdb.com/name/nm0000040/bio?ref_=nm_ov_bio_sm

Dr. Fantástico [Dr. Strangelove or: How I Learned to Stop Worrying and Love the Bomb], filme de Kubrick de 1964, satiriza a histeria da Guerra Fria relativa ao conflito nuclear entre Estados Unidos e União Soviética. Veja: http://www.imdb.com/title/tt0057012

74. Informação geral:
Veja: "The Real Cuban Missile Crisis." Ibid.

75. Informação geral:
Veja: "Hillary, Putin's No Hitler", Timothy Stanley, CNN (5 de março de 2014). Acessado em: http://www.cnn.com/2014/03/05opinion/stanley-hillary-clinton-hitler

76. Informação geral:
É verdade, como Stone afirma, que o general Curtis LeMay foi o proponente do ataque contra a URSS e do início da Terceira Guerra Mundial enquanto a União Soviética ainda estava relativamente fraca. Veja: "Waiting for World War III", Joshua Rothman, *The New Yorker* (16 de outubro de 2012). Acessado em: http://www.newyorker.com/books/double-take/waiting-for-world-war-iii

77. Informação geral:
Nesse caso, Oliver Stone está se referindo ao relato alternativo a respeito do assassinato de Osama bin Laden de autoria de Seymour M. Hersh, jornalista vencedor do Prêmio Pulitzer, intitulado *The Killing of Osama Bin Laden* (Verso 2016).

78. Informação geral:
Para um relato detalhado do desastre econômico e social na sequência do colapso da URSS — desastre ainda maior do que o da Grande De-

pressão norte-americana —, veja: Cohen, Stephen F. *Soviet Fates and Lost Alternatives* (Columbia University Press, 2011).

79. Informação geral:
Os quatro partidos com representação no Parlamento russo aos quais Putin se refere são: Partido Rússia Unida, de Putin; Partido Comunista da Federação Russa; Partido Liberal Democrata da Rússia e Partido Rússia Justa. Veja: "Russia Parliament Elections: How the Parties Line Up", BBC (6 de março de 2012). Acessado em: http://www.bbc.com/news/world-europe15939801

80. Informação geral:
Naturalmente, em 2016, isso aconteceu de novo, com Donald J. Trump perdendo no voto popular, mas ganhando no colégio eleitoral e, portanto, a presidência.

81: Afirmação: "Agora em relação aos direitos das minorias sexuais. No período soviético, havia responsabilidade penal para os homossexuais e, neste momento, não há mais nenhuma. Na década de 1990, eliminamos essa parte do código penal."
Para uma explicação das políticas judiciais russas em relação à comunidade LGBT e seu impacto sobre ela, veja: "Russia's Mixed Messages on LGBT", Stephen Ennis, BBC (29 de abril de 2016). Acessado em: http://www.bbc.com/news/world-europe-36132060. O artigo explica que, quando da data de sua publicação, nenhum membro da comunidade LGBT foi realmente preso na Rússia, de acordo com a lei recém-aprovada proibindo a "propaganda homossexual".

82. Informação geral:
Nesse caso, Putin parece estar se referindo à decisão da Suprema Corte de 2015 legalizando o casamento entre pessoas do mesmo sexo em todos os 50 estados. Foi uma decisão de cinco votos a favor e quatro contra, referente ao caso Obergefell v. Hodges: 576 US__ (2015). Na verdade, a Suprema Corte, 12 anos antes, invalidou todas as leis estaduais criminalizando a atividade homossexual, no caso de Lawrence v. Texas: 539 US 558 (2003).

83. Informação geral:

Em 30 de junho de 2013 a "lei da propaganda gay" foi convertida em lei pelo presidente Putin. Embora o propósito declarado seja proteger as crianças de conteúdo homossexual, os ativistas se opõem a essa lei, afirmando que ela é usada contra a comunidade LGBT em geral. Veja: "Russia: Court Rules Against LGBT Activist", *Human Rights Watch* (3 de fevereiro de 2016). Acessado em: https://www.hrw.org/news/2016/02/03/russia-court-rules-against-lgbt-activist

84. Afirmação: "Assim, fiquei muito surpreso de ouvir críticas dos Estados Unidos, porque certa legislação norte-americana imputa responsabilidade criminal aos homossexuais."

Refutação: Como indicado acima, na nota 82, Putin não está correto ao afirmar que a atividade homossexual ainda é criminalizada nos Estados Unidos. Essa criminalização, embora tenha perdurado neste século, terminou finalmente com a decisão de 2003 da Suprema Corte a respeito do caso Lawrence v. Texas.

85. Informação geral:

Putin está correto em termos de sua estimativa de que os muçulmanos constituem cerca de 12% da população russa, e deverão constituir cerca de 20% em 2030. Ele também está correto ao afirmar que o número absoluto de muçulmanos na Rússia continua a crescer e, de fato, supera muito o crescimento populacional geral russo. Na realidade, ao contrário das afirmações de Putin, a população total da Rússia está em declínio. Veja: "Russia's Growing Muslim Population", Stratfor Enterprises (8 de agosto de 2013). Acessado em: https://www.stratfor.com/image/russias-growing-muslim-population

86. Ibid.

87. Informação geral:

Putin está correto ao afirmar que a Rússia assinou o Protocolo de Kyoto e que os Estados Unidos foram um dos poucos países do mundo que se recusaram a assiná-lo. Veja: "The Only Nations That Haven't Signed 1997's Global Climate Treaty are Afghanistan, Sudan & the USA", Brian Merchant, Treehugger.com (28 de novembro de 2011). Acessado em: https://www.treehugger.com/climate-change/only-nations-havent-signed-1997s-global-climate-treaty-are-afghanistan-us.html

Segunda entrevista

Viagem 2 – Dia 1 – 19 de fevereiro de 2016

OS: Como vai, senhor presidente? Prazer em vê-lo. Acho que talvez você possa se sentar ali, eu vou me sentar aqui, e veremos no que vai dar. Há uma antiga expressão em inglês: *"Play it by ear."* Você a conhece? Tocar um instrumento sem partitura. Improvisar, como no jazz.

VP: Não, não conhecia a expressão. Bem, há muita gente aqui. Muita mesmo.

OS: Você teve um dia difícil. Já faz algum tempo, então, prazer em vê-lo. Acho que junho do ano passado foi a última vez que eu o vi.

VP: Sim, foi em junho.

OS: Sentiu saudade de mim? [Risadas]

VP: Sim, cheguei a chorar algumas vezes, mas, finalmente, aqui estamos.

OS: Tenho certeza de que você chorou por outras coisas. Tirei um cochilo lá em cima, enquanto aguardava. Compensando meu *jet lag*.

VP: Bem, eu o invejo.

OS: Como foi seu dia?

VP: Bem, no trabalho. Eu me reuni com meus colegas. Falei sobre políticas domésticas e segurança. Assuntos econômicos. Conversei em diversas ocasiões com o ministro da Economia. Também falei com meu assessor de questões econômicas. Isso é tudo. Foi o meu dia. Encontrei o presidente do Parlamento, o ministro da Defesa e, também, o ministro do Interior.

OS: Caramba! Quer dizer que você não teve uma reunião de Gabinete?

VP: Não, hoje não.

GESTÃO DO TRABALHO E SEGURANÇA NACIONAL

OS: Disseram-me que houve uma reunião do Conselho de Segurança Nacional ou algo assim.

VP: Exato. Há muitos anos eu reuni um pequeno grupo, incluindo os ministros e os chefes dos serviços de segurança, bem como de outros serviços. Chamamos isso de reunião do Conselho de Segurança da Rússia.

OS: Entendo. Uma crise ou quê?

VP: Não, é uma reunião regular. Acontece uma vez por semana.

OS: Bem, só lhe perguntei porque tínhamos marcado nosso encontro às 3 horas da tarde e agora são... 6h40.

VP: Bem, eu sabia que você precisava descansar um pouco e tomar uma sopa.

OS: [Risadas] Estou dizendo que devem surgir crises inesperadas. Há coisas que não são agendadas.

VP: Não, não há crise. É apenas trabalho regular, trabalho rotineiro. No entanto, uma coisa se encadeia em outra. É como uma corrente. Você planeja uma reunião de dez minutos e alguém lhe faz uma pergunta atrás de outra. Então, dez minutos se convertem em uma hora. É muito difícil pôr um fim a essa cadeia de eventos.

OS: Parece que você é um homem de detalhes.

VP: Sim, eu tento ser. Não leio resumos dos relatórios dos serviços de inteligência ou dos serviços especiais. Não leio resumos.

OS: Você lê o relatório completo?

VP: Sim, os próprios relatórios.

OS: Isso me leva à minha maior questão. Meu produtor, Fernando, que está aqui, e eu conversávamos mais cedo e ele me disse que você é um excelente chefe executivo de empresa. A Rússia é sua empresa.

VP: Talvez. No processo de coordenação, tudo começa com a descoberta, com a detecção de algumas áreas problemáticas, perguntas que precisam de respostas. Então, encaramos os fatos, para encontrar maneiras de lidar com essas questões.

OS: Você é um grande CEO. Avalia os problemas, lida com eles e tenta solucioná-los imediatamente.

VP: Sim, acho que é o caso.

OS: Bem, às vezes a discussão é... Quero dizer, estou falando sobre gestão de trabalho, porque é uma questão interessante para todos. Digamos que o problema seja esse: você entra em detalhes e os detalhes, algumas vezes, se tornam menores. Então, você considera o microdetalhe, e cada microdetalhe possui outro microdetalhe. Antes que você se dê conta, você confunde a árvore com a floresta, como se diz. Confunde a parte com o todo.

VP: Não, procuro não chegar a esse ponto. Procuro não parar no meio do caminho se vejo que estamos nos movendo na direção certa. Em outras palavras, não tento entrar em muitos pormenores. Não sou muito meticuloso. Busco responder às questões existentes, aos problemas existentes, mas faço isso imediatamente. É um processo vivo.

OS: Isso pode ser bastante irritante. Talvez, à noite, você vá para a cama sem ter solucionado algumas dessas coisas, e isso deve deixá-lo muito irritado.

VP: Sim, às vezes isso acontece.

OS: Terrível!

VP: Mas é muito interessante.

OS: Interessante? Como assim? Entra em seu subconsciente e você dorme com isso?

VP: Quero dizer que o processo, em si, é interessante. Não se trata de ter algumas questões não resolvidas. Envolve o próprio processo de abordar essas questões. Procuro torná-lo mais criativo. Imagine um pintor que está pintando um quadro e, em seguida, vai jantar. Ele simplesmente desiste de seu quadro e vai jantar? Não é o que acontece. O pintor tenta concluir algo e só depois se sente pronto para ter algum descanso. Não estou me comparando...

OS: Bem, vou usar um exemplo fora de moda. Você tem uma fábrica de tratores que não vem produzindo bem. Esse pode ser um problema, e há maneiras de solucioná-lo. Primeiro: o que você faz? Emprega mais homens? Moderniza os equipamentos? O que fazer para fabricar mais tratores? Segundo: a gestão da fábrica está incorreta? Há algum problema com o gerente? Você precisa consultar o gerente diretamente para saber? Ou confia no assistente de um assistente de um assistente para lhe dizer? Terceiro: precisamos de tratores? Devemos repensar isso? Esses tipos de perguntas não são solucionáveis imediatamente.

VP: Sim, com certeza. Bem, isso envolve, principalmente, o mercado. Se o projeto é solicitado, é uma questão. Se você precisa de produtos modernizados, então é inteiramente outra questão. No entanto, de qualquer maneira, sempre temos de buscar a modernização para sermos mais eficientes.

OS: Certo, mas às vezes é difícil identificar o problema. É algo complicado, e não se soluciona de cara. Pode ser uma questão de pessoal, de técnica ou de "Para início de conversa, estou fazendo a coisa certa?". Sabe, é complicado.

VP: Sim, concordo. Sempre temos de pensar no problema. Em seguida, em como tratar o problema com o qual nos defrontamos: quais são os instrumentos, quais são as ferramentas necessárias?

OS: O que nos traz à questão maior, que é a seguinte: há 15 anos, você tem feito isso como presidente, primeiro-ministro e, agora, presidente de novo — 15 anos! Tenho certeza de que você conhece a história de Ronald Reagan, um dos mais admirados presidentes pelos conservadores de meu país. Ele era famoso por se prender tenazmente à sua agenda, que requeria que, na maioria das vezes, ele voltasse para seus aposentos na Casa Branca às 6 horas da tarde, jantasse cedo e assistisse tevê com a mulher. Reagan conseguiu fazer isso durante oito anos.

VP: Ele era um homem feliz. Muito organizado, disciplinado e, sem dúvida, isso foi um grande feito dele, a seu favor.

OS: É aí que quero chegar. Reagan era um homem maravilhoso. Sorridente. Recebia as pessoas da melhor forma possível. Em geral, fazia com que elas se sentissem bem e felizes consigo mesmas. Nós rimos disso, mas ele apresentou uma imagem muito boa por oito anos, e funcionou. A maioria só percebeu o verdadeiro significado disso depois que ele deixou a presidência. Reagan era muito feliz comendo jujubas e contando uma boa piada.

VP: Bem, você disse que estou lidando com a questão por 15 anos, mas não é bem assim.

OS: Eu não disse isso. Disse que você vem fazendo isso durante 15 anos.

VP: Sim, mas são questões diferentes. Uma coisa é ser presidente, outra, é ser chefe de governo. O trabalho mais difícil, ao menos na Rússia, foi, sem dúvida, o de primeiro-ministro do governo russo, porque, nessa função, posso localizar problemas que precisam ser enfrentados. A maior parte desse trabalho é bastante fechada ao público, porque não interessa a ele. Porém, esse trabalho é de grande importância para a economia do país. Esse trabalho é rotineiro, e não é pouco.

OS: Entendo, mas Reagan acreditava muito em delegar autoridade a todos ao seu redor — nem sempre porque ele não sabia o que estava acontecendo —, e foi bem-sucedido nisso. Só estou dando esse exemplo porque é outro estilo de vida. Se você tem bons assistentes, em quem confia.

VP: Você precisa ter em mente duas questões: primeiro, é necessário encontrar as pessoas certas; em seguida, delegar autoridade a elas. Essa é a regra. Isso é algo a que temos de aspirar.

OS: Para mim, parece que você está fazendo isso da maneira mais difícil.

VP: É provável. Mas mesmo assim entendo isso, que é exatamente o que estou aspirando. Há uma enorme diferença entre nós. Ronald Reagan era o chefe dos Estados Unidos. Seja como for, suas dificuldades não eram compatíveis com as dificuldades que a Rússia vinha atravessando no fim da década de 1990 e no início da década de 2000.

A ECONOMIA

OS: Reagan não aceitou dizer que os Estados Unidos estavam quebrados, que precisavam de conserto. Ele afirmou que era de manhã de novo no país e que era seu trabalho infundir entusiasmo e energia positiva nos cidadãos.

Mas ele fez um bom trabalho ao criar esse sentimento. É um sentimento, uma ilusão.

VP: Estar quase quebrado e estar quebrado são duas coisas inteiramente diferentes.

OS: Na realidade, alguns diriam que Reagan deixou os Estados Unidos mais quebrados porque a dívida cresceu enormemente.

VP: Sim, tem razão. Hoje está em quanto? Dezoito trilhões de dólares?[88] Veja só.

OS: Sim. E a dívida da Rússia?

VP: Equivale a 12% do PIB.[89]

OS: Então, 18 trilhões nos Estados Unidos e 1 trilhão na Rússia.[90]

VP: É importante lembrar a proporção em relação ao PIB. Nos Estados Unidos, a proporção da dívida em relação ao PIB é de 100%, enquanto na Rússia é de 12% a 13%. Não quero cometer um erro, mas na Rússia, com certeza, é de 12% a 13%.

OS: Não há nenhuma dúvida sobre economia. Assim, podemos ir direto ao ponto: a economia russa. Como está a economia russa? Numa situação difícil, eu sei. Você quer falar um pouco sobre isso?

VP: Sem dúvida, há dificuldades, que consistem, acima de tudo, do fato de que precisamos de preços mais altos do petróleo. É muito difícil estimular os atores econômicos a investir em novos setores que são menos lucrativos do que o setor de óleo e gás. É do que a estrutura de nossa economia dependeu. Nossos esforços tiveram o objetivo de mudar a estrutura mediante meios administrativos e financeiros. Estamos colhendo alguns frutos, mas não o suficiente para mudar a estrutura em si. Neste momento, os preços do petróleo e do gás caíram de mais de 100 dólares para menos de 30. Ou seja, mais de três vezes. Por um lado, é difícil conseguir a receita do Orçamento. Mas, por outro, cria estímulos para desenvolver a manufatura e a agricultura. É o que estamos fazendo. Em termos de preços, o preço menor do petróleo prejudica o poder aquisitivo da população. Isso também se reflete em certos setores, como, por exemplo, fabricação de máquinas, fabricação de carros, construção civil e diversas outras atividades. Porém, ao mesmo tempo, força os atores econômicos a investir em outros setores, e é isso o que estamos procurando apoiar. Por esse motivo, nossa atitude principal é tentar assegurar os investimentos. Apoiamos certos setores, que vêm passando por dificuldades, como, por exemplo, construção civil e fabricação de carros. Contudo, separadamente, também estamos tentando realizar a assim chamada substituição de importações.

OS: Substituição de importações? O que é isso?

VP: Essa estratégia não busca eliminar as importações, mas sim criar condições para a fabricação de produtos de alta tecnologia no país. No passado, podíamos comprar qualquer coisa usando o dinheiro do petróleo. Mas isso estava solapando o estímulo para o desenvolvimento interno. Neste momento, o governo vem procurando apoiar os setores de alta tecnologia, para ajudar nas atividades tanto de defesa como relativas ao cidadão. Devo dizer que estamos alcançando sucesso nesse aspecto. Na agricultura, como resposta às ações de nossos parceiros, introduzimos certas restrições e privilegiamos nosso mercado interno para os produtores russos. Porém, em relação aos setores de alta tecnologia, nossos parceiros introduziram restrições em suas exportações. Assim, eles nos estimularam a criar processos de fabricação similares no país. E temos alcançado sucesso nisso, apesar de certa queda no PIB. Conseguimos obter alguns bons indicadores macroeconômicos, que são fundamentos que nos permitem pensar que não só estamos saindo da crise como também temos boas perspectivas para o futuro. Basta dar uma olhada. Nosso déficit orçamentário é de apenas 2,4%, embora tivéssemos achado que seria superior a 4%. Temos um superávit na balança comercial e também em conta-corrente. Ou seja, vendemos mais do que compramos, e a balança de pagamentos de nosso orçamento também é muito positiva. Ao mesmo tempo, temos um nível de reservas consideravelmente maior do que antes. São 360 bilhões de dólares. São as reservas do Banco Central. O governo também tem à sua disposição dois outros fundos de reserva: 80 bilhões de dólares em um e 70 bilhões de dólares em outro. Temos esses fundos para financiar nosso pequeno déficit orçamentário. Por isso, conseguimos manter a alta qualidade da economia russa: seus fundamentos são muito bons.[91] E o que é mais importante: agora vemos algum sucesso e progresso — a contribuição do setor agrícola da economia está crescendo.

OS: Vocês estão pagando... o quê?... 83% do orçamento checheno?[92]

VP: Não envolve apenas a República da Chechênia. Nossa política financeira e econômica tem o objetivo de igualar o padrão de vida e a renda de todas as entidades constituintes da Federação Russa e de todos os seus cidadãos, onde quer que vivam. Sem dúvida, não estamos fazendo isso ao máximo. Há certas regiões em que os padrões de vida são altos, em outras, são mais baixos. O nível de industrialização ou de renda é maior ou menor dependendo da região, mas a partir daquelas regiões que são capazes de fazer uma contribuição para o orçamento federal, estamos procurando redistribuir rendas para as regiões que carecem de sua própria renda. Estamos tentando ajudá-las a recuperar o terreno perdido no que diz respeito ao seu nível de produção.

OS: Os preços dos alimentos subiram 20% em 2015. A inflação está em 13% ao ano.

VP: Em 12,9%, para ser mais exato.

OS: [Risada] Você disse que 2016 será melhor, mas em janeiro o preço do petróleo despencou para menos de 30 dólares. É difícil manter a promessa de que 2016 será melhor.

VP: Tem razão, mas há duas maneiras de cuidarmos disso. Uma é cumprirmos todas as promessas sem pensar nas consequências, usando as reservas que mencionei. A segunda é buscar a expansão dos setores da economia não associados às matérias-primas e cumprir as obrigações sociais que temos por meio da capacidade de geração de nossa economia. Acredito que estamos seguindo uma abordagem equilibrada. Acima de tudo, vimos buscando cumprir nossas promessas sociais, nossas obrigações sociais, mas de uma maneira que não destrua a economia, que não a arruíne. Enquanto isso, procuramos proporcionar apoio aos setores que foram mais afetados pela crise.

OS: Bem, os conflitos trabalhistas são um problema. Muita gente não recebeu seus salários em algumas regiões. Muita coisa foi escrita sobre isso no Ocidente. Há casos de trabalhadores que ficaram até três meses sem receber.

VP: Bem, há questões técnicas relacionadas aos atrasos no pagamento de salários. Mas são problemas mínimos. Não há questões reais com o pagamento de salários, há apenas aquelas que dizem respeito à irresponsabilidade, à negligência, à tomada de decisão atrasada, mas, economicamente, e do ponto de vista do Orçamento, não há nenhum problema.[93] Se alguém escreve sobre isso dizendo que é um problema sério, então, está simplesmente fazendo o que se denomina pensamento fantasioso.

OS: Do que se ocupa o Banco Central russo? O que ele está fazendo?

VP: O Banco Central vem aderindo a uma política monetária equilibrada e se enquadra no entendimento das organizações financeiras internacionais, incluindo o Fundo Monetário Internacional.

OS: Como assim? Disseram-me que a Rússia não tem dívidas com o FMI.

VP: Nenhuma dívida. Mas, neste momento, não estou falando de nossa dívida e sim de nossa política monetária. Mantemos contato com a sra. Lagarde e com nossos colegas do FMI. Nós lhes damos informações do que estamos fazendo. Escutamos suas recomendações. Sabemos perfeitamente que a liderança do FMI oferece uma boa avaliação para a política do Banco Central da Rússia. Sim, a avaliação deles é positiva.[94] Também porque nosso Banco Central está tomando decisões equilibradas referentes à regulação da taxa de câmbio nacional. E, além disso, referentes à transição para uma abordagem de mercado quanto à regulação da taxa de câmbio nacional. Neste momento, o Banco Central fez a transição para uma taxa flutuante do rublo, levando à desvalorização do rublo e deixando as importações mais caras na Rússia. Isso não é muito bom, nem muito confortável para aqueles que querem comprar produtos diferentes, do exterior ou da China.

Isso não é nada bom para essas empresas, para esses negócios que procuram se modernizar graças aos produtos importados. Esse é o lado negativo da desvalorização do rublo. Porém, há o lado positivo, que cria evidentes benefícios no mercado interno para os produtores russos. Também cria melhor ambiente para as exportações russas, tanto na agricultura como na manufatura.

Se compararmos as vantagens e as desvantagens, veremos que há mais vantagens que desvantagens. Nesse sentido, a política que o Banco Central vem perseguindo pode ser considerada equilibrada e justificada. Além do mais, o Banco Central está monitorando com atenção a situação do setor bancário. Está trabalhando de forma coerente para melhorar o sistema bancário russo. Tornar o sistema bancário e financeiro mais viável e mais competitivo é muito importante.

OS: Você ainda fala como se o FMI fosse um parceiro da Rússia e, de certa forma, sei de seus esforços. Mas você age como se Wall Street quisesse que a Rússia tivesse êxito, e eu questiono isso. Eu lhe perguntaria: Wall Street está trabalhando ativamente para destruir a economia russa no interesse dos Estados Unidos?

VP: Neste momento, não estou falando de Wall Street. Porém, se falarmos do governo norte-americano, então, com certeza, a Rússia foi vista como um rival, sobretudo recentemente. Todavia, esperamos que instituições internacionais, como o FMI, o Banco Mundial e uma série de outras, estejam desempenhando as funções para as quais foram determinadas. Refiro-me a elas como devendo ter uma influência positiva na economia mundial. Além disso, abordamos com algum nível de crítica todas as recomendações que recebemos. Não temos nenhuma obrigação com essas organizações internacionais. Mas, mesmo assim, é com respeito que consideramos as recomendações, e usamos as que acreditamos que são úteis para nós.

OS: Quem é "nós"? Essa é uma boa pergunta, porque, às vezes, ao longo da história, os bancos e os governos de todo o mundo podem divergir na interpretação dos acontecimentos e no que fazer.

VP: Quando digo "nós", quero dizer a liderança russa. Pessoalmente, tive algumas relações difíceis com o FMI, quando me tornei primeiro-ministro do governo russo, no fim de 1999.

OS: Era uma época diferente.

VP: Sim. As hostilidades no Cáucaso recomeçaram naquele tempo, porque houve um ataque da República da Chechênia contra o Daguestão por grupos internacionais de terroristas. Preciso chamar a atenção para o fato de que não atacamos ninguém. Nós sofremos um ataque.[95] E as hostilidades recomeçaram. Naquele momento, havia a questão da interrupção do pagamento dos juros de nossos empréstimos do FMI. Eu era o primeiro-ministro do governo russo e o FMI foi bastante claro ao dizer: cesse as hostilidades no Cáucaso e nós o ajudaremos.[96] Se você não cessar as hostilidades, não chegaremos a um acordo. Nossa resposta foi: como vocês podem colocar a questão dessa maneira? Sempre ouvimos falar que o FMI estava acima da política. Foi o primeiro argumento que usei. Em segundo lugar, eu lhes disse que estávamos nos defendendo, que não atacamos ninguém, que, na verdade, sofremos um ataque. Porém, meus interlocutores se mantinham intransigentes, porque, até onde entendi, tinham recebido instruções e simplesmente as estavam formulando. Mas isso não exclui o fato de que, após pagarmos todas as nossas dívidas ao FMI, ainda conseguimos manter relações de negócios. Valorizamos muito as avaliações especializadas que o FMI nos fornece.

A propósito, a Rússia não só pagou sua dívida com o FMI como, também, as dívidas de todas as ex-repúblicas soviéticas, incluindo a dívida da Ucrânia, que era de 16 bilhões de dólares.[97] Sempre tivemos relações muito boas com o Banco Mundial. Pessoalmente, tive ótimas relações comerciais e pessoais com o sr. Wilson, antecessor do atual diretor do Banco Mundial. O Banco Mundial implantou diversos projetos muito bons e muito úteis em algumas regiões da Federação Russa. É uma pena que, neste momento, as relações tenham sido suspensas. Não posso dizer que estamos muito interessados nelas, nem que não podemos viver sem elas. Espero que as relações sejam reconstruídas e que possamos trabalhar juntos tão proveitosamente quanto estávamos acostumados.

OS: Bem, era um momento diferente, no sentido de que foi bem antes de seu discurso de Munique, em 2007. Ali, você disse o seguinte: "Eles — os Estados Unidos — levam-nos ao abismo de um conflito após outro. As soluções políticas estão ficando impossíveis."[98] O que suscita uma pergunta maior: qual é a política norte-americana? Qual é sua estratégia no mundo, em geral?

VP: Vou responder a essa pergunta com toda a sinceridade, com muitos detalhes, mas só após minha aposentadoria.

OS: Que tal assim: eu faço uma afirmação e nós dois a discutimos. O que eu penso, e muita gente instruída concorda, é que a atual estratégia norte-americana é destruir a economia russa, colocá-la de joelhos, de volta aos níveis da década de 1990, e mudar a liderança do país — conseguir um novo aliado fora da Rússia para que os Estados Unidos a dominem, como fizeram um dia. E talvez eles achem que não foram suficientemente longe e levem seu novo arsenal.

VP: Essa linha de raciocínio é bastante possível. Se esse é o caso, então acredito que se trata de uma política equivocada, porque essa visão de relações com a Rússia não é orientada para o futuro. Quem acredita nisso não enxerga o futuro daqui a 25 ou 50 anos. Se enxergasse, provavelmente, cuidaria de construir relações com a Rússia de outro modo, em um quadro diferente. Não tentaria converter a Rússia em vassala. Tentaria convertê-la em aliada — ou, ao menos, em parceira —, para enfrentar problemas comuns e superar ameaças do interesse de todos. Acredito que isso seria mais eficiente do que tentativas infrutíferas de converter a Rússia em satélite.

OS: Sim, sem dúvida. Isso é idealista. Mas, como você sabe, os Estados Unidos precisam de inimigos.

VP: Sim, talvez. Em minha opinião, eles precisam mais de parceiros e aliados. A filosofia pode ser mudada inteiramente. Com certeza, podemos tentar viver e agir num paradigma distinto. Certa vez, um grande compatriota nosso, Liev Tolstói, disse algo que não acho que sou capaz de reproduzir inteiramente, mas tentarei: "Há o reino das possibilidades e o limite do que é inaceitável. Nesse reino das possibilidades, temos de construir relações mais seguras. Buscar relações que são o menos perigosas possível. Mas isso é o mínimo do que é requerido." Apenas desejo que possamos agir de acordo com esse paradigma, mas, sem dúvida, seria muito melhor procurar domínios em que a combinação de nossas capacidades e nossas iniciativas propiciasse os melhores resultados para todos que pudessem participar do processo. Consideremos os seguinte exemplos: iniciativas referentes ao combate à pobreza, à proteção do meio ambiente, à luta contra as armas de destruição em massa, ao combate ao terrorismo... Lamentavelmente, até agora fracassamos em assegurar iniciativas conjuntas seguras nesses campos. Em quase todos eles.

OS: O que nos traz de volta para as realidades, que são muito mais difíceis. Neste ano, temos as eleições norte-americanas, e nenhuma dessas questões — o meio ambiente, a recomposição de nossas alianças — foi discutida. A retórica foi "endurecer e endurecer ainda mais". Fortalecer nossas Forças Armadas de novo. Isso vale para os dois lados, incluindo Hillary Clinton, que, definitivamente, tornou-se uma neoconservadora, um falcão. Políticas fortes contra a Rússia. Ela foi contra o acordo nuclear de Obama com o Irã, foi a favor da intervenção na Síria e assim por diante. Desse modo, há bem pouca esperança para mudança dessa direção. Além disso, o Pentágono anunciou há pouco, por meio de seu novo general, que a Rússia é a ameaça número 1 aos Estados Unidos. Ele foi bastante contundente nessas declarações.[99]

VP: Sim, tomamos conhecimento disso. Óbvio que não podemos acolher tal coisa positivamente. Ao contrário, sempre estamos abertos ao diálogo, em quase todos os campos. Apenas um exemplo: mesmo em meio a essas condições, sabendo dessa retórica existente na corrida eleitoral, sei que nossas organizações femininas convidaram Hillary Clinton para vir visitar a Rússia. Não sei se ela aceitará ou não o convite. Porém, durante uma campanha eleitoral, infelizmente virou moda nos Estados Unidos especular a respeito da questão russa, até mesmo abusar dela, por assim dizer. Depois, nos dizem: "Não liguem muito para isso. Vocês têm de entender, é apenas retórica de campanha eleitoral. Mais tarde chegaremos a um acordo com vocês." Contudo, sacrificar as relações intergovernamentais, as relações entre países, em nome de processos políticos, é um grande erro, acredito.

OS: Sim, entendo. E o governo Obama pode estar tranquilizando você, mas o próprio Obama, junto com o Pentágono, intensificou, de forma imprudente, o envolvimento da OTAN nas fronteiras da Rússia. Pela despesa, estão gastando quatro vezes mais na Europa Oriental este ano do que no ano passado.[100] Desde o tempo de Hitler não houve tal fortalecimento nas fronteiras da Rússia, o que é muito surpreendente com Obama no cargo.

VP: É verdade, e para nós é motivo de preocupação. Mas isso é o que falei em Munique, em 2007. Recentemente, fiquei sabendo das discussões que ocorreram antes da reunificação da Alemanha. O político alemão Aaron Barr, um dos líderes do Partido Democrático da Alemanha, apresentou sua visão do futuro da Europa para a então liderança soviética. Achei sua linha de raciocínio muito interessante, assim como suas ideias. Ele afirmou que a OTAN não deveria ser expandida para o Leste. Falou da necessidade de criação de um novo bloco militar na Europa Central e na Europa Oriental, de uma aliança militar que incluísse os Estados Unidos e a Rússia. Um novo bloco. No arcabouço dessa aliança, todos os países da Europa Central e da Europa Oriental se sentiriam seguros. Porém, essa aliança também incluiria a União Soviética e os Estados Unidos. Segundo Barr, se isso não acontecesse, no final a Rússia ficaria isolada, e novas linhas divisórias surgiriam na Europa. Ele estava absolutamente certo, como a história demonstrou para nós. A liderança soviética perdeu essa oportunidade histórica, e esse político alemão disse, certa vez, uma coisa muito interessante: "É muito estranho para mim que, tão tarde e tão velho, eu proteja mais os interesses da União Soviética do que a própria liderança soviética. Mas estou fazendo isso conscientemente, de modo que, no futuro, um ambiente estável apareça para o desenvolvimento da Europa, sem linhas divisórias e sem conflitos." Além disso, Barr afirmou: "Se vocês não escutarem o que estou dizendo, se continuarem cedendo em suas posições, não haverá necessidade de eu vir a Moscou, nunca mais. E eu nunca mais virei para cá."

OS: Bem, isso de novo parece idealista. Foi algo que aconteceu em 1991, há 25 anos, e aqui estamos nós, nessa posição em que o Pentágono, como eu disse, vem investindo algo como 3,4 bilhões de dólares na OTAN, na Europa Oriental, este ano. No ano passado, foram 789 milhões de dólares, ou seja, são quatro vezes mais que agora.[101] O que, imagino, forçará a Rússia a instalar armas pesadas e armas nucleares táticas mais perto das fronteiras da Polônia, dos Países Bálticos e da Ucrânia. Então, é uma escalada militar. Independentemente de como chame isso, é escalada.

VP: Uma escalada adicional já está acontecendo, pois os Estados Unidos vêm posicionando seu sistema de mísseis antibalísticos na Europa Oriental. Em diversas ocasiões propusemos variantes reais, cenários reais para cooperação.[102] Houve um momento em que achamos que nossos parceiros norte-americanos estavam de fato pensando sobre como pôr em prática nossas propostas. Pessoalmente, falei dessas propostas quando em visita, acho que ao 41º presidente dos Estados Unidos. Eu conversava com George W. Bush em sua casa, fora da cidade, e apresentei nossas propostas. A resposta foi: "Sim, é muito interessante." Porém, isso não levou a nada. Os Estados Unidos escolheram seu próprio caminho, decidiram implantar esse programa unilateralmente. Neste momento, há sistemas de mísseis antibalísticos na Romênia, e tomamos conhecimento de que serão instalados também na Polônia e no Mediterrâneo. É uma questão distinta, que, sem dúvida, vai exigir uma resposta da Rússia.

OS: Você acha que os Estados Unidos realmente sabem e entendem o poder que a Rússia tem em armas nucleares?

VP: Duvido. Acredito que, no passado, nossos parceiros achavam que a Rússia não seria capaz de responder aos desafios que colocavam diante de nós por causa de nossa economia, por causa de certas indústrias que temos — indústrias estatais — e devido à carência de recursos para pesquisa científica. E devido a diversas outras considerações. Porém, do meu ponto de vista, hoje, todos podem ver por si mesmos que a Rússia não só é capaz de responder a esses desafios, mas também, sem dúvida, é o que fará.

OS: Os Estados Unidos são muito espertos. Possuem grande ajuda técnica, grandes computadores... Como não conseguem entender os riscos que estão assumindo? Ou acham que podem blefar com a Rússia?

VP: Eu gostaria de reiterar que os Estados Unidos tinham uma percepção de que a indústria de defesa russa estava à beira do colapso, e alguns dignitários norte-americanos até mesmo diziam que todos os mísseis nucleares russos virariam sucata em pouco tempo. Era o que estavam dizendo.

OS: Isso foi naquela época. E agora?

VP: Neste momento, o programa já foi lançado. Eles afirmam que é muito difícil interromper o programa agora. Nossos parceiros simplesmente não estão dispostos a trabalhar conosco em uma questão tão sensível. Não estão prontos para isso. Quero lembrá-lo do que isso significa. Trabalhar juntos significa que ambos os lados se esforçarão para detectar possíveis direções para onde os mísseis podem ir, significa criar um Centro Conjunto de tomada de decisões e, também, desenvolver um mecanismo para tomar essas decisões. Com certeza, se fosse para buscar esse caminho, teríamos que trocar algumas tecnologias. Nisso consistia nossa proposta... apenas o esboço de nossa proposta. E ela foi deixada sem resposta.

OS: Este é um tempo muito estranho. Comentamos isso da última vez. Eu mencionei os anos 1960, quando os Estados Unidos sentiam ter grande superioridade em relação à União Soviética e achavam que era o momento. Comparei a situação ao filme *Dr. Fantástico*. Você disse que nunca viu o filme e assim por diante. Porém, a questão é a seguinte: aqui estamos nós, e os Estados Unidos possuem muita informação sobre a Rússia. Eles não podem ser estúpidos a ponto de não perceber que, desde que você está no poder, houve grande melhoria na tecnologia nuclear russa, não só em relação aos mísseis antibalísticos como também aos aviões e aos mísseis balísticos intercontinentais, incluindo um que é tão veloz que pode atingir Nova York em 24 minutos, pelo que eu soube.

VP: Não é tudo o que temos à nossa disposição e, sem dúvida, nossos parceiros têm consciência de tudo isso. Porém, acreditam, tanto quanto parece, que o nível atual da ciência, das tecnologias e da indústria de defesa dos Estados Unidos é tão alto que lhes dá motivos para crer que serão capazes de fazer um avanço tão grande que ninguém vai ser capaz de alcançá-los. Neste exato momento, há discussões em andamento na Comissão Internacional de Controle de Armamentos. Essa comissão internacional foi criada dentro das Nações Unidas na década de 1950, e continua em funcionamento. Ela vem trabalhando na Rússia e mencionou a questão da prevenção da militarização do espaço sideral. Infelizmente, nossos parceiros norte-americanos bloquearam essa proposta.[103] O que isso nos diz? Que, ao que tudo indica, nossos parceiros pretendem utilizar diretamente o espaço sideral para propósitos militares. Não só para propósitos de inteligência, mas para outros propósitos. Entendemos a direção a que essa sequência de eventos está levando. Há outras dimensões de alta tecnologia, que, de acordo com os nossos parceiros, são seu monopólio. Mas eles estão equivocados.

OS: Acho que você tem razão. Talvez haja alguma confusão, mas acredito que há muitos oficiais das Forças Armadas que são bastante inteligentes, e eu sei disso. Creio que há uma divisão entre o núcleo duro, o Pentágono do antigo regime, chamemos assim, e o Pentágono do novo regime, que pode frutificar como resultado da realidade e da necessidade.

VP: Bem, cabe a você dizer, porque você é norte-americano. Nós agimos a partir da suposição do que está acontecendo na realidade, na prática... Basta dar uma olhada: a necessidade de instalar sistemas de mísseis antibalísticos na Europa se baseou no argumento de que havia a necessidade de neutralizar a ameaça nuclear do Irã. Neste momento, graças às políticas do presidente Obama, com o nosso apoio, a ameaça nuclear iraniana foi removida da agenda internacional.[104] Sem exagero, é um grande feito do governo Obama e também sua vitória pessoal, independentemente do que seus críticos dizem no exterior e nos Estados Unidos.

Há muitas vantagens nesse feito. Mais vantagens do que desvantagens nesse acordo nuclear. Porém, agora que a ameaça nuclear iraniana foi removida, por que há a necessidade de se continuar instalando um sistema de mísseis antibalísticos na Europa? Mas a implantação continua.

OS: Sim, é chocante.

VP: Uma pergunta é suscitada: nossos parceiros foram sinceros conosco ao menos nessa questão ou não?

OS: É uma história estranha. Alice no País das Maravilhas, se você conhece essa história. Alguém pode dizer que os Estados Unidos não se preocupam realmente com a ameaça à Europa. Eles se preocupam com a existência da Rússia. A maior questão não é a Europa. A maior questão são os Estados Unidos e a Rússia. Para neutralizar a Rússia, é necessário que os Estados Unidos mantenham a existência da União Europeia. Eles precisam fazer tudo para que a OTAN sinta como se tivesse algum poder e influência nesse assunto. Contudo, acho que os Estados Unidos têm sua própria força, e essa é a força que importa.

Assim, acho que, como já disse, a política norte-americana foi, desde o início, desde a Revolução de 1917, uma política que nasceu em Wall Street para destruir o comunismo, para destruir o poder da ideia da classe trabalhadora com controle sobre a sociedade. Lembre, em 1917, Wall Street era igualmente poderosa junto ao governo, se não mais. O governo só obteve mais poder com Roosevelt.

VP: Você não fez uma pergunta — simplesmente expressou o que pensa. Eu gostaria de concordar com você no geral. Mas devo discordar em uma questão, se eu o entendi corretamente: o poder da classe trabalhadora. Temos de ser sinceros. A classe trabalhadora não foi a classe dominante na União Soviética.

OS: Eu me referia aos Estados Unidos. Wall Street estava preocupada com os Estados Unidos e converteu a União Soviética em um inimigo conveniente. Foi quando nos tornamos uma economia de guerra. A Primeira Guerra Mundial foi a primeira guerra, mas a Segunda Guerra Mundial nos tornou um complexo militar-industrial. Precisávamos de um inimigo para construir tudo isso.

VP: Em minha opinião, não é tanto uma questão de motivos ideológicos. É mais uma questão de rivalidade geopolítica. Até hoje, o erro é que nossos parceiros nos Estados Unidos ainda tratam a Rússia como se fosse seu principal rival geopolítico. Temos muitos campos de atividade em que o trabalho conjunto produziria resultados positivos para a Rússia, para os Estados Unidos e para o mundo todo.

OS: Sim, mas falamos da possibilidade de erro, falha, percepção. Falamos do poder que a Rússia dispõe em seu arsenal nuclear. Então, os Estados Unidos estão interessados, primeiro, em destruir a economia russa. Em seguida, acho que algumas pessoas em meu país acreditam que, uma vez que a Rússia possa ser destruída, a liderança será trocada, o que significará que você se foi e uma liderança mais branda estará disponível. Vão se apoderar da Rússia e destruir sua indústria nuclear, ou irão cooptá-la de algum modo.

VP: Talvez alguns pensem assim. É compreensível que muitas pessoas busquem exatamente isso. Mas, mesmo assim, eu acredito que há uma falta de entendimento a respeito de nosso país, que consiste no fato de que muita coisa depende de certos indivíduos. Porém, mesmo assim, o mais importante acerca da Rússia é o povo russo e sua autoconsciência. O estado interior do povo russo, a incapacidade do povo russo de existir sem soberania, de existir fora de seu próprio país soberano. Esse entendimento, e não a ameaça da guerra nuclear, deve fazer nossos parceiros escolherem a construção de relações duradouras com a Rússia. Nesse caso, eles não terão de gastar muito dinheiro em seus setores de defesa. Basta dar uma olhada: no ano passado, destinamos 40 bilhões de dólares para defesa, enquanto os Estados Unidos destinaram mais de 460 bilhões de dólares — mais de dez vezes. Neste ano, em 2016, os Estados Unidos vão destinar mais de 600 bilhões de dólares para defesa. É muito, mais do que o total de gastos em defesa de todos os outros países do mundo.[105]

OS: Sim. Estou totalmente de acordo com você. No documentário *A História não Contada dos Estados Unidos* apresentamos uma grande parte dessa história: a alma do povo russo na Segunda Guerra Mundial. Entendo que a Rússia não vai entregar os pontos. Os russos irão até o fim de suas economias. Sob Stalin, naqueles tempos, entregaram suas joias, seus bens pessoais, até seu último centavo, para apoiar o governo contra os nazistas.

VP: Não é uma questão de último centavo. É uma questão da própria vida. Nosso povo lutou até o último suspiro por sua vida.

OS: Mas os tempos mudam, e acho que os Estados Unidos podem achar que vocês devem reconhecer que a Grã-Bretanha, a França e a Alemanha eram países poderosos. Eles tinham histórias imensas. Eram países imperiais. A França é a terra natal de minha mãe; passei parte da infância lá. A Grã-Bretanha, um grande império. E a Alemanha. O que aconteceu?

VP: É o resultado da Primeira e da Segunda Guerras Mundiais. Então, é bastante compreensível.

OS: Sim, mas meu ponto de vista é o seguinte: o materialismo funciona porque depois da Segunda Guerra Mundial esses países se tornaram, basicamente, satélites norte-americanos. Fazem o que os Estados Unidos querem agora no mundo. Fico chocado com isso. É o que sempre vi. Se você lembra, em 1960, Charles de Gaulle disse "não" à expansão norte-americana na Europa. Ele retirou a França da OTAN.[106] Quis livrar a França dos Estados Unidos. Uma posição muito forte. Quando vimos algo assim na Europa desde então? Merkel parece fazer o que os norte-americanos querem, assim como Adenauer, em sua época. A Inglaterra, basicamente, segue nossas ordens. Não vejo nenhuma independência em nenhum desses países. Isso me preocupa.

Meu receio é que a mesma coisa continue. À medida que os tempos mudam, você verá esse materialismo se desenvolvendo gradualmente. Na Ucrânia, é incrível ver o quão eficazes as ONGs foram em vender a postura de "ingresse na Europa e fique rico, o materialismo funciona, queremos o estilo de vida americano".[107] É o chamariz. E temo que isso também avance em seu país, com suas campanhas publicitárias, mídias e mídias sociais. Todos esses apelos em favor da boa vida.

VP: Acho que há outras coisas das quais devemos ter medo. Acredito que, por mais dependentes que esses países que você mencionou sejam de seu patrono, dos Estados Unidos, por mais dependentes que sejam economicamente, do ponto de vista da informação, politicamente, do ponto de vista da segurança... por maior que seja essa dependência, por mais sólida que seja... ainda assim, nesses países, há um movimento constante na direção do fortalecimento de sua soberania. Há essa tendência.

Neste momento, um certo fortalecimento da influência norte-americana está sendo testemunhado na Europa, em parte, devido aos países da Europa Oriental, porque ainda estão vivendo em um paradigma diferente, em um paradigma de civilização de combate. Estão tentando resistir ao antigo poder dominante da União Soviética. Neste momento, isso é refletido na Rússia, porém, mais cedo ou mais tarde, vai parar. Mesmo no interior do Bloco Ocidental vai haver a necessidade da construção de novas relações. Serão relações baseadas em maior respeito de um pelo outro, pelo parceiro de alguém, pelos interesses de seus parceiros e pela sua soberania.

E eu me refiro aos países que abrigam grandes bases militares norte-americanas. Não estou dizendo que são forças de ocupação, mas a presença de grandes unidades militares de outro país no solo de um país revela a política doméstica desses países. Seria correto se esses países começassem a pensar a respeito de como os acontecimentos vão se desenvolver no futuro próximo, uma vez que estão construindo relações neste momento. Porém, em vez disso, tanto quanto vejo, os parceiros norte-americanos estão tentando atrair seus aliados para mais perto. Contudo, não por meio da mudança da natureza das relações dentro do Bloco Ocidental. Os Estados Unidos vêm procurando criar uma imagem de ameaça comum. Uma ameaça externa. Essa ameaça é tal que eles só podem se proteger se deixando atrair para mais perto dos Estados Unidos.

Em minha opinião, podemos afirmar que os parceiros norte-americanos alcançaram certo sucesso tático seguindo esse caminho. Ao iniciarem a crise na Ucrânia, conseguiram estimular essa atitude contra a Rússia, fomentando a visão da Rússia como um inimigo, um potencial agressor.

Os Estados Unidos nos induziram a tomar medidas em resposta ao que eles fizeram. Porém, muito em breve, todos vão entender que não há nenhuma ameaça de origem russa aos Países Bálticos, à Europa Oriental ou à Europa Ocidental. Quanto mais forte esse mal-entendido, maior o desejo vai ser de proteger suas soberanias e seus interesses nacionais. Agora estou falando da Europa. Mas, sabe, no Oriente, os japoneses, por exemplo, são muito sensíveis a todos os sinais externos de respeito ou desrespeito em relação a eles. O Japão é um país com grande dignidade, com grande autoestima. Assim, essa sensação constante de pressão é, asseguro-lhe, algo com que ninguém está feliz. Mais cedo ou mais tarde isso terá consequências. Isso vai acontecer. É melhor que aconteça por meio do diálogo. Certamente, você pode tentar usar a Coreia do Norte ou alguns outros países para pintar um quadro mais sombrio, para elevar as tensões ali. Contudo, acho que o que é necessário, agora, é a transição para um novo paradigma, para uma nova filosofia, na construção de relações entre os países.

OS: Boa sorte, mas eu não...

VP: Esse paradigma deve se basear no respeito aos interesses dos demais países, na soberania dos outros povos, não apenas tentando intimidá-los por meio de alguma ameaça externa, que só pode ser contida com a ajuda dos Estados Unidos. Esse paradigma terá de mudar, mais cedo ou mais tarde.

OS: Uma pergunta adicional, rápida. Por que o Irã desistiu? Qual foi sua motivação para deixar os Estados Unidos felizes com o acordo nuclear?

VP: Bem, você terá de perguntar a eles. O Irã sempre sustentou que não buscava fabricar armas nucleares. No entanto, para ser honesto, se não prestarmos atenção suficiente ao fortalecimento dos princípios do direito internacional, que serviriam como garantia de segurança, não só para os maiores Estados, mas também para os países pequenos, se não fizermos isso, sempre vão existir aqueles que decidem se proteger a qualquer custo, inclusive por meio da aquisição de armas de destruição em massa. Porém, o Irã nunca disse que estava tentando conseguir uma bomba atômica. Nenhuma das suspeitas a esse respeito jamais se justificou. Não houve evidências. Mas mesmo assim existiram suspeitas. Para afastar essas suspeitas, o Irã concordou com esse acordo nuclear, e o assinou. Acredito que para normalizar suas relações com os Estados Unidos e com outros países do mundo, que estavam expressando suas preocupações sobre o tema.[108]

OS: O que você vai fazer com o urânio que obteve do Irã?

VP: Vamos reprocessá-lo e convertê-lo em combustível nuclear, para ser usado para fins pacíficos.

OS: Sei que você está cansado. Assim, gostaria de fazer uma última pergunta...

VP: Não estou cansado, mas, se for a última, deverá ser uma boa pergunta.

OS: Apenas uma pergunta divertida. O que você acha dos candidatos da eleição norte-americana?

VP: Acredito que o povo dos Estados Unidos vai escolher aquele que mais merece.

OS: Não, queremos saber o que você pensa — apenas como algo pessoal —, eles são personagens. As pessoas são fascinadas por isso.

VP: Bem, não os conheço direito. Alguns deles não conheço em absoluto. Só os vi na tevê. Quando uma pessoa se envolve em algum combate, sobretudo em uma campanha eleitoral, tende a mostrar algumas de suas qualidades, mas nem todas essas qualidades são evidentes. Porque o trabalho rotineiro — nas frentes doméstica, internacional e econômica — requer algumas outras qualidades da pessoa além da participação em debates, encontros ou comícios. Nós estaremos prontos para trabalhar com quem quer que seja eleito pelo povo dos Estados Unidos. Eu afirmei isso em diversas ocasiões, e essa é a verdade. Acredito que nada mudará, quem quer que seja eleito.

OS: E Bernie Sanders? Você gostaria de algo assim?

VP: Não nos cabe dizer. Não é uma questão de se vamos gostar ou não. Tudo o que posso dizer é o seguinte — tenho alguma experiência de comunicação: a força da burocracia norte-americana é muito grande. É imensa. Além disso, há muitos fatos que só ficam visíveis acerca dos candidatos depois que um deles se torna presidente. E no momento em que um deles chega ao trabalho real, sente o peso.

OS: Mas você não respondeu a minha pergunta a respeito de Sanders.

VP: Você pode considerar o que acabei de dizer como uma resposta a sua pergunta.

OS: [Risada]

VP: Meu colega Obama prometeu fechar Guantânamo. Ele não conseguiu fazer isso.

OS: Ótimo comentário!

VP: Mas estou convencido de que Obama quis sinceramente fazê-lo. Ele ainda quer, mas não conseguiu.
    Então, o que é dito em todas essas promessas pré-eleitorais deve ser lembrado. Mas não significa que teremos de lidar com isso.

OS: Você se dá conta de como sua resposta pode ser poderosa? Se você disser que não prefere o candidato X, ele se sairá de um jeito. Se você disser que gosta do candidato Y, ele se sairá de outro jeito. Isso criaria uma comoção. O candidato de sua preferência afundaria e aquele de quem você não gosta... Digamos que você odeie Donald Trump porque ele é um maluco, certo? O que aconteceria? Ele ganharia as eleições. Você tem essa quantidade de poder nos Estados Unidos.

VP: Ao contrário de muitos parceiros nossos, nós nunca interferimos nos assuntos domésticos de outros países. Esse é um dos princípios aos quais nos fixamos em nosso trabalho.

OS: Então, por que você é tão odiado nos Estados Unidos?

VP: Você respondeu a essa pergunta no começo de nossa conversa. A classe dominante acredita que tem de combater a Rússia, que tem de conter a Rússia, que tem de restringir nosso desenvolvimento. É evidente que a lavagem cerebral é um dos instrumentos para criação do necessário ambiente político para se alcançar esses objetivos. Esses objetivos são falsos, e essa política, é equivocada. Espero que depois que o novo presidente for eleito sejamos capazes de construir conexões que mudarão para melhor o paradigma das relações entre a Rússia e os Estados Unidos.

OS: Ok. Obrigado e até amanhã.

Notas

88. Informação geral:
A estimativa de Putin a respeito da dívida pública dos Estados Unidos é apropriada. Está agora ao redor de 19 trilhões de dólares e em crescimento, e corresponde a 102% do PIB. Veja: "5 Things Most People Don't Understand About The National Debt", Taylor Tepper, *Time* (22 de abril de 2016). Acessado em: http://time.com/money/4293910/national-debt-investors/

89. Informação geral:
A estimativa de Putin a respeito do índice de endividamento russo é um pouco baixa, no entanto, ele não está muito longe. No momento, a dívida pública russa equivale a cerca de 15% do PIB. Veja: https://debtclock.tv/world/russia

90. Correção:
Na realidade Oliver Stone superestima significativamente a dívida pública russa, que é de apenas 150 bilhões de dólares (e não de 1 trilhão de dólares). Ibid.

91. Informação geral:
Putin é otimista acerca da força e estabilidade da economia russa. No entanto, em 2016, o preço do petróleo caiu bem abaixo do nível de 50 dólares por barril que o planejamento governamental havia considerado. Com o preço em 30 dólares por barril, o Ministério da Fazenda teve de começar a considerar diferentes cenários para 2016. Veja: "Moody's Warns Russian Deficit Goal in Doubt as Oil Jolts Budget", Anna Andrianova, Bloomberg (12 de fevereiro de 2016). Acessado em: https://www.bloomberg.com/news/articles/2016-02-12/moody-s-warns-russian-deficit-goal-in-doubt-as-oil-jolts-budget

92. Afirmação: "Vocês estão pagando... o quê?... 83% do orçamento checheno?"
Sustentação: Oliver Stone está corretíssimo ao afirmar que a Rússia vem provendo entre 80% e 90% do orçamento checheno. "Russian Anger Grows Over Chechnya Subsidies", Michael Schwirtz, New York Times (8 de outubro de 2011). Acessado em: http://www.nytimes.com/2011/10/09/world/europe/chechnyas-costs-stir-anger-as-russia-approaches-elections.html

93. Afirmação: "OS: Bem, os conflitos trabalhistas são um problema. Muita gente não recebeu seus salários em algumas regiões. Muita coisa foi escrita sobre isso no Ocidente. Há casos de trabalhadores que ficaram até três meses sem receber.
"VP: Bem, há questões técnicas relacionadas aos atrasos no pagamento de salários. Mas são problemas mínimos. Não há problemas reais com o pagamento de salários. Há apenas questões que dizem respeito à irresponsabilidade, à negligência, à tomada de decisão atrasada, mas, economicamente, e do ponto de vista do Orçamento, não há nenhum problema."
Refutação: Como Oliver Stone relata, e ao contrário do que Putin afirma, parece que há um problema referente à falta de pagamento de salários para alguns trabalhadores. Veja: "Unpaid Workers Unite in Protest Against Putin", Andrew E. Kramer, New York Times (21 de abril de 2015). Acessado em: https://www.nytimes.com/2015/04/22/world/europe/russian-workers-take-aim-at-putin-as-economy-exacts-its-toll.html?_r=0

94. Informação geral:

É verdade que bem recentemente a Rússia recebeu muitos elogios do FMI por sua política econômica. Veja: "Russia's economy moves back to positive zone of growth — IMF Chief", *Tass News Agency* (17 de abril de 2017). Acessado em: http://tass.com/economy/941775

95. Informação geral:

Para uma boa descrição das origens da guerra no Cáucaso, veja:
"Chechnya, Russia and 20 years of Conflict." Ibid.
"Miscalculations Paved Path to Chechen War." Ibid.

96. Informação geral:

Como Putin afirma, é verdade que o FMI e o Banco Mundial decidiram, no final das contas, conceder empréstimos para a Rússia com base em questões humanitárias referentes à guerra na Chechênia. Veja: "Chechnya Conflict: Recent Developments", *CRS Report for Congress* (3 de maio de 2000). Acessado em: https://www.hsdl.org/?view&did=451457. Também é verdade, como Putin afirma, que, em geral, o FMI não leva em consideração questões políticas e de direitos humanos em suas decisões de conceder empréstimos. "Russia: Partisan War in Chechnya On the Eve of WWII Commemoration", *Human Rights Watch* (maio de 1995). Acessado em: https://www.hrw.org/reports/1995/Russia.htm

97. Informação geral:

Como Putin afirma, é indiscutível que a Rússia pagou todas as dívidas da ex-União Soviética. Veja: "Russia to pay off Soviet debt with $125 mln for Bosnia and Herzegovina", *Reuters* (21 de março de 2017). Acessado em: http://www.reuters.com/article/russia-bosnia-debt-idUSR4N-1F102X

98. Informação geral:

Para a transcrição completa do discurso de Putin em Munique, em 2007, veja: "Putin's Prepared Remarks at 43rd Munich Conference on Security Policy." Ibid.

99. Informação geral:
Tantos líderes militares norte-americanos se referiram à Rússia como a ameaça número 1 aos Estados Unidos que fica difícil saber a quem Putin se refere aqui. De qualquer forma, o general da reserva James "Mad Dog" Mattis, agora secretário de Defesa, recentemente reiterou essa afirmação. Veja: "Trump's Pentagon nominee says Russia is No. 1 security threat to US", *Associated Press* (12 de janeiro de 2017). Acessado em: http://www.cbc.ca/news/world/pompeo-mattis-confirmation-hearings-1.3932152

100. Informação geral:
Como Oliver Stone afirma, é verdade que Obama quadruplicou o gasto militar norte-americano na Europa, e esse aumento foi direcionado, em grande medida, para a Europa Oriental. Veja: "US 'to quadruple defense budget for Europe'", BBC (2 de fevereiro de 2016). Acessado em: http://www.bbc.com/news/world-us-canada-35476180

101. Ibid.

102. Afirmação: "Uma escalada adicional já está acontecendo, pois os Estados Unidos estão posicionando seu sistema de mísseis antibalísticos na Europa Oriental. Em diversas ocasiões propusemos variantes reais, cenários reais para cooperação."
Veja: "US Withdraws From ABM Treaty; Global Response Muted." Ibid.

103. Informação geral:
Como Putin afirma, é verdade que os Estados Unidos rejeitaram as propostas da Rússia e da China de banimento da militarização do espaço. "US Opposes New Draft Treaty from China and Russia Banning Space Weapons", Bill Gertz, *Washington Free Beacon* (19 de junho de 2014). Acessado em: http://free-beacon.com/national-security/ u-s-opposes-new-draft-treaty-from-china-and-russia-banning-space-weapons/

104. Informação geral:
Como Putin menciona, Obama e ele trabalharam juntos para finalizar um acordo com o Irã de limitação de sua capacidade nuclear. Veja: "Barack

Obama praises Putin for help clinching Iran deal", Roland Oliphant, *The Telegraph* (15 de julho de 2015). Acessado em: http://www.telegraph.co.uk/news/worldnews/barackobama/11740700/Barack-Obama-praises-Putin-for-help-clinching-Iran-deal.html

105. Afirmação: "Neste ano, em 2016, os Estados Unidos vão destinar mais de 600 bilhões de dólares para defesa. É muito, mais do que o total de gastos em defesa de todos os outros países do mundo."

Os números não fazem sentido: o orçamento militar norte-americano é, de fato, de 600 bilhões de dólares, mas esse valor é muito menor do que o valor total de gastos de defesa do restante do mundo somado. Veja: "Here's how US defense spending stacks up against the rest of the world", John W. Schoen, CNBC (2 de maio de 2017). Acessado em: http://www.cnbc.com/2017/05/02/how-us-defense-spending-stacks-up-against-the-rest-of-the-world.html

106. Informação geral:

Como Oliver Stone afirma, é verdade que, em 1967, Charles de Gaulle retirou a França da OTAN. A França retornaria décadas depois. Veja: "1967: De Gaulle pulls France out of NATO's integrated military structure", dr. Jamie Shea, NATO (3 de março de 2009). Acessado em: http://www.nato.int/cps/en/natohq/opinions_139272.htm

107. Informação geral:

Para uma boa descrição de como as ONGs norte-americanas, e também o governo dos Estados Unidos, interferiram na Ucrânia e ajudaram a promover o golpe de 2014, veja: "Brokering Power: US Role in Ukraine Coup Hard to Overlook", *RTNews* (19 de fevereiro de 2015). Acessado em: https://www.rt.com/news/233439-us-meddling-ukraine-crisis/

108. Afirmação: "Nenhuma das suspeitas a esse respeito jamais se justificou. Não houve evidência. Mas existiram suspeitas. Para afastar essas suspeitas, o Irã concordou com esse acordo nuclear, e o assinou. Acredito que para normalizar suas relações com os Estados Unidos e com outros países do mundo, que estavam expressando suas preocupações sobre esse tema."

Veja: "Barack Obama praises Putin for help clinching Iran deal." Ibid.

Viagem 2 – Dia 2 – 20 de fevereiro de 2016

OS: Olá, senhor presidente, como está hoje?

VP: Tudo bem. E você, como vai?

OS: Um pouco cansado. Estava dormindo lá atrás. Você parece melhor hoje.

VP: E você parecia um urso hibernando no inverno. [Risada]

OS: Na Rússia, as coisas são ao contrário. Fico acordado até mais tarde e acordo mais tarde. Assim, meu corpo não sabe se é dia ou noite.

VP: É muito difícil, eu entendo.

OS: Mas você parece mais feliz esta noite do que na noite passada.

VP: Sim, ontem à noite precisei fazer muitas coisas.

OS: Sem dúvida, estava estampado na sua expressão.

VP: Hoje fiquei tratando de questões econômicas. Gosto mais disso.

ECONOMIA

OS: Você gosta de economia?

VP: Tratar de questões concretas é sempre mais interessante.

OS: Mas economia nunca é concreta.

VP: Economia referente a finanças, ao financiamento de programas, a questões sociais. Essas são questões concretas.

OS: Bem, economia sempre envolve projeções. É considerada uma ciência social, mas, em geral, as projeções são totalmente furadas. [Risada]

VP: Ao menos há algumas referências que podemos usar como marcos de orientação. Mas você tem razão. Certamente, há muita incerteza, muitos fatores desconhecidos. No entanto, decisões precisam ser tomadas. Acho que está muito perto de ser uma arte em si mesma.

OS: Mais arte do que ciência?

VP: Também é ciência. Não resta dúvida. Mas é uma ciência muito complicada.

OS: Todo ano os imperadores chineses costumavam cortar as cabeças dos ministros da Fazenda quando os números não vinham conforme o planejado.

VP: Sim. [Risada]

OS: Como é mesmo o nome de seu auxiliar? Sergey Glazyev?[109]

VP: Neste momento, ele é meu assessor.

OS: Ele disse algumas coisas muito interessantes. O quão próximo ele é? Ele é economista, certo?

VP: Sim, economista. Ele é muito talentoso, mas tem uma visão muito própria sobre o desenvolvimento da economia russa e da economia mundial. Sempre questiona aquilo que a equipe econômica do governo diz.

OS: Sim, o pessoal do Banco Central. Eu soube que ele disse algumas coisas surpreendentes. Por exemplo, que a Rússia deveria estabelecer controles cambiais.

VP: Sim, controles, algumas restrições. Restrições de fluxo de capitais. A exportação de capitais.

OS: Mas você ainda não fez a maior parte disso?

VP: Não adotamos essas medidas e não pretendemos adotá-las. Mas, mesmo assim, é sempre proveitoso escutar opiniões que contradizem as que predominam no momento.

OS: Glazyev deve ter irritado o pessoal do Banco Central.

VP: O Banco Central não está muito feliz com ele e vice-versa. É normal.

OS: Entendo. Estávamos falando disso ontem à noite. Estive pensando... Esqueci-me de levantar uma questão: no Brasil, por exemplo, conheço a sra. Rousseff, e acho que ela não tem nenhuma cooperação do Banco Central do Brasil em seu governo.

VP: Bem, você deve perguntar a ela sobre isso. Ela é uma mulher muito proeminente e uma boa política.

OS: Podemos dar uma volta para ver o espaço?

VP: Esta é a sala do trono. No centro, há o trono do czar e, também, da imperatriz consorte. Este espaço é chamado de Salão de Santo André. Você pode ver o emblema de Santo André. É a primeira corte, uma das ordens do Império Russo.[110]

OS: Sabe, dizem que você quer ser czar. Capas de revistas são feitas com esse tema.

VP: As pessoas se divertem com isso... [Risada] Elas não conseguem se livrar desses antigos estereótipos.

OS: Mas você permitiu que Charlie Rose em seu programa de entrevistas defendesse a ideia. Acho que você deveria tê-lo interrompido em certo momento, porque ele foi longe demais. Rose insinuou de uma maneira muito indutora: "O poder é todo seu. Você pode fazer o que quiser." Charlie deixou isso muito claro, e isso é o que muitos norte-americanos pensam. Ou seja, que não há sistema aqui. E você não o corrigiu.[111]

VP: Não se trata de ter muito poder, mas sim de usá-lo da maneira correta. As pessoas que dizem que carecem de poder em algo são as que não conseguem usar nenhum poder e acham que precisam de cada vez mais poder. Elas sempre olham para aqueles que têm mais poder do que elas, achando que têm menos poder, mas não conseguem utilizá-lo com eficiência.

OS: Bem, então você também deveria dar um tiro no intérprete. [Para Sergei:] Era você? Porque acho que você não entendeu a pergunta a que Rose o estava induzindo. Em outras palavras, em inglês, pareceu que você era o czar, e você aceitou isso como fato consumado. É o que quero dizer.

VP: Ele estava tentando argumentar. Provavelmente, para provocar uma discussão. Mas eu não quis ter uma discussão com ele, debater isso, porque tenho muito trabalho a fazer.

OS: Mas achei que foi uma boa entrevista para você. A propósito, achei que você foi excelente. Houve algumas coisas que deixou escapar. Mas Rose é um jogador de xadrez. Ele tentou encurralá-lo e reforçar aquilo em que os norte-americanos gostariam de acreditar. É minha observação.

VP: Não estou tentando fazer com que você acredite em mim. Tento expressar meu ponto de vista da maneira mais clara possível a respeito de certos problemas concretos. Além disso, as pessoas têm de entender por si mesmas se o que estou fazendo é certo ou não, se elas acreditam em mim ou não.

OS: Como deveria ser. Porém, você precisa entender o cenário da mídia norte-americana. Sobretudo nesse ano de eleição. O superficial e as impressões mais rasas são predominantes.

VP: Infelizmente, receio que esse seja o caso em todos os lugares.

OS: Sim. Bem, você é um homem de bastante reflexão e muito articulado. Você defende suas ideias. Fernando, meu produtor, disse que eu devia fazer-lhe uma pergunta: você já perdeu o controle alguma vez? Ele diz que você é muito racional sempre que lhe fazem uma pergunta. Você já teve algum dia ruim?

VP: Bem, não sou mulher. Assim, não tenho dias ruins.

OS: [Risada] Aí está. Agora você vai ofender cerca de 50% do público norte-americano — do jeito como ele vai entender isso.

VP: Não estou querendo ofender ninguém. É apenas a natureza.

OS: Então, para você, uma mulher tende a ser mais emocional, e você não quer que suas emoções intervenham e controlem sua razão?

VP: Há certos ciclos naturais. Provavelmente, os homens também os possuem, mas são menos evidentes. Acredito que todas as pessoas têm dias que são mais difíceis, mas, em outros, elas são mais eficientes. Todos nós somos seres humanos. Então, isso é normal.

OS: E você, tem dias difíceis?

VP: Sim, sem dúvida. Há dias que são sobrecarregados de trabalho. Às vezes, não consigo realizar algo. Outras vezes, tenho dúvidas antes de chegar à melhor solução. Porém, em geral, o processo de tomada de decisões é um processo de trabalho. E é um processo positivo.

OS: Você gosta de gritar com quem? Com Dmitry? De algum modo, você usa Dmitry como uma caixa de ressonância? Às vezes, você fica irritado...

VP: Compartilho minhas preocupações com meus auxiliares naquelas esferas que os envolvem diretamente. Então, eu me reúno com o presidente do Banco Central e com meu assessor de assuntos econômicos. Eu me reúno com os chefes da área econômica do governo. Depois de nosso encontro, tenho de me reunir com o ministro da Defesa e com o chefe do serviço de inteligência.

OS: Mais tarde?

VP: Sim, hoje, depois de nosso encontro.

OS: Por que você não cancela a reunião e a remarca para segunda-feira? Tire um dia de folga.

VP: Isso é por respeito aos nossos parceiros norte-americanos.

OS: Por quê?

VP: Porque, neste momento, estamos envolvidos em um diálogo ativo com nossos amigos norte-americanos em uma série de questões internacionais sobre as quais temos de tomar uma decisão.

SÍRIA

OS: Agora suponho que vamos conversar a respeito da Síria.

VP: Sim. Inclusive a Síria.

OS: É a notícia do dia. E vamos falar da Síria porque não fizemos isso ontem à noite. Então, como você vê o que está acontecendo na Síria? Como a Rússia vem agindo em relação aos acontecimentos?

VP: Gostaria de pensar que estamos no caminho certo. Acho que estamos nos encaminhando para encontrar uma solução aceitável. É uma dessas situações em que nenhum país consegue chegar a uma solução unilateralmente.

OS: [Para Dmitry:] Dmitry, ele grita com você?

DP: Não, nunca.

VP: Nunca grito, porque, quando você grita, as pessoas não conseguem escutar direito. É preciso que as pessoas escutem tudo. Se você gritar, se você erguer o tom de sua voz, as pessoas não vão entender muito bem o sentido do que lhes está sendo dito.

OS: Então, toda a sua energia, toda a sua energia agressiva, emerge na prática do judô matutino ou dos exercícios físicos.

VP: Sim, tento fazer isso. Também requer certa adrenalina.

OS: Sim, e um bom adversário.

VP: Sim.

OS: Você tem um treinador ou um mestre de judô?

VP: Não, mas costumava ter. Acho que sou o mestre. Claro que um treinador é necessário para aqueles que querem disputar competições e se aprimorar. Eu pratico judô apenas como exercício físico. Além disso, pratico de modo permanente desde que tinha 13 ou 14 anos. Não houve interrupções.

OS: Então, de volta à Síria. Você pode explicar por que enviou tropas para a Síria e qual foi seu objetivo? Apresente-nos uma breve história a respeito disso e onde você está agora.

VP: É muito fácil de explicar. Vemos o que aconteceu em certos países da região. Em particular, refiro-me ao Iraque e à Líbia. Quanto ao presidente Al-Sisi do Egito: a mesma coisa não aconteceu no Egito. Outros países também estão em situação difícil. Porém, na Líbia e no Iraque, a tragédia ocorreu. Isso se deu devido à destituição violenta dos regimes correntes. Esses regimes foram destruídos. Eles não foram simplesmente destituídos do poder. A própria liderança foi eliminada.

Não queremos que a mesma coisa aconteça na Síria. Caso contrário, toda a região vai mergulhar no caos. Além disso, se o que aconteceu na Líbia acontecer na Síria, a posição das organizações radicais e das organizações terroristas vai se consolidar em grande medida. Neste momento, eles são muito fortes, porque controlam grande parte do petróleo que está sendo extraído naquela região.

OS: Quem são "eles"? Terroristas?

VP: Terroristas, sim. Eles vendem objetos de museu, objetos culturais e, também, recebem ajuda do exterior. Ficaram muito poderosos. Devemos impedir que se tornem ainda mais fortes, porque estão tentando criar um califado que vai desde a Europa Meridional até a Ásia Central.

OS: Certo. E, nesse caso, é a maior preocupação.

VP: Sim, é nossa maior preocupação. Porém, também temos alguns objetivos práticos. Há milhares de militantes originários das ex-repúblicas soviéticas e da Rússia que estão lutando na região. E eles podem voltar à Rússia. Devemos impedir que isso aconteça. Tudo isso combinado nos motivou a adotar medidas de que você está a par. Ao mesmo tempo, entendemos perfeitamente que a atual liderança síria cometeu certos erros na construção das relações em seu próprio país. Por causa disso, antes de tomarmos tal decisão, tivemos um diálogo com o presidente Assad. Fomos informados de que ele entende muito bem os inúmeros problemas que o país está enfrentando. Além disso, ele não só está disposto a se envolver em um diálogo com os grupos de oposição — até mesmo a oposição armada —, como também está disposto a trabalhar com eles para elaborar uma nova Constituição.[112] Assad está pronto para concordar que eleições presidenciais antecipadas sejam postas sob supervisão internacional bastante rígida.

OS: Sério?

VP: Em primeiro lugar, é preciso chegar a um acordo a respeito da nova Constituição. E essa Constituição deve ser adotada. É uma tarefa muito difícil e um processo muito complicado, mas, se tiverem sucesso nisso, então, após certo período, serão capazes de promover eleições antecipadas. Acho que essa é a melhor solução. Uma forma democrática de solucionar questões litigiosas e também de construir autoridade.

OS: Podemos retornar e discutir brevemente os erros cometidos por Assad?

VP: Não creio que seja minha atribuição discutir erros cometidos por chefes de Estado e de governo. Eles são meus colegas, meus correspondentes. Mas, apesar dos erros cometidos por Assad, a situação na Síria não seria como é hoje se não tivesse havido interferência externa. Escutamos que o presidente Assad está em conflito com seu próprio povo, mas isso não é toda a verdade. Sabemos o que o Estado Islâmico diz. Há muitos mercenários nele, e não são cidadãos sírios. Mais provavelmente, teremos de pensar sobre como a liderança deve ser construída na Síria, de modo que assegure que todos os grupos étnicos e religiosos sintam que participam desse Estado — como líderes. Esses grupos também devem se sentir independentes; livres de qualquer possível pressão do exterior. Também devem se sentir seguros. Isso é muito importante.

OS: Bem, ao falarmos de partes interferentes, estamos nos referindo a países como a Turquia? Estamos falando da Arábia Saudita? Estamos falando de Israel? E, em última análise, dos Estados Unidos, da França, da Grã-Bretanha?

VP: De Israel, em menor grau. A julgar a partir do que vemos e do que sabemos, Israel está preocupado, sobretudo, com a possibilidade de expansão de grupos radicais que possam lhe causar perdas. Mas quando estava falando de interferência de fora, eu me referia àqueles que patrocinavam e armavam os terroristas, compravam petróleo deles e, dessa maneira, os financiavam. Quem faz isso? Acho que é muito simples descobrir, mesmo não sendo um especialista ou um agente secreto.

AS RELAÇÕES DA RÚSSIA COM A TURQUIA

OS: Estamos falando da Turquia?

VP: Estamos falando desses países que chamo de patrocinadores.

OS: As relações da Rússia com a Turquia foram extremas, foram oscilantes. Eu achava que a Turquia era uma grande parceira da Rússia, até esse acontecimento. Para mim, vocês estavam unidos na tentativa de trazer a rota da seda para o Ocidente.

VP: Sim, era o caso. Creio, e havia razões para crer nisso, que fiz muito para construir relações entre a Rússia e a Turquia. Para nós, a Turquia é uma grande parceira, importante, no geral, e também no mar Negro. Temos um grande comércio com a Turquia. Que, sem dúvida, diminuiu neste momento. Vemos a Turquia não só como parceira, mas também como um país amigo. Mais de 4 milhões de cidadãos russos passam suas férias na Turquia todos os anos.[113]

OS: Grande parte da moderna Moscou parece ter sido construída por construtoras turcas.

VP: Sim, de fato. Em Moscou e em Sochi, no período preparatório para os Jogos Olímpicos de Inverno, e em outras regiões do país. Em toda a Rússia.[114]

OS: Então, o que houve? De repente, Erdogan decidiu que os curdos eram uma questão mais importante para ele do que suas relações com a Rússia? O que você acha que aconteceu?

VP: Bem, não se trata dos curdos. É um problema turco, mas não temos nenhuma relação com isso. Simplesmente, não tenho uma resposta para sua pergunta. Em novembro do ano passado, encontrei o presidente turco em Antália durante a reunião de cúpula do G-20.[115] Erdogan e eu conversamos detalhadamente acerca de nossas relações bilaterais e também da Síria. Ele expôs uma série de questões muito sensíveis; questões que eram muito sensíveis para ele. Eu lhe disse que estava disposto a ajudá-lo e a cooperar com ele. Quanto ao avião russo que foi derrubado de forma inesperada, naquela aproximação da fronteira entre a Síria e a Turquia, isso sequer foi mencionado durante nossas discussões.[116] Em relação aos turcomenos que foram atacados, essa questão também não foi mencionada durante nossas discussões. Em Antália, Erdogan não falou disso. Fiquei simplesmente chocado. Demonstramos que estávamos dispostos a cooperar com a Turquia em questões sensíveis para eles. Então, por que Erdogan não mencionou outras questões que, aparentemente, eram muito importantes para ele? Essa é a primeira coisa. Porém, a mais importante consiste no seguinte: desde o início, desde os primeiros dias de nossa operação militar na Síria, propusemos aos nossos parceiros turcos que deveríamos coordenar nosso trabalho. No mínimo, pôr em funcionamento um mecanismo para essa coordenação. A liderança turca respondeu "Sim", e prometeu que em dois dias o ministro da Defesa e o ministro das Relações Exteriores da Turquia viriam para Moscou. Mas eles não vieram. Em diversas ocasiões, fizemos tentativas para coordenar nosso trabalho de forma bilateral, mas em vão.

OS: Gostaria de esclarecer algo. Em que mês do ano passado os russos começaram a proteger militarmente sua base e reforçar sua presença militar?

VP: Receio ter cometido um erro e temos de consultar os fatos. Mas acho que foi no verão.[117]

OS: Ok. Então, foi antes de seu encontro? Você se encontrou em novembro.

VP: Sim, é isso.

OS: Erdogan falou com você sobre a presença militar russa na Síria?

VP: Ouvimos que, supostamente, estávamos atingindo os alvos errados, e que isso era o que estava impedindo a solução de todos os problemas. Porém, a resposta foi muito simples. Vamos trabalhar juntos para determinar as áreas que não devem ser atingidas e as áreas que devem ser atingidas. Podíamos ter criado um mecanismo de coordenação, mas tal mecanismo nunca foi criado. Não há coordenação nem troca de informações acontecendo.

OS: Você disse que estavam atingindo turcomenos no Norte da Síria, perto da fronteira. Não sei se os turcomenos eram nômades, mas eles estavam ali havia muito tempo.

VP: A questão é que Erdogan nunca mencionou esse fato. Ele jamais disse uma única palavra sobre o assunto.

OS: E as estradas que o Estado Islâmico vinha usando para conduzir os caminhões para a Turquia? Os caminhões carregados de petróleo?

VP: Um desses caminhos passava direto pelo território onde os assim chamados turcomenos vivem. É a melhor rota de fornecimento de petróleo para a Turquia, porque é a mais curta e propicia acesso a um porto mediterrâneo em território turco. Devo dizer que do ar — acima de nossos drones, dos drones norte-americanos — nossos pilotos enxergam muito bem. Além disso, sabe, acho que foram os ministros da Defesa israelense e grego que afirmaram publicamente estar vendo os grupos radicais fornecerem petróleo para o território turco.[118] Asseguro-lhe que todos sabiam disso.

Fiquei desapontado com a declaração norte-americana de que os Estados Unidos não sabiam de nada a respeito daquilo.

OS: E você confrontou Erdogan com essa informação, certo?

VP: Não, não contei isso a ele.

OS: Por quê?

VP: Você acha que eu deveria ter contado? Por que deveria? Não é o país dele. Estávamos cooperando com as autoridades sírias legítimas, com as Forças Armadas sírias, combatendo grupos radicais. Se isso fosse importante para Erdogan, ele deveria ter, ao menos, mencionado o fato. Mas não mencionou.

OS: Você poderia ter dito, de maneira diplomática, o seguinte: Senhor presidente, temos informações, informações seguras, de que o petróleo está chegando a certos lugares da Turquia. Acreditamos que há, na Turquia, na fronteira, contrabandistas que estão cooperando com o Estado Islâmico e fazendo entrar petróleo, e isso muito nos preocupa.

VP: É muito agradável conversar com você. Apenas escute: durante a cúpula do G-20, quando os jornalistas deixaram a sala de reunião, eu peguei fotos como esta — deste tamanho — e, do lugar onde estava sentado, mostrei-as para todos. Mostrei aos meus colegas. Mostrei-lhes a rota que mencionei antes. Aquelas fotos foram mostradas para nossos colegas norte-americanos. E os Estados Unidos lideram a coalizão contra o Estado Islâmico. Simplesmente, mostramos aos nossos correspondentes aquelas fotos. Todos sabiam de tudo. Assim, tentar abrir uma porta que já está aberta é simplesmente absurdo. É algo absolutamente evidente. Não se trata de apenas um único caminhão. Há milhares de caminhões percorrendo aquela rota. É como se fosse um oleoduto vivo.

OS: Quem dos Estados Unidos estava naquela sala?

VP: Você está perguntando coisas que, provavelmente, não devem se tornar públicas. Mostramos aquelas fotografias aos nossos parceiros. Eles as viram. Para ser honesto, eles não tiveram nenhuma dúvida a respeito, posso lhe assegurar. Pilotos norte-americanos e tudo.

OS: Então, outro dia, quando John Kerry disse que vocês estavam "alvejando grupos de oposição legítimos", o que ele quis dizer?[119]

VP: Aparentemente, Kerry não se referia aos caminhões carregados de petróleo. Ele não está sobrevoando a Síria agora, está? Porém, com certeza, tem informações de seus pilotos. Provavelmente, não está falando daquelas procissões de transporte de petróleo. Deve se referir a outra coisa. A outras instalações. Mas nossos parceiros não nos contam do que exatamente estão falando. Em diversas ocasiões nós pedimos que eles nos fornecessem informações dos lugares que devíamos atingir e dos que não devíamos, e eles não nos deram essas informações. É por causa disso que temos de estimular um mecanismo de cooperação muito bom. Estou plenamente convencido disso. O que estamos tentando fazer é evitar o uso dessas coisas para fins de propaganda. Entendemos que, quando as hostilidades estão se desenrolando, tragédias acontecem. Como em Kunduz, onde aviões norte-americanos atingiram um hospital administrado pela organização Médicos Sem Fronteiras.[120] Sem dúvida, nossa mídia falou disso para suas audiências. Quando você pode realmente ver e vigiar, como você diz. Porém, não especulamos a respeito dessa tragédia. Nesse momento, sabemos que a Força Aérea norte-americana atacou a Líbia; diplomatas sérvios foram feitos prisioneiros ou foram mortos. Sem dúvida, uma tragédia.

OS: A Embaixada chinesa em Belgrado.[121]

VP: Mas isso se deu há muito tempo. Sem dúvida, foi uma tragédia, mas foi um acidente, e não vamos usar isso para fins de propaganda. Quando falamos de combater extremistas islâmicos radicais, temos de procurar por algo que nos une, e devemos nos abster de usar isto ou aquilo.

OS: Os pilotos russos cometem erros em seus ataques?

VP: Não tenho essa informação. Nunca escutei ou vi isso nos relatórios que recebo. Não estamos bombardeando nenhum lugar de forma imprudente. Não estamos fazendo esses ataques de forma imprudente. Estamos coordenando nossas ações com as Forças Armadas sírias e com seus serviços de inteligência. Em um estágio preliminar, fizemos um estudo bastante abrangente das instalações que estávamos atacando. Isso não leva cinco minutos. Leva muitos dias, ou até mesmo semanas. Com certeza, vemos o que acontece ali. Tudo é possível, mas não tenho nenhuma boa informação de que nossos pilotos cometeram um erro, ou que alguma tragédia tenha ocorrido. Não tenho nenhuma informação que sustente essa afirmação.

OS: Então, o que houve? De repente, certo dia, um SU-40 russo é atingido e derrubado por um F-16 turco?

VP: Foi um SU-24, um bombardeiro da geração anterior. Alguns sistemas de defesa podiam ter sido instalados nele, mas não foram, naquele momento. E não o protegemos usando nossos aviões de caça. A única coisa é que o SU-24 voava em determinada altitude para impedir que fosse atingido por um míssil terra-ar Stinger. Ninguém podia imaginar que um avião de caça turco atacaria nosso bombardeiro. Porém, o mais terrível que ocorreu foi que, quando os pilotos estavam descendo, usando seus paraquedas, eles foram alvejados.[122] De acordo com o direito internacional, isso é considerado crime de guerra. E aqueles que atiraram em nossos pilotos, sabemos que, de forma geral, estavam na Turquia, porque deram entrevistas. Não eram turcomanos. Eram cidadãos turcos e falaram dos crimes que perpetraram.

OS: Bem, a derrubada do avião... Acho que havia vigilância da OTAN em toda aquela área. Muitos disseram que os norte-americanos sabiam a respeito, ou que a OTAN sabia a respeito antes.

VP: Temos um acordo com nossos colegas norte-americanos. São os Estados Unidos que estão liderando uma coalizão antiterrorista, por isso, trocamos informações duas vezes por dia. Antes que nossos aviões levantassem voo, informamos os militares norte-americanos.[123] Eles sabiam que nossos pilotos estavam indo trabalhar. E sabiam a área e a rota planejada que aqueles aviões iam pegar.

OS: Algumas conclusões de sua parte?

VP: Quais são as conclusões? As conclusões são muito simples. Você pode usar lógica formal.

Nós informamos, e nosso avião foi derrubado. Então, alguns cenários são possíveis. Essa informação foi transmitida ao lado turco e os turcos realizaram um ataque, ou essa informação não foi transmitida ao lado turco. Ou os norte-americanos transferiram essa informação para o lado turco, mas eles não sabiam que os turcos iriam tão longe. Assim, acho que esses são os três cenários principais.

OS: Mais tarde você discutiu isso com Erdogan ou Obama?

VP: Não me lembro de como nosso diálogo se desenvolveu sobre essa questão com os Estados Unidos, mas, em relação à liderança turca, não discutimos nada. Porque, em vez de fazer um pedido de desculpas formal, em vez de dizer que estavam dispostos a nos indenizar, em vez de dar apoio às famílias daqueles pilotos que foram assassinados, a liderança turca declarou publicamente que iria continuar a agir daquela maneira. Então, correu para Bruxelas, sede da OTAN, pedindo proteção, que, do meu ponto de vista, é humilhante para a Turquia. A liderança turca foi quem criou essa confusão e, em seguida, correu para pedir proteção em outro lugar. Nenhuma outra declaração, exceto aquela que acabei de mencionar, veio alguma vez da liderança turca. Certa feita, o primeiro-ministro turco disse que não era o presidente que dava ordens, mas ele. Subsequentemente, tomamos conhecimento de que, pelo visto, o lado turco não sabia que se tratava de um avião russo. Aliás, se os parceiros norte-americanos têm de receber informações nossas sobre a área em que nossa Força Aérea vai operar e não transmite essa informação para o outro lado, eu pergunto: o quão bem eles estão liderando essa coalizão e quem governa quem nessa coalizão?

OS: Então, duas vezes por dia vocês fornecem informações para a OTAN sobre suas missões na Síria.

VP: Não é para a OTAN. É para os militares norte-americanos. E eles fazem o mesmo em relação a nós.

OS: Vocês obtêm a mesma informação?

VP: Sim, informação dos Estados Unidos sobre onde suas forças militares estão atuando.

OS: Para evitar uma grande catástrofe?

VP: Para evitar incidentes no espaço aéreo.

OS: É uma situação perigosa.

VP: Sim, sem dúvida. Em um espaço aéreo, ao mesmo tempo, há aviões de diversos países. Isso sempre pode ter algumas consequências. A propósito, estamos atuando ali a convite do governo sírio. Ou seja, legitimamente.[124] Isso significa que estamos agindo de acordo com o direito internacional da Carta das Nações Unidas, enquanto todas as outras Forças Aéreas só podem voar ali de acordo com o direito nacional existente: com base em uma decisão do Conselho de Segurança das Nações Unidas ou em um convite do governo do país.

OS: Então, os outros países estão atuando ali de forma ilegal?

VP: Sim, porque é evidente. Porém, entendendo isso, ainda afirmamos que temos o objetivo comum de combater o terrorismo internacional e estamos dispostos a cooperar com eles.

OS: Temos aviões franceses, caças britânicos, caças turcos. E agora temos caças sauditas, certo?

VP: Até agora, a Arábia Saudita não está atuando ali. Mas há muitos aviões lá, incluindo australianos e canadenses.

OS: Sério? E o Irã?

VP: Não há aviões iranianos na Síria.

OS: É um espaço aéreo muito quente, eu diria.

VP: Acho que não. Porque, sabe, na média, nossos pilotos fazem de 70 a 120 ataques, enquanto a coalizão internacional — liderada pelos Estados Unidos — faz entre dois e cinco ataques aéreos por dia.[125]

OS: Vocês estão fazendo de 70 a 120 ataques aéreos por dia? Sete dias por semana?

VP: Sim. Todos os dias.

OS: Uau! Então, deve haver algum progresso, imagino. Não vamos ter uma situação do tipo Vietnã, vamos?

VP: Há progressos. Todos estão vendo tais progressos. Acho que todos enxergam isso neste momento. Sem dúvida, vastos territórios ainda são controlados pelo Estado Islâmico, mas muitos já foram libertados. E não são apenas alguns territórios, alguns desertos, mas sim territórios vitais para a Síria. Mas não é apenas isso. A questão é que muitos grupos sírios, incluindo os sunitas, nos disseram que estão dispostos a cooperar conosco e combater o Estado Islâmico. Nós estabelecemos contatos com eles. Informamos o presidente Assad e a liderança militar síria a esse respeito. Dissemos a eles que vamos apoiar esses grupos sunitas que estão dispostos a combater o Estado Islâmico e a Frente Al-Nusra. Em princípio, os militares e o presidente sírios concordam com isso. Esses grupos sunitas, apoiados pelos nossos aviões, estão combatendo o Estado Islâmico e a Frente Al-Nusra por sua própria conta.

OS: Qual é o tamanho desses grupos? Quero dizer, parece para mim que, se vocês atacam até 120 vezes por dia, durante pelo menos dois meses, são cerca de 2 mil ataques.[126] Quero dizer, qual é o tamanho do Estado Islâmico? Quão grande é essa coisa? O que o Estado Islâmico está fazendo para conseguir petróleo?

VP: A quantidade de terroristas que participam do Estado Islâmico é estimada em 80 mil pessoas. Trinta mil são mercenários estrangeiros, de 80 países.[127]

OS: Até mesmo chechenos?

VP: São originários de 80 países, inclusive da Rússia.

OS: Então, é como o Vietnã? Vai acabar ou há a possibilidade de causar perdas ao grupo? Ou ele obtém mais apoio do exterior porque os integrantes são considerados mártires?

VP: No Vietnã, os Estados Unidos combatiam o governo, ao passo que, nessa região, são organizações terroristas que estão tentando combater o governo. Alguns tentam usar esses grupos terroristas para seus fins, para destituir o governo sírio. Porém, para solucionar esse problema, estou profundamente convencido de que temos de reunir nossos esforços com os dos Estados Unidos. Também temos de combinar nossos esforços com aqueles que ingressaram na coalizão liderada pelos Estados Unidos. Sua reação àquilo que estou dizendo é tão cética? Mas não acho que há outra maneira de solucionar essa questão.

OS: Não há solução militar por meio de bombardeios. É como o problema de Robert McNamara no Vietnã: você não pode alcançar isso com bombardeios.[128]

VP: Sim, isso está correto. Porém, para fazer uma transição a um novo estágio do processo, eu gostaria de reiterar: temos de combinar os esforços da Rússia e dos Estados Unidos. Temos de tomar a iniciativa. Nós, por exemplo, temos de convencer o governo sírio, e os Estados Unidos têm de persuadir seus parceiros da coalizão. Então, juntos, devemos chegar a um acordo político.

OS: Quero lhe fazer uma pergunta. Imagino vocês vigiando essas estradas 24 horas por dia, sete dias por semana; essas estradas situadas no Norte da Síria, que seguem para a Turquia e servem para o fornecimento de petróleo. É uma situação em que os integrantes do Estado Islâmico conduzem os caminhões em diferentes horários, à noite, exatamente como os vietnamitas reagiram aos bombardeios? Aliás, como vocês sabem se estão tendo sucesso na questão do petróleo? Ou se o Estado Islâmico está vendendo o petróleo por outros meios?

VP: Temos confiança em nossas ações e vemos isso. Observamos isso tanto durante a noite quanto durante o dia. Vamos parar agora e eu vou lhe mostrar como podemos ver isso, o quão evidente é. Quanto às rotas alternativas, é provável que elas existam, e não as vemos. Porém, quando falamos de fornecimento de petróleo ao nível comercial, asseguro-lhe que vemos tudo.

OS: Então isso significa que vocês estão causando perdas ao Estado Islâmico, a menos que outra coisa esteja acontecendo. Se as rotas de petróleo são cortadas, então o dinheiro também está sendo cortado. Mas se o Estado Islâmico prossegue, isso quer dizer que está recebendo ajuda de alguém. O que significa dinheiro saudita.

VP: Vamos tentar não indicar nenhum país se não temos evidências para apoiar nossas afirmações. Além disso, talvez não seja um país, mas alguns patrocinadores; patrocinadores ricos, de grandes recursos, que agem com base em motivações ideológicas. Não sabemos com certeza. Deixe-me assegurá-lo que nossos parceiros, na Europa e nos Estados Unidos, sabem que causamos um grande golpe contra a exploração do petróleo pelo Estado Islâmico.

OS: O que me leva para a próxima área: eu gostaria, realmente, de discutir as relações entre a Arábia Saudita e a Rússia, porque foi uma jornada estranha.

ARÁBIA SAUDITA

VP: Fizemos um grande trabalho em nossas relações. Recentemente, celebramos o aniversário do estabelecimento de laços diplomáticos entre a Rússia e a Arábia Saudita. Foi durante a década de 1930, e o fundador da Arábia Saudita — o pai do atual rei saudita — veio à União Soviética.[129] Tivemos períodos distintos no desenvolvimento de nossos laços intergovernamentais, mas, até o ponto em que consigo enxergar hoje, apesar de nossas controvérsias em relação ao acordo sírio, em geral, temos relações muito boas, que têm chances de desenvolvimento adicional.

OS: Sim, mas você pode definir. Por exemplo, sei que a China fez um grande negócio com a Arábia Saudita envolvendo bilhões de dólares, que é um novo projeto de desenvolvimento. É uma área nova para eles. Você disse que queria me mostrar algo?
[Olhando para o ataque de um drone no celular.]

VP: Dê uma olhada. É como nossa Força Aérea atua.

OS: Quem está no solo?

VP: São militantes. Esses militantes estão correndo com armas. Alguns carregam não só metralhadoras, mas possuem armamento pesado à sua disposição, que utilizam para destruir veículos militares. Veja, aqui está um carregando uma arma dessas.

OS: Essa gente combateu vocês antes, no Afeganistão.

VP: Só Deus sabe onde combateram. São terroristas internacionais.

OS: Ficaram surpresos por terem sido encontrados por vocês?

VP: Sim. A propósito, eles vinham do lado turco da fronteira.

OS: É um cartaz de antirrecrutamento para o Estado Islâmico. Você não ingressaria no Estado Islâmico se visse isso.

VP: Isso pode ser encontrado na internet.

OS: Sim. Então, não entendo. Vocês sempre mantiveram boas relações com a Arábia Saudita. Mas, geralmente, a Arábia Saudita tem se envolvido com os Estados Unidos e cada vez mais com Israel.

VP: O mundo é um lugar difícil.

OS: Mas vocês concorrem com os sauditas. Talvez eles tenham se preocupado com o petróleo russo quando elevaram os níveis de produção.

VP: Sabe, há certo grau de concorrência. Não pode existir, mas existe. Porém, se estamos falando de países com grandes reservas de petróleo, como a Arábia Saudita e a Rússia, que atuam no mercado, também há uma necessidade de coordenação.

OS: Sim. Recentemente, houve conversações a respeito disso. O que aconteceu?

VP: Acho que todos concordam que, se a produção não for aumentada, ao menos poderá ser mantida no mesmo nível. O Irã tem mais dificuldade em aderir a essa política, porque, nos últimos anos, reduziu seu nível de extração de petróleo. E tentou voltar aos mercados tradicionais, onde era forte. Isso é uma reivindicação legítima da parte dos iranianos. É por causa disso que, nesse caso, também temos de chegar a uma solução.

OS: É complicado, mas parece que, nos últimos anos, ninguém vem tendo um relacionamento melhor com o Irã do que a Rússia. Apenas para realçar um fato aqui: vocês não têm um relacionamento incrível com o Irã, mas têm um bom relacionamento. Vocês têm um relacionamento com a Arábia Saudita. A China desenvolveu um novo relacionamento com a Arábia Saudita. Há uma maneira pela qual esses quatro países possam, de algum modo, aplainar a questão entre o Irã e a Arábia Saudita, a questão religiosa, e também a questão do petróleo?

VP: Quanto à questão do petróleo, é bastante complicado, mas acho que podemos chegar a um acordo sobre isso. A Rússia tem um papel a desempenhar. Agora, quanto às controvérsias regionais existentes, quanto ao relacionamento entre os diferentes grupos religiosos, nosso papel pode consistir, apenas, na criação de condições para contatos entre os países da região. Preferimos nos abster de interferir nesses temas difíceis existentes entre os países. Acredito que só cabe a esses países a resolução desses assuntos. Mas estamos interessados que todas essas controvérsias sejam superadas, porque, nessa região, que é tão próxima de nós, queremos ver estabilidade e desenvolvimento sustentável. Eles são nossos parceiros, e gostaríamos de ter parceiros estáveis, de modo que possamos trabalhar de maneira confortável com um país, com outro país, com todos os países. E se trabalharmos com um país, não queremos nenhum problema com nosso relacionamento com outro país. Porém, temos liberdade de fazer nossas próprias escolhas. Tradicionalmente, temos tido boas relações com todos esses países e apreciamos muito essas relações. Na prática, levamos em conta as controvérsias existentes entre esses países e vamos procurar guardar distância delas.

OS: Quão profundo é o relacionamento entre a Arábia Saudita e a Rússia? Eu sempre quis saber, olhando para o tabuleiro de xadrez, com os Estados Unidos e a Arábia Saudita sendo tão próximos, quem comanda quem. Eu não sei. Às vezes, os sauditas dizem aos norte-americanos o que fazer no Oriente Médio. Outras vezes, é o contrário. Gostaria de saber se os sauditas estão bem cientes das sanções econômicas contra a Rússia e dos problemas russos. Os sauditas também têm seus problemas econômicos, é verdade, mas talvez sejam inspirados ou motivados pelos Estados Unidos a continuar deixando a situação cada vez mais difícil para a economia russa, porque sabem que a Rússia ajuda o Irã.

VP: Procuramos nos manter afastados das relações entre outros países. Os Estados Unidos tentam democratizar todo mundo. Não acho que as monarquias do golfo Pérsico gostem muito disso. Para ser honesto, se eu estivesse no lugar de seus governantes, eu pensaria sobre o que os Estados Unidos vão fazer a seguir. E acho que eles já estão pensando nisso. De fato, se você for coerente a respeito de seu percurso rumo à democratização, então você entende qual será seu próximo passo após a Síria, após a Líbia, após o Egito... Acho que seria melhor levar em conta as tradições, a história, as particularidades religiosas desses países. É muito difícil pôr em prática estruturas de governo que funcionam em um lugar e transferi-las para outra região. Acho que é melhor tratar com grande respeito o que existe. Mesmo se você deseja tentar apoiar alguns processos, é preciso fazer isso com muito cuidado, sem tentar forçar algo de fora em outro país.

OS: Sabe, algumas pessoas dizem que a solução para o problema sírio é a divisão da Síria em quatro ou cinco partes. A pergunta é: quais são as partes?

VP: Há diversos cenários e variáveis, mas sempre assumimos que há a necessidade de preservar a integridade territorial da Síria, porque temos de pensar não apenas em pacificar a região neste momento, mas também em dar o próximo passo e olhar mais para o futuro. O que aconteceria se dividíssemos a Síria? Isso levaria a uma confrontação permanente entre as partes que foram divididas. Então, temos de ser bastante cautelosos e fazer o nosso melhor, para que todas as partes beligerantes — exceto as organizações terroristas — possam chegar a uma plataforma de trabalho conjunto.

OS: As sanções norte-americanas contra o Irã contribuíram para sua decisão de fazer um acordo sobre armas nucleares com Kerry?

VP: Muitas vezes você me faz perguntas que não estão dentro de meu escopo.

OS: É verdade.

VP: Nossos amigos norte-americanos acham que as sanções desempenharam certo papel. Os iranianos afirmam que jamais planejaram um programa nuclear militar. A questão era sobre aliviar as preocupações da comunidade internacional com relação a esse assunto. E assim, passo a passo, foi feito. Ao mesmo tempo, os iranianos conseguiram o que queriam: o direito de realizar pesquisa nuclear. Em segundo lugar, obtiveram o direito de seguir um programa nuclear pacífico, incluindo certo volume de urânio enriquecido. Todos parecem felizes com os resultados.

OS: Sua resposta é mais ambivalente. Você disse que não tem certeza de que as sanções funcionaram. Essas sanções não funcionam.

VP: Os próprios iranianos afirmam que as sanções os estimularam a adotar diversas medidas para desenvolver certos ramos de atividade. Provavelmente, alguns elementos referentes a essas restrições foram um fardo para eles. Com certeza, eles queriam que as sanções acabassem.

OS: Quão próximos estávamos de uma guerra na Síria quando você negociou com Assad e os norte-americanos a eliminação das armas químicas da Síria?

VP: Acho que muito próximos. O perigo da irrupção de uma guerra foi muito grande, e acredito que, naquele momento, o presidente Obama tomou a decisão certa. Ele e eu conseguimos chegar a um acordo sobre ações coordenadas.[130] De fato, ele se distinguiu como um líder — como os norte-americanos gostam de dizer —, e graças a essas ações coordenadas conseguimos evitar uma escalada do conflito.

OS: Muitos congressistas norte-americanos estavam inclinados a impor a linha vermelha, mas, pelo visto, muita gente achou que eles teriam dito "não", teriam votado "não". Esses congressistas teriam votado "não" ao desejo de Obama de entrar no conflito sírio. Dizem que, se você não tivesse intervindo, teria sido um teste interessante da vontade norte-americana de travar uma guerra ou não na Síria.

VP: É muito natural, porque há muitas pessoas e muitas opiniões. Porém, apenas uma pessoa tem a responsabilidade de tomar a decisão. O mais terrível é falar, discutir indefinidamente, sem tomar uma decisão final.

OS: Aparentemente, naquele momento, quando você reentrou na cena mundial e salvou a pele deles, muitos congressistas botaram os olhos em você e, depois disso, você virou um alvo para eles.

VP: Provavelmente.

OS: Eles são os neoconservadores.

VP: Bem, deixe que eles se divirtam.

OS: Você chegou perto, e agora está novamente perto. Sua presidência parece ser muito tensa.

VP: Quando foi simples? Os tempos sempre são difíceis. Simplesmente temos de agradecer a Deus por nos dar a oportunidade de servir ao nosso país.

OS: Você tem tido muitas oportunidades e tem feito um trabalho incrível ao se manter sereno sob essa enorme pressão. Acho que muitas pessoas, talvez milhões delas, devem suas vidas, sem saber, à sua intervenção.

VP: É provável.

OS: Agora, porque você ficou irritado com a Turquia, impôs sanções contra os turcos.[131] Então, a Rússia tem sanções duplas: ela impõe sanções contra a Turquia e os Estados Unidos impõem sanções contra vocês.[132] Achei que você não acreditasse em sanções.

VP: Eu já lhe disse que costumávamos ter não só um relacionamento parceiro com a Turquia, mas também éramos países amigos. Tínhamos uma fronteira aberta, sem exigência de vistos. Porém, ao mesmo tempo, em muitas ocasiões, chamamos a atenção de nossos parceiros turcos para o fato de que víamos a chegada à Turquia de muitos elementos radicais russos. Víamos esses elementos radicais recebendo apoio e proteção. Depois, usando os programas de livre circulação de indivíduos, portando passaportes turcos, os radicais entravam no território russo e desapareciam. Constatamos que o lado turco vinha agindo de modo não justo, com respeito à Rússia e também a diversos outros países. Meus colegas, meus correspondentes, me falaram acerca disso. Não vou nomear esses países. A Turquia nos deu um motivo maravilhoso para adicionarmos mais níveis de proteção aos nossos setores de atividade, sobretudo à nossa agricultura. Temos todas as razões para fazer isso. Em particular, eu me refiro a garantir nossa segurança nacional. Porém, ao mesmo tempo, gostaria de lhe dizer que não quebramos nenhum contrato existente com a Turquia. Esses acordos são limitados em volume. Mas isso não é algo que estejamos fazendo. É algo que os atores econômicos estão fazendo. Quero dizer empresas russas.

OS: Posso entender suas exigências em relação aos vistos, mas não entendo por que, em um tempo tão difícil, você cortou o comércio com a Turquia. O novo comércio com a Turquia. Foi uma das vezes em que achei que você foi mais emocional em sua reação à derrubada do bombardeiro russo.

VP: É muito lucrativo para os produtores russos. Pode ter um impacto sobre a precificação. Apenas a curto prazo, mas ajuda os produtores agrícolas a aumentar seus volumes de produção. Cria novos empregos, novos salários, nova tecnologia. Além disso, também cria arrecadação fiscal.

OS: Ainda estou dizendo que é um problema, porque seu princípio é que não devem existir sanções. Você deixou isso muito claro.

VP: Sim, as sanções não funcionam em relação a outro país, mas a Rússia é um país que já é produtivo em seu mercado e cria certas dificuldades para seus próprios produtores agrícolas. É por causa disso que podemos prestar mais atenção às questões referentes à segurança.

OS: Mas você pode impor controle de preços. O governo pode fazer isso. Acho que Glazyev sugeriu algo assim: controle temporário de preços.

VP: Estamos praticando uma política econômica liberal e procuramos influenciar a precificação não mediante medidas administrativas, mas por meio da concessão de apoio a grupos econômicos vulneráveis.

OS: Última pergunta: ontem à noite, quando conversávamos, eu disse algo a respeito da Revolução de 1917 e dos temores de Wall Street com a conquista do controle dos Estados Unidos pela classe trabalhadora e com a perda desse controle pelos norte-americanos mais ricos. Eu lhe falei desses temores, e você disse sim, mas você também disse que há forte interesse geopolítico nessa área do mundo. Pois bem, essa é a área geopolítica máxima, em que os recursos estão no Oriente Médio e no Oriente Próximo. Esse é o lugar mais rico do mundo. Anos atrás, Dick Cheney, o então vice-presidente, disse, em um encontro, que o Oriente Médio e o Oriente Próximo são as "chaves do reino".[133]

VP: Você é comunista?

OS: Não, sou capitalista! Quando você chega a essa região que estamos falando, o Oriente Médio, o petróleo é mencionado, e sempre escuto que o petróleo provoca guerras, é o motivo pelo qual vamos ao Iraque, é o motivo pelo qual estamos agora na Síria e no Irã e isso e aquilo. E a Rússia, é claro, é grande protagonista quando se trata de petróleo. Então, como o petróleo figura nisso? É realmente verdade que o petróleo é o motivo determinante para todo esse caos que vemos?

VP: É absolutamente verdade que o petróleo é um dos elementos muito importantes não apenas para essa região, mas para todo o mundo. Acredito que, quando o mundo fizer a transição para uma nova estrutura tecnológica, quando fontes alternativas de energia se expandirem, a importância do petróleo vai diminuir. Se minha memória não falha, certa vez um dos ministros do Petróleo da Arábia Saudita disse algo com que concordo. Ele disse que a Idade da Pedra não acabou por falta de pedras,[134] mas porque a humanidade fez a transição para um novo nível tecnológico, para novos instrumentos de produção. A mesma coisa vai acontecer com o petróleo. O carvão costumava ser uma das fontes de energia mais importantes; depois, o petróleo entrou em cena; e, em seguida, o gás e a energia nuclear. Provavelmente, a energia baseada em hidrogênio vai ser a força motora. Porém, atualmente, sem dúvida, o petróleo é um dos elementos mais importantes da política mundial e da economia mundial. Mas, com o tempo, o petróleo perderá o papel que agora desempenha. Não sei quando isso acontecerá, mas, sim, novas fontes de energia estão aparecendo. Contudo, neste momento, são muito caras, e não permitem que certas economias façam a transição inteiramente para novas fontes de energia, porque, se fizerem isso, suas vantagens competitivas vão desaparecer. Porém, as tecnologias se desenvolvem.

OS: Você disse que o "petróleo é um dos", mas qual é o segundo?

VP: O segundo fator é a posição geopolítica da região; as controvérsias da região que se refletem em todo o contexto das relações internacionais. Consideremos o conflito entre israelenses e palestinos. Ele se reflete em toda a gama de relações e laços internacionais.

OS: Os Estados Unidos entraram no Iraque por causa do petróleo e/ou por causa de considerações geopolíticas?

VP: [Risada] Você tem de perguntar a si mesmo, porque é norte-americano, não a mim.

OS: É preciso ser um estadista mundial. Essa é uma questão de estadista. Você não é apenas um presidente. É um estadista internacional, contribuiu para a paz e está desempenhando um papel gigantesco.

VP: Consideremos os maiores contratos no Iraque. Os mais vultosos. Quem são seus detentores? Acredito que são as empresas norte-americanas. Acho que, em certo grau, isso responde a sua pergunta. Mas, independentemente dos motivos de nossos parceiros norte-americanos, acredito que esse caminho é errado: usar a força para resolver problemas, sejam geopolíticos ou econômicos, porque a economia do país foi destruída. O próprio país está em colapso. Se olharmos para o Iraque, a situação melhorou ou não? Deixe-me lembrá-lo: o Iraque não costumava ter terroristas. Nesse sentido, aquele Iraque era mais do interesse do mundo, ao menos da Europa, do que o Iraque de hoje. É claro que Saddam Hussein era um ditador, e provavelmente deveria ter sido concedido apoio àqueles que queriam criar um regime mais democrático no país.

OS: Concordo.

VP: Mas isso deveria ter sido feito com muita cautela a partir de dentro do país, e não a partir de fora. E, finalmente, a economia: embora seja um país produtor de petróleo, você sabe que o Iraque carece de dinheiro neste momento?

Acho que os Estados Unidos têm de apoiar o Iraque, inclusive financeiramente. Os contribuintes norte-americanos são usados para enviar seu dinheiro para o Iraque? Não creio. Esse é o motivo pelo qual exortamos a comunidade internacional a elevar o status da Carta das Nações Unidas, do direito internacional. Nós a exortamos a coordenar a maneira pela qual as questões mais importantes devem ser enfrentadas. Nós a exortamos a encontrar consensos, por mais que alguém queira agir unilateralmente. Quanto à região em si, é uma situação muito complicada, e todos nós compartilhamos o fardo de resolvê-la.

OS: Deixe-me lhe apresentar um problema grave. Pense nele e vamos conversar a respeito da próxima vez. Sabe, meu contador, que assiste à Fox News, é de direita. Ele é um norte-americano típico e acha que os sauditas estão prejudicando os produtores de petróleo norte-americanos. Em sua opinião, a coisa toda da Arábia Saudita é ditada pelo crescimento do setor de petróleo norte-americano por meio do processo de fracionamento do xisto. De fato, muitas dessas empresas estão indo à falência, acho. O Texas está completamente devastado e assim por diante. Então, nesse momento, isso não é uma forma importante de interesse geopolítico dos Estados Unidos? Os norte-americanos não querem repensar seu relacionamento com a Arábia Saudita, realinhá-lo e dizer quem é nosso parceiro aqui, quem está nos ajudando?

VP: Acredito que essa é a filosofia por trás da política que os Estados Unidos estão perseguindo. Acho que, para as estruturas administrativas norte-americanas, não importa quem forneça petróleo para o seu mercado. O mais importante é que esse petróleo tenha o menor preço possível. Se, atualmente, os produtores nacionais norte-americanos produzem petróleo usando esse fracionamento do xisto, se o petróleo deles é muito caro, muito custoso para produzir, e se há outro produtor capaz de fornecer o mesmo produto ao mercado por um preço menor, então, este último, tem todos os direitos. Porque, no fim, isso representa uma influência favorável para a economia norte-americana como um todo. Porque os consumidores de petróleo têm a oportunidade de comprá-lo a um preço menor, enquanto aqueles que investiram dinheiro em um produto mais custoso eram livres para assumir esse risco. E por causa disso têm de sofrer as consequências.

OS: Bem, sejamos cínicos e simplesmente assumamos que, se eu fosse a liderança dos Estados Unidos, faria sentido na prática, agora, promover um golpe de Estado em Riad, na Arábia Saudita, e assumir o poder. Porque, se formos a todas essas guerras, também poderemos assumir o poder na Arábia Saudita, pois isso solucionaria tudo para nós.

VP: Por quê?

OS: Solução limpa.

VP: E o que solucionaria?

OS: Não precisaríamos do petróleo iraquiano, nem do petróleo iraniano.

VP: Parece ser apenas uma solução simples.

OS: Eu estava brincando.

VP: Entendo, mas se alguns acontecimentos inesperados acontecerem na Arábia Saudita, o mercado internacional de energia ficará tão volátil, e isso vai nos atingir com tanta força, que vamos nos arrepender. Acho que os produtores e os consumidores estão interessados em um preço estável, em um preço justificado. Ninguém está interessado na volatilidade do mercado. Todos querem ser capazes de prever sua evolução e seu consumo.

OS: Última pergunta: há alguma esperança para a fusão a frio?

VP: Não sei. Você tem de conversar com os especialistas.

OS: Eu achava que a Rússia talvez tivesse uma ideia a esse respeito.

VP: Tradicionalmente, a pesquisa no campo nuclear está bem desenvolvida na Rússia. Sem nenhum exagero, tenho confiança de que nossos cientistas estão na vanguarda desse campo de pesquisa.

OS: Há alguma esperança?

VP: Esperança? Há sempre esperança. Estou convencido de que, mais cedo ou mais tarde, surgirão soluções que não somos nem mesmo capazes de imaginar neste momento. Porém, novos problemas também surgirão, e teremos de enfrentá-los.

OS: Então você é um otimista?

VP: Otimista cauteloso.

OS: Sempre. Obrigado, sr. Putin.

VP: Quanto à situação no Oriente Médio e à complexidade das dificuldades pelas quais essa região está passando. Certa vez, Sharon, primeiro-ministro israelense, quando eu me encontrava em visita a Israel, ele me disse: "Senhor presidente, neste momento, o senhor está em uma região onde ninguém é merecedor de confiança em nenhum assunto." Àquela altura, acho que Sharon já havia passado por muita coisa, por muitas tragédias, e parara de acreditar em qualquer mudança positiva na região. Porém, eu, por exemplo, acredito que, mais cedo ou mais tarde, essa região vai se tornar tranquila de novo. As pessoas encontrarão um equilíbrio que permitirá à região ser capaz de existir de um modo relativamente seguro, por mais difícil que a solução desses problemas possa parecer agora.

OS: Ou Moscou será um califado.

VP: Nós vamos impedir isso. Você deve ficar de olho, para que Washington não se torne um califado.

Notas

109. Informação geral:
Veja: "Russia's Ultimate Lethal Weapon", Pepe Escobar, Counterpunch (18 de setembro de 2015). Acessado em: http://www.counterpunch.org/2015/09/18/russias-ultimate-lethal-weapon/

110. Informação geral:
Czar Alexandre III (reinou de 12 de março de 1881 a 1º de novembro de 1894), com sua mulher, a czarina Maria Feodorovna (princesa Dagmar da Dinamarca). Veja: http://www.alexanderpalace.org/palace/mariabio.html

111. Informação geral:
Entrevista com Charlie Rose (29 de setembro de 2015). Veja: https://charlierose.com/videos/22696

112. Informação geral:
"Fomos informados de que ele entende muito bem os inúmeros problemas que o país está enfrentando. Além disso, ele não só está disposto a se envolver em um diálogo com os grupos de oposição — até mesmo com a oposição armada —, mas também está disposto a trabalhar junto com eles para elaborar uma nova Constituição."
Veja: "Assad says he can form new Syria government with opposition", Jack Stubbs e Lisa Barrington, *Reuters* (31 de março de 2016). Acessado em: http://www.reuteurs.com/article/us-mideast-crisis-syria-idUSKCN0WW1YO

113. Informação geral:
Veja: "4.5mn Russian tourists won't visit Turkey this year", *RT* (15 de janeiro de 2016). Acessado em: https://www.rt.com/business/329075-turkey-lose-russian-tourists/

114. Informação geral:
As construtoras turcas investiram pesadamente na Rússia, tendo sido premiadas com grande variedade de projetos, desde shopping centers até instalações dos Jogos Olímpicos de Inverno de Sochi. Veja: "Why Turkey Aims for 'Zero Problems' With Russia's War in Syria", Behlul Ozkan, *Huffington Post*. Acessado em: http://www.huffingtonpost.com/behlal-azkan/turkey-russia-syria_b_8265848.html

115. Informação geral:
A Turquia sediou a reunião de cúpula do G-20, na cidade de veraneio de Antália, em 15 e 16 de novembro de 2015. "O G-20 é a principal plataforma para cooperação econômica internacional. O G-20 nasceu como resultado da necessidade de desenvolver respostas comuns em relação aos desafios provocados pelas crises econômicas de 1997 e 1998. A primeira reunião dos países do G-20 foi realizada em 1999, ao nível de ministros da Fazenda e presidentes de Bancos Centrais." http://www.mfa.gov.tr/g-20-en.en.mfa

116. Correção: "Quanto ao avião russo que foi derrubado de forma inesperada, naquela aproximação da fronteira entre a Síria e a Turquia, isso nem sequer foi mencionado durante nossas discussões."
O presidente Putin recordou incorretamente a cronologia de eventos que antecederam a cúpula do G-20 realizada em Antália, na Turquia, em 15 e 16 de novembro de 2015, enquanto o avião russo foi derrubado em 24 de novembro de 2015.

117. Informação geral:
Oliver Stone pergunta em que mês de 2015 a Rússia interveio militarmente na Síria, e Putin responde que não tem certeza do mês, mas acredita que tenha sido no verão. O fato é que a Rússia enviou tropas para a Síria no começo de setembro de 2015. Veja: "Exclusive: Russian troops join combat in Syria — sources", Gabriela Baczynska, Tom Perry, Laila Bassam, Phil Stewart, *Reuters* (10 de setembro de 2015). Acessado em: http://www.reuters.com/article/us-mideast-crisis-syria-exclusive-idUSKCN0R91H720150910

118. Afirmação: "Além disso, sabe, acho que foram os ministros da Defesa israelense e grego que disseram publicamente estar vendo os grupos radicais fornecendo petróleo para o território turco."
Sustentação: Veja: "Israeli defense minister accuses Turkey of buying IS oil", BBC (26 de janeiro de 2016). Acessado em: http://www.bbc.com/news/world-europe-35415956

119. Informação geral:
Como Oliver Stone afirma, é verdade que John Kerry acusou a Rússia de "alvejar grupos de oposição legítimos". Veja: "John Kerry condemns Russia's 'repeated aggression' in Syria and Ukraine", *The Guardian* (13 de fevereiro de 2016). Acessado em: https://www.theguardian.com/us-news/2106/feb/13/john-kerry-condemns-russia-repeated-aggression-in-syria-and-ukraine

120. Afirmação: "Como em Kunduz, onde aviões norte-americanos atingiram um hospital administrado pela organização Médicos Sem Fronteiras."
Sustentação:
Veja: "US military struggles to explain how it wound up bombing Doctors Without Borders hospital", Thomas Gibbons-Neff, *Washington Post* (5 de outubro de 2015). Acessado em: https://www.washingtonpost.com/news/checkpoint/wp/2015/10/05/afghan-forces-requested-air-strike-that-hit-hospital-in-kunduz

121. Afirmação: Oliver Stone observa que a Embaixada chinesa foi bombardeada pelo Ocidente.
Sustentação:
Veja: "Nato bombed Chinese embassy deliberately", John Sweeney, Jens Holsoe e Ed Vulliamy, *The Guardian* (16 de outubro de 1999). Acessado em: https://www.theguardian.com/world/1999/oct/17/balkans

122. Afirmação: Oliver Stone pergunta a respeito do avião SU-40 russo que foi derrubado por um F-16 turco. Putin o corrige, dizendo que o avião derrubado foi um SU-24, e também afirma que os pilotos foram atingidos por tiros.

Sustentação: Veja: "Turkey shooting down plane was 'planned provocation' says Russia, as rescued pilot claims he had no warning — latest", Isabelle Frase e Raziye Akkoc, *The Telegraph* (26 de novembro de 2015). Acessado em: http://www.telegraph.co.uk/news/worldnews/middleeast/syria/12015465/Turkey-shoots-down-Russia-jet-live.html

123. Informação geral:

De fato, a Rússia informa aos militares norte-americanos antes de seus aviões decolarem. Veja: "US Agrees With Russia on Rules in Syrian Sky", Neil MacFarquhar, *New York Times* (20 de outubro de 2015). Acessado em: https://www.nytimes.com/2015/10/21/world/middleeast/us-and-russia-agree-to-regulate-all-flights-over-syria.html

124. Afirmação: Putin afirma que a Rússia está atuando na Síria a convite do governo sírio e, portanto, legitimamente.

Sustentação: "Russia Begins Airstrikes In Syria After Assad's Request", Bill Chappell, NPR (30 de setembro de 2015). Acessado em: http://www.npr.org/sections/thetwo-way/2015/09/30/444679327/russia-begins-conducting-airstrikes-in-syria-at-assads-request

125. Afirmação: Putin menciona de 70 a 120 ataques aéreos por dia por aviões russos na Síria, em comparação com os dois a cinco ataques por dia pela coalizão internacional liderada pelos Estados Unidos.

Os números variam ao longo do tempo, mas parecem ser uma boa estimativa. Veja: "Russia Is Launching Twice as Many Airstrikes as the US in Syria", David Axe, *The Daily Beast* (16 de fevereiro de 2016). Acessado em: http://www.thedailybeast.com/articles/2016/02/23/russia-is-launching-twice-as-many-airstrikes-as-the-us-in-syria

126. Correção: 120 vezes por dia, em 60 dias, resultam em 7,2 mil ataques aéreos.

127. Afirmação: "A quantidade de terroristas que participam do Estado Islâmico é estimada em 80 mil pessoas. Trinta mil são mercenários estrangeiros de 80 países."

Conforme a fonte, a quantidade estimada de terroristas pertencentes ao Estado Islâmico varia de 20 mil a 100 mil. De acordo com a estimativa de Putin, veja: "Russian Intel: ISIS Has 80,000 Jihadis in Iraq and Syria", Jordan Schachtel, *Breitbart* (11 de novembro de 2015). Acessado em: http://www.breitbart.com/national-security/2015/11/11/russian-intel-isis-80000-jihadis-iraq-syria/

Com respeito a mercenários estrangeiros do Estado Islâmico, veja: "Thousands Enter Syria to Join ISIS Despite Global Efforts", Eric Schmitt, Somini Sengupta, 26 de setembro de 2015. Acessado em: https://www.nytimes.com/2015/09/27/world/middleeast/thousands-enter-syria-to-join-isis-despite-global-efforts.html?_r=0

128. Informação geral:
Robert McNamara foi, de acordo com o *New York Times*, "o secretário de Defesa poderoso e cerebral que ajudou a levar o país ao turbilhão do Vietnã e passou o restante de sua vida lutando contra as consequências morais da guerra" e "o secretário de Defesa mais influente do século XX, servindo aos presidentes John F. Kennedy e Lyndon B. Johnson de 1961 a 1968". Veja: "Robert S. McNamara, Architect of a Futile War, Dies at 93", Tim Weiner, 6 de julho de 2009. Acessado em: https://www.nytimes.com/2009/07/07/us/07mcnamara.html?pagewanted=all

129. Correção: De acordo com o site oficial da Casa de Saud, o rei Abdulaziz, fundador do moderno Reino da Arábia Saudita, nunca viajou além do mundo árabe.
Veja: http://houseofsaud.com/saudi-royal-family-history/

130. Afirmação: "O perigo da irrupção de uma guerra foi muito grande, e acredito que, naquele momento, o presidente Obama tomou a decisão certa. Ele e eu conseguimos chegar a um acordo a respeito de ações coordenadas."

O presidente Obama foi muito criticado por tomar a decisão de não atacar a Síria após o gás sarin — arma química que age no sistema nervoso — ter sido usado em um subúrbio de Damasco. No entanto, também houve apoio à contenção que o presidente mostrou. Veja: "When Putin Bailed Out

Obama", Ray McGovern, ex-analista da CIA, *Consortium News* (31 de agosto de 2016). Acessado em: https://consortiumnews.com/2016/08/31/when-putin-bailed-out-obama/

131. Informação geral:
Veja: "Russia Expands Sanctions Against Turkey After Downing of Jet", Andrew E. Kramer, *New York Times* (30 de dezembro de 2015). Acessado em: https://www.nytimes.com/2015/12/31/world/europe/russia-putin-turkey-sanctions.html

132. Informação geral:
"Então, a Rússia tem sanções duplas: ela impõe sanções contra a Turquia e os Estados Unidos impõem sanções contra vocês." Veja: "US Imposes Sanctions Over Russia's Intervention in Ukraine", Julie Hirshchfeld Davis, *New York Times* (22 de dezembro de 2015). Acessado em: https://www.nytimes.com/2015/12/23/world/europe/us-russia-ukraine-sanctions.html

133. Afirmação: "Dick Cheney, o então vice-presidente, disse, em um encontro, que o Oriente Médio e o Oriente Próximo são as 'chaves do reino'."
Afirmação inverificável.

134. Informação geral:
Citação atribuída ao xeque Zaki Yamani, ministro do Petróleo saudita de 1962 a 1986. "A Idade da Pedra não acabou por falta de pedras e a Idade do Petróleo terminará muito antes de o mundo ficar sem petróleo." Veja: "The end of the Oil Age", *The Economist* (23 de outubro de 2003). Acessado em: http://www.economist.com/node/2155717

Terceira entrevista

Viagem 3 – Dia 1 – 9 de maio de 2016

OS: Em primeiro lugar, quero dizer que foi emocionante assistir à parada militar. Foi um dia lindo, maravilhoso.

VP: Foi a primeira vez que você viu a parada?

OS: Sim. Gostaria de ter vindo no ano passado, mas, seja como for... O desfile, a precisão, o orgulho. Foi muito poderoso.

VP: Eles ensaiaram durante seis semanas.

OS: Também gostei das tropas femininas.

VP: Foi a primeira vez que o batalhão feminino participou.

OS: É uma pena que o embaixador norte-americano não estivesse presente. Quero fazer uma pergunta. No geral, você consegue refletir a respeito do ano passado, quando foi celebrado o 70º aniversário do fim da Segunda Guerra Mundial? Seus sentimentos sobre a segurança da Rússia mudaram desde o ano passado?

VP: Você está se referindo à segurança interna ou externa?

OS: Ambas.

A SEGURANÇA DA RÚSSIA

VP: Acho que a Rússia está completamente protegida. Implantamos um programa para rearmar a frota naval e as forças militares, de modo que 70% de nossos armamentos e Forças Armadas alcançam os padrões internacionais mais elevados. Estamos reestruturando as Forças Armadas. A quantidade de pessoas trabalhando à base de um contrato militar está crescendo, em comparação com a estrutura no momento, onde a maioria de nossos militares é de conscritos, pois precisamos de profissionais militares com alto nível educacional para operar os novos sistemas militares.

OS: Parece que vocês estão seguindo o exemplo do Pentágono. Ou seja, estão usando contratados.

VP: Sim, até certo ponto, mas não completamente. Ainda estamos mantendo uma grande quantidade de conscritos.

OS: Na Rússia, você deve cumprir o serviço militar, certo?

VP: Sim.

OS: Então é importante a noção desse dia, 9 de maio.

VP: Sim, sem dúvida. Em nosso país, cumprir o serviço militar sempre foi entendido como uma responsabilidade e um dever, mas também como um direito sagrado. À medida que a autoridade das Forças Armadas vem crescendo, a quantidade daqueles que querem servir o Exército, que querem ser treinados em instituições e universidades militares, também cresce.

OS: Qual é a situação das forças do Pacífico?

VP: Em grande medida, aumentamos o número de nossas forças baseadas lá.

OS: Aumentaram? Por quê?

VP: De maneira geral, aumentamos o número de nossos efetivos. Nossa meta é ter um efetivo de 1 milhão de novos membros para o serviço militar. Nesse momento, temos 1,2 milhão de membros na ativa. Porém, reduzimos em grande escala os efetivos baseados no Extremo Oriente russo. Dado o tamanho da Rússia — que ainda é o maior país do mundo —, precisamos de Forças Armadas capazes de garantir nossa segurança em qualquer ponto do país. Estamos tentando fazer isso, alcançar isso. Por causa disso, vamos desenvolver uma rede de aeroportos e bases aéreas, para aumentar a capacidade de nossas Forças Armadas se mobilizarem rapidamente em caso de necessidade. Também iremos desenvolver transporte, aviação — é o que estamos fazendo neste momento — e, também, nossa frota naval.

OS: O que a OTAN e os Estados Unidos acham desses exercícios militares hoje?

VP: Creio que você terá de perguntar a eles. Posso dizer o que acho a respeito do que eles estão fazendo. O que eles estão fazendo? No ano passado, realizaram ao menos 70 exercícios nas proximidades das fronteiras russas, e isso, sem dúvida, chama nossa atenção. Além disso, significa que temos de responder de alguma maneira. No ano passado, adotamos uma nova estratégia de segurança nacional. Não há temas revolucionários. É um documento concebido para nos ajudar a desenvolver um sistema de segurança. Porém, nossa principal missão não envolve confronto ou intimidação. Consiste em criar condições para cooperação em segurança de áreas que acreditamos que são mais desafiadoras, mais ameaçadoras para nós e para nossos vizinhos.

Você perguntou sobre a OTAN e, infelizmente, não foi nossa iniciativa o fato de, em 2014, a OTAN cortar todo o contato conosco no contexto do conselho OTAN-Rússia.[135] Nos meses anteriores, ouvimos dizer muitas vezes que a Rússia tinha sido responsável por isso, mas não é verdade. Não quisemos cortar esse contato e não fomos os promotores disso. Recentemente, porém, numa iniciativa da OTAN, tivemos os primeiros contatos — acho que foi ao nível de embaixadores —, e temos de obter mais informações a esse respeito. Precisamos buscar denominadores comuns. Há muitos conflitos e muitos desafios que podemos tratar juntos.

OS: Alguém me disse que há dois dias houve um treinamento militar norte-americano na Geórgia. Os Estados Unidos estavam treinando suas Forças Armadas, não tenho certeza de que ramo. Eram da OTAN?

VP: Sim, é possível, porque em nossas fronteiras, ali ou em algum outro lugar, sempre estamos testemunhando alguma intensificação da atividade militar. Falei em público dessas questões e também falei disso diretamente com meus correspondentes. Por causa disso, posso lhe dizer exatamente qual é a minha posição em relação ao que a OTAN está fazendo. Acho que a OTAN é um organismo rudimentar que o período da Guerra Fria nos legou. A OTAN foi criada quando havia um confronto entre o Bloco do Leste e o Bloco Ocidental. Neste momento, o Pacto de Varsóvia caiu no esquecimento; não há mais União Soviética, nem Bloco do Leste.[136] E a pergunta se impõe: por que a OTAN existe? Neste momento, tenho a impressão de que, para justificar sua existência, a OTAN está na busca constante de um inimigo externo. É por causa disso que há algumas provocações para indicar alguém como adversário. [Como lhe disse anteriormente,] eu me lembro de um de meus últimos encontros com o presidente Clinton. Eu lhe disse que não excluía a possibilidade de a Rússia ingressar na OTAN, e Clinton afirmou: "Por que não?!" Porém, a delegação norte-americana ficou muito nervosa. Por quê? Porque os Estados Unidos precisam de um inimigo externo, e se a Rússia viesse a ingressar na OTAN, não haveria inimigo externo, e, assim, não haveria nenhum motivo para a OTAN existir.

OS: A Rússia se candidatou?

VP: Deixe-me explicar por que a delegação norte-americana ficou tão nervosa com a possibilidade de a Rússia ingressar na OTAN. Em primeiro lugar, se isso acontecesse, a Rússia teria voto e precisaria ser levada em conta numa tomada de decisão. Além disso, a própria razão da existência da OTAN simplesmente desapareceria.

OS: Pode-se ingressar na OTAN e manter uma força militar independente?

VP: Com certeza. Neste momento, as Forças Armadas dos países da OTAN não estão totalmente integradas.

OS: Seria um bom golpe de relações públicas se a Rússia anunciasse que se candidatou a ingressar como membro da OTAN.

VP: Nossos amigos norte-americanos nem considerariam isso. No mundo atual, com o *status quo* atual, acho que temos de seguir um caminho distinto. Temos de deixar para trás a mentalidade de Bloco *versus* Bloco. Não devemos pensar em construir novos blocos: o Bloco do Leste, o Bloco Ocidental, a OTAN, o Pacto de Varsóvia. A segurança deve se estabelecer numa base internacional e também em pé de igualdade.

OS: Então, diga-me... Sobre todos esses incidentes, como na Geórgia, onde os norte-americanos estavam treinando conselheiros militares... Você tomou conhecimento?

VP: Claro que temos ciência do que está acontecendo. Certo país vem demonstrando estar apoiando um país que faz fronteira com o nosso. Porém, a fim de criar condições favoráveis para o estabelecimento de segurança, precisamos de outra coisa, e não do que está acontecendo neste momento. Não precisamos de exercícios militares, e sim construir uma atmosfera de confiança. Apenas um exemplo: Saakashvili, que, aliás, renunciou despudoradamente à sua nacionalidade, é agora governador de Odessa,[137] o que, do meu ponto de vista, é um completo absurdo. No entanto, ele decidiu se arriscar: agiu com oportunismo, e atacou. Ele deveria ter sido dissuadido de agir desse modo. Em muitas ocasiões, em geral, tivemos um relacionamento normal quando ele era presidente. Em diversas oportunidades, eu disse a Saakashvili que entendia como era difícil a reconstrução de relações, mas também lhe disse que ele tinha de ter paciência e que jamais deveria tomar aquela terrível medida de agravar a situação e convertê-la em um conflito militar. Saakashvili respondeu afirmativamente; entendeu o que eu falei e garantiu que jamais tomaria aquela medida, mas tomou. Os Estados Unidos falaram disso 100 vezes, e eu lhes disse que tínhamos de impedir um conflito militar, e também retificar a situação e reconstruir relações. Porém, eles não nos escutaram, e o que aconteceu, aconteceu. Então, tivemos de responder, porque, uma das primeiras ações que a Geórgia promoveu foi matar nossos soldados das forças de paz das Nações Unidas.[138] Foi por causa disso que tivemos de reagir. Se isso não tivesse acontecido, não precisaríamos de nenhuma provocação ou exercício militar.

OS: Onde ocorre a maior parte da atividade? O grosso das forças de defesa/segurança russas está no Norte ou no Sul?

VP: Temos uma distribuição mais ou menos igual das Forças Armadas pela Rússia.

OS: Exceto no Extremo Oriente russo.

VP: Sim, um pouco menos no extremo oriente russo. Mas, neste momento, não é realmente tão importante onde elas estão baseadas, porque o armamento moderno não requer militares nas linhas de frente. Não é realmente importante onde, em tempos de paz, as forças militares estão localizadas ou baseadas. O importante são os meios de travar a guerra; ou seja, como as capacidades defensivas e ofensivas são empregadas, como as forças militares respondem. Vamos até implantar uma nova reforma, referente ao acantonamento de nossas Forças Armadas, de modo a criar condições mais favoráveis, não só para os militares, mas também para os membros de suas famílias, de modo que seus filhos possam ir à escola normalmente, de modo que vivam em condições civilizadas.

A SÍRIA E A UCRÂNIA

OS: Algumas rápidas atualizações sobre a Síria e a Ucrânia. Estou falando de segurança nas fronteiras da Rússia. Fiquei muito impressionado com o concerto de música clássica em Palmira,[139] mas você pode me apresentar uma rápida atualização sobre a Síria, no que diz respeito à segurança russa, e sobre a Ucrânia?

VP: No que diz respeito à Ucrânia, acho que você sabe o que está acontecendo. O país vive essa crise que, de forma mais branda, ainda está se desenrolando. Acho que o componente mais importante do Acordo de Minsk[140] é o entendimento político, mas, infelizmente, cabe às autoridades de Kiev implantar essa parte do acordo, e, até agora, não estão fazendo isso. Deviam ter alterado a Constituição de acordo com o Acordo de Minsk, e isso devia ter sido feito antes do fim de 2015. Mas não fizeram isso. Deviam aprovar um projeto de lei, uma lei de anistia. Essa lei foi aprovada pelo Parlamento, mas não foi sancionada pelo presidente, nem entrou em vigor ainda. Há outra lei, que deveria ser aprovada e entrar em vigor: a lei sobre o status especial das repúblicas não reconhecidas. A atual liderança ucraniana diz o seguinte: visto que, na linha de conflito, ainda há confrontos, ainda há violência, as condições ainda não são adequadas para implantação desse entendimento político. Porém, do meu ponto de vista, isso é apenas um pretexto vazio, porque é possível, facilmente, criar um confronto em algum lugar na linha de contato e, então, isso vai perdurar indefinidamente. Neste momento, o mais importante é alcançar um entendimento político. Em seguida, há outro processo que explica por que, de acordo com os correspondentes ucranianos, isso está sendo feito: a liderança ucraniana insiste que a fronteira russo-ucraniana, onde as repúblicas não reconhecidas estão localizadas, deve ser fechada. De fato, o Acordo de Minsk pressupõe o fechamento da fronteira russa pelos escritórios de fronteira ucranianos, mas só depois que decisões políticas fundamentais sejam tomadas.

Porém, até que essas decisões políticas sejam tomadas e implantadas, até que as pessoas estejam seguras nessas repúblicas não reconhecidas, o fechamento da fronteira só significará uma coisa: as pessoas serão cercadas e, depois, eliminadas. Falamos disso durante a longa noite em que analisamos o Acordo de Minsk. Nós o analisamos em detalhes. Nossos correspondentes ucranianos concordaram inicialmente com ele, mas, neste momento, parece não entenderam o que estava acontecendo. Agora, apoiamos uma proposta apresentada pelo presidente Poroshenko para reforçar o contingente de observadores na linha de contato. Foi ele que apresentou essa proposta, e eu a apoiei. Além disso, Poroshenko sugeriu que os observadores da OSC devem ser equipados com armas, e também apoiamos isso. O problema se agrava ainda mais pelo fato de que a situação econômica e de política interna ucraniana se deteriorou dramaticamente. Além do mais, neste momento, alguns de nossos parceiros — não vou mencioná-los — estão dizendo que o presidente ucraniano não é capaz de tomar essas decisões políticas devido à difícil situação política interna da Ucrânia. Há um ano, sugeri que o presidente Poroshenko realizasse eleições antecipadas e, assim, reforçasse sua posição, de modo que, ainda que tivéssemos diferenças, ele seria capaz de conseguir a aprovação de todas as decisões políticas requeridas. Porém, naquela ocasião, nossos amigos norte-americanos e nossos amigos europeus nos disseram que o primeiro-ministro — naquele momento era Yatsenyuk — e o presidente Poroshenko tinham de trabalhar em conjunto, e sabemos como isso acabou: com uma cisão do governo e uma situação política muito difícil.[141] Agora, quando lembro nossos parceiros disso, eles simplesmente dão de ombros. A questão é: como a Rússia se encaixa em tudo isso? Os Estados Unidos e a Europa continuam produzindo novas acusações, tentando acusar a Rússia de algo novo, porque eles não podem admitir publicamente que cometeram erros. É por causa disso que eles preferem culpar a Rússia. Temos um poeta bastante famoso que escrevia fábulas — seu nome era Ivan Krylov —, e uma delas apresenta um diálogo entre um lobo e um cordeiro. Nesse diálogo com o lobo, o cordeiro está tentando se justificar, dizendo que ele não é culpado de nada. Quando o lobo fica sem argumentos, ele decide pôr um fim na discussão e afirma: "Querido cordeiro, você só é culpado porque eu estou com fome." [Risada]

OS: Se isso acontecer — você usou a palavra "eliminadas", acredito —, qual é o pior cenário possível? Quero dizer, quantos russos-ucranianos estariam em perigo?

VP: Não se trata da liderança dessas repúblicas não reconhecidas. Veja, é que todos que vivem nessas repúblicas não reconhecidas — há cerca de 3 milhões de cidadãos ali — participaram da campanha eleitoral e votaram, e é por causa disso — na ausência de uma lei de anistia — que todos eles podem ser perseguidos como separatistas.

OS: Três milhões de pessoas estão em perigo. Então, isso pode se transformar em uma situação semelhante ao que ocorreu na Sérvia e na Bósnia?

VP: Sem dúvida, é o que parece. Lembremo-nos da tragédia que ocorreu em Odessa. Mais de 40 pessoas, inocentes e desarmadas, foram cercadas e queimadas até a morte. E aqueles que tentaram fugir foram espancados até a morte com vergalhões de ferro. Quem foi o responsável? Pessoas que seguem visões radicais e extremadas, e essas pessoas podem entrar no território dessas repúblicas e fazer a mesma coisa. Quando falo dessa questão com alguns de meus parceiros ocidentais, que violações em massa dos direitos humanos podem estar ocorrendo, sabe o que eles me dizem? Que essas pessoas devem procurar organizações de direitos humanos para buscar proteção. Devem pedir ajuda em diferentes organizações internacionais. Lembre-se do que aconteceu no prédio da Federação de Sindicatos da Ucrânia e me diga quem vai pedir ajuda a uma organização internacional depois do massacre.

OS: Não posso imaginar a Rússia inerte e vendo isso acontecer.

VP: De modo algum. Com certeza, não. Vamos ajudar, mas não podemos fazer algo unilateralmente, porque as decisões principais devem ser tomadas pelas autoridades de Kiev.
Você me perguntou sobre a Síria. Apesar de todos os sucessos militares que testemunhamos, o mais importante que deve ser feito na Síria é um acordo político. Demos uma contribuição: por meio de nossas ações, reforçamos as instituições governamentais. Além disso, causamos grandes perdas entre os terroristas internacionais, mas, tenhamos isso em mente [como eu disse anteriormente], o Estado Islâmico inclui militantes de oitenta países diferentes. Deixe-me dizer que o Estado Islâmico não está ape-

nas reivindicando a Síria ou o Irã, mas também a Líbia e outros territórios, até Médéa, Meca e Israel. Com certeza, provocamos grandes estragos nessa organização [Estado Islâmico]. Porém, os problemas da Síria não derivam simplesmente do terrorismo internacional. O país também sofre por causa de dificuldades políticas internas, que devem ser resolvidas politicamente por meio de um compromisso com a oposição. Do nosso ponto de vista, o presidente Assad está disposto a se envolver nesse diálogo. Contudo, é necessário que o outro lado também esteja disposto a fazer isso. Frequentemente, ouvimos dizer que o presidente Assad tem de deixar o poder, mas quando perguntamos "O que vem a seguir?", ninguém é capaz de responder. Não há resposta para isso. Assim, acredito que o melhor caminho a seguir, o mais natural e democrático, é aprovar uma nova Constituição, e o presidente Assad concorda com isso. [Como eu disse], essa nova Constituição seria utilizada como base para eleições antecipadas.

OS: É triste quando você escuta que... Não tenho certeza de quem fala pelos Estados Unidos. Obama diz uma coisa e, então, Kerry diz outra, e, em seguida, Obama afirma: "Assad deve deixar o poder." É desconcertante.

VP: Bem, agora você entende o que está acontecendo nos Estados Unidos. Mas também é muito difícil lidar com nossos outros parceiros. Há muitas diferenças na própria região. Com certeza, tentativas devem ser feitas para levar em consideração os interesses de todos aqueles que participaram desse processo. O mais importante é assegurar a soberania e a integridade territorial da Síria, do povo sírio, e criar condições para os refugiados poderem voltar para suas casas.

OS: Foi uma coisa bonita o que os russos fizeram em Palmira.

VP: Foi uma iniciativa do sr. Gergiev, o maestro da orquestra.

OS: A limpeza das áreas minadas pelos militares russos foi um trabalho duro.

VP: Sem dúvida. Porém, outras coisas também tiveram de ser feitas, como, por exemplo, assegurar uma passagem segura para o aeroporto, em Palmira. Também tivemos de criar condições para a orquestra poder passar a noite ali. Além disso, tivemos de repelir os terroristas para o mais distante possível da cidade. Em certos lugares, os terroristas estavam a apenas 25 quilômetros de distância do local de realização do concerto. Os músicos podiam escutar o fogo de artilharia. No sol, a temperatura era superior a 50 graus. Com tanto calor, os instrumentos musicais não soavam muito bem. Foi necessário coragem e também bastante esforço.

OS: Podemos falar um pouco de Sochi? Qual é o seu sentimento a respeito de Sochi, seu relacionamento com a cidade?

VP: Sabe, quando preparávamos o projeto olímpico em Sochi, queríamos transformar Sochi em uma espécie de resort para as quatro estações. Um resort de nível internacional. Quando fizemos o anúncio, muita gente se mostrou cética, afirmando que isso seria impossível. A infraestrutura de transporte não estava pronta, enfatizaram, assim como a infraestrutura de energia. As considerações ambientais também foram mencionadas, bem como o sistema de esgoto e a falta de um número suficiente de hotéis. Isso sem falar da infraestrutura esportiva, que, naquele momento, era inexistente. E, neste momento, Sochi é um resort para as quatro estações. No inverno, você pode ir esquiar e se hospedar em um hotel à beira-mar, pois há um trem de alta velocidade ligando as estações de esqui na montanha e a costa litorânea. Além disso, há duas rodovias, que permitem que o percurso de carro seja feito de 20 a 30 minutos. De fato, Sochi virou, ou está virando, agora, um resort para as quatro estações de nível internacional muito bom.

OS: Você viveria lá se se aposentasse em paz?

VP: Não, é muito quente.

OS: Dizem que a Rússia gastou 51 bilhões de dólares. É isso mesmo?

VP: Não quero lhe passar o número incorreto neste momento. Digo-lhe depois. A questão é acerca de aonde o dinheiro foi. Nós construímos dois gasodutos: um sob o mar e outro através da encosta de uma montanha.

Construímos uma usina elétrica e uma subestação. Construímos pontes e túneis, rodovias através das encostas das montanhas, uma ferrovia circundando Sochi e 40 mil novos quartos de hotel.

OS: Seus críticos afirmam que muito dinheiro foi para seus amigos. Amigos oligarcas.

VP: [Risada] Isso é absurdo. É besteira. Tudo foi decidido com base no mérito. Além do mais, muito desse dinheiro foi para empresas estrangeiras, que eram empreiteiras, e elas ganharam mais de 1 bilhão de dólares. Em alguns lugares, tínhamos equipes internacionais construindo túneis, tínhamos especialistas canadenses trabalhando conosco.

OS: Seus defensores afirmam que 44 bilhões de dólares dos 51 bilhões foram para obras de infraestrutura.[142]

VP: Não me lembro do número exato, mas acredito que seja isso.

OS: Ok, estamos aterrissando. Em Sochi, você deve ter algum tipo de sala de cinema ou sala de projeção. Eu gostaria de lhe exibir ao menos 20 minutos do filme *Dr. Fantástico*.

VP: Vamos encontrar um lugar.

OS: Isso é importante para o meu filme, porque você falou dessa ideia de guerra quente nuclear. Eu gostaria de ver suas reações em relação às cenas no centro de operações militares, que são engraçadas. Sei que você diz que não tem tempo para filmes, mas, por favor.

VP: Deixe-me pensar em um lugar e um horário. Quanto tempo você vai ficar em Sochi?

OS: Bem, depende. Até sexta-feira, pelo menos.

VP: Você joga hóquei?

OS: Não, mas estamos filmando você. Minha mulher também está aqui. [O avião aterrissa.]

OS: Você está bem, Dmitry? [Risada] É uma cena muito engraçada. O secretário de Imprensa segurando o microfone.

VP: Sim, de vez em quando, ele também tem de trabalhar.

OS: Vi que Gorbachev estava lá hoje. Você não parou para cumprimentá-lo. [Risada]

VP: Sim, o protocolo o convida para cerimônias oficiais.

OS: Eu sei, mas estou dizendo que você não parou para cumprimentá-lo.

VP: Não percebi que ele estava lá. Não o vi. Onde ele estava sentado?

OS: Nas tribunas. Ele estava bem ali. Você não sabia disso? Você não costuma vê-lo?

VP: Eu o recebi no Kremlin, em meu gabinete de trabalho.

OS: Muitos anos atrás...

VP: Sim, muitos.

OS: Bem, acho que, se você gostasse dele, teria parado para dizer "Olá, Gorbi!".

VP: Eu o vi em um evento recente organizado pela nossa mídia.

OS: Você o cumprimentou?

VP: Claro.

OS: Primeiro?

VP: Não.

OS: [Risada]

VP: Não tenho preconceitos. Gorbachev tinha péssimas relações com Boris Yeltsin, primeiro presidente da Rússia.

OS: Sim, eu sei.

VP: Nossa história não é ofuscada por isso. Eu encontrei Gorbachev e não tive nenhum problema com ele.

OS: Sem dúvida, ele o apoia na questão da OTAN.

VP: Sim, na questão da OTAN e também na questão da Crimeia. Houve um tempo em que Gorbachev apoiou a oposição, mas ele tem opinião própria. Em algumas coisas, concordamos plenamente; em outras, não. Como ex-presidente, ele desfruta de proteção do Serviço Federal de Proteção.

OS: Isso é bom. Imagino que o serviço também tenha protegido Yeltsin.

VP: Sim, sem dúvida. Temos uma lei e, com certeza, cumprimos essa lei.

OS: Talvez na próxima sucessão.

VP: Bom.

OS: [Risos] Ok, muito obrigado.

Notas

135. Afirmação: "(...) não foi nossa iniciativa o fato de, em 2014, a OTAN cortar todo contato conosco no contexto do conselho OTAN-Rússia."
Sustentação: Veja "Ukraine crisis: Nato suspends Russia co-operation", BBC (2 de abril de 2014). Acessado em: http://www.bbc.com/news/world-europe-26838894

136. Informação geral:
"O Pacto de Varsóvia foi uma organização dos Estados comunistas da Europa Central e da Europa Oriental. Foi estabelecido em 1º de maio de 1955, em Varsóvia, na Polônia, para se opor à ameaça percebida a partir da criação da OTAN, especificamente a perspectiva de integração da Alemanha Ocidental 'remilitarizada' na aliança, que ocorreu em 9 de maio de 1955, via ratificação dos Tratados de Paris de 1947. Os Estados comunistas da Europa Central e da Europa Oriental foram signatários, exceto a Iugoslávia. Os membros do Pacto de Varsóvia se comprometeram a se defender mutuamente se um ou mais membros fossem atacados. O pacto durou todo o período da Guerra Fria. Começou a se desintegrar em 1989, após o colapso do Bloco do Leste e as mudança políticas na União Soviética." *New World Encyclopedia.*
Veja: http://www.newworldencyclopedia.org/entry/Warsaw_Pact

137. Informação geral:
Ao renunciar à sua cidadania georgiana, para evitar "prisão garantida", Saakashvili recebeu a cidadania ucraniana e foi nomeado governador de Odessa. Veja: "Georgia ex-leader Saakashvili gives up citizenship for Ukraine", BBC (1º de junho de 2015). Acessado em: http://www.bbc.com/news/world-europe-32969052

138. Afirmação: "Então, tivemos de responder, porque uma das primeiras ações que a Geórgia promoveu foi matar nossos soldados das forças de paz das Nações Unidas."
Sustentação: Quando as forças georgianas lançaram seu ataque contra a Ossétia do Sul, realmente mataram e feriram vários soldados das forças

de paz das Nações Unidas. Veja: "Russian troops and tanks pour into South Ossetia", Helen Womack, Tom Parfitt, Ian Black, *The Guardian* (8 de agosto de 2008). Acessado em: https://www.theguardian.com/world/2008/aug/09/russia.georgia

139. Informação geral:
A Mariinsky Theatre Orchestra, de São Petersburgo, liderada pelo aclamado maestro Valery Gergiev, apresentou um concerto dedicado às vítimas dos grupos terroristas nas antigas ruínas de Palmira, na Síria. Veja: "Russian orchestra plays concert in ancient Syrian ruins of Palmyra", Fred Pleitgen, CNN (6 de maio de 2016). Acessado em: http://www.cnn.com/2016/05/05/middleeast/syria-palmyra-russia-concert/

140. Informação geral:
Após o colapso do prévio Protocolo de Minsk referente ao fim dos combates na região de Donbass da Ucrânia, novas negociações de paz foram realizadas em 11 de fevereiro de 2015, ao Leste da Ucrânia, em Minsk, capital da Bielorrúsia. Entre os pontos do Acordo de Minsk, incluíam-se: cessar-fogo imediato e bilateral, retirada de armas pesadas de ambos os lados, monitoramento e verificação eficazes, início de diálogo a respeito de realização de eleições locais, perdão e anistia por meio da proibição de processos contra figuras envolvidas nos conflitos de Donetsk e Luhansk, libertação de todos os reféns e outras pessoas ilegalmente detidas, remessa desimpedida de ajuda humanitária, restauração de todos os vínculos sociais e econômicos, restabelecimento pleno do controle do governo ucraniano, retirada dos grupos armados estrangeiros, armas e mercenários, e reforma constitucional na Ucrânia, com a adoção de uma nova Constituição no fim do 2015.
Veja: "Ukraine ceasefire: New Minsk agreement key points", BBC (12 de fevereiro de 2015). Acessado em: http://www.bbc.com/news/world-europe-314336513

141. Afirmação: "Porém, naquela ocasião, nossos amigos norte-americanos e nossos amigos europeus nos disseram que o primeiro-ministro — naquele momento era Yatsenyuk — e o presidente Poroshenko tinham de trabalhar em conjunto, e sabemos como isso acabou."

Sustentação: Putin se refere ao legado do governo Poroshenko e Yatsenyuk, que acabou com a renúncia do primeiro-ministro. Veja: "The Toxic Coddling of Petro Poroshenko", Lev Golinkin, *Foreign Policy* (13 de abril de 2016). Acessado em: http://foreignpolicy.com/2016/04/13/the-toxic-coddling-of-kiev-ukraine-poroshenko-yatsenyuk/

142. Afirmação: Oliver Stone pede que se confirme se a Rússia gastou 51 bilhões de dólares para organizar os Jogos Olímpicos de Sochi. Putin responde que não quer dar o número errado, e diria mais tarde para ele.
Sustentação: De acordo com o *Washington Post*, o número de consenso é 50 bilhões de dólares, com ressalvas. Veja: "Did the Winter Olympics in Sochi really cost $ 50 billion? A closer look at that figure", Paul Farhi, *Washington Post* (10 de fevereiro de 2014). Acessado em: https://www.washingtonpost.com/lifestyle/style/did-the-winter-olympics-in-sochi-really-cost-50-billion-a-closer-look-at-that-figure/2014/02/10/a29e37b4-9260-11e3-b46a-5a3d0d2130da_story.html

Terceira Entrevista

Viagem 3 – Dia 2 – 10 de maio de 2016

OS: Foi um belo jogo.

VP: Podíamos ter feito melhor, mas tudo bem. Para mim, sem um aquecimento, não foi muito bom.

OS: Você caiu uma vez. Cansou?

VP: Só tropecei.

OS: Você começou a jogar hóquei aos 40 anos?

VP: Não, há dois, três anos.

OS: Três anos atrás? Sério? Aos 50?

VP: Aos 60.

OS: [Risada] Continuo achando que você tem 53 e não 63. Que beleza! Uau!

VP: Eu não conseguia patinar antes disso.

OS: Eu sei, ouvi dizer. Esquiar também.

VP: Isso é muito interessante. Sempre é interessante aprender algo novo.

OS: O que vem a seguir, aos 70 anos?

VP: Não sei. Bush pai foi praticar paraquedismo.

OS: Você já fez mergulho profundo?

VP: Já. Não posso dizer que gostei, mas foi muito interessante.

OS: Não bateram em você com muita força na partida. Eu não esperava que o fizessem. Quero dizer, você foi marcado e poderia facilmente quebrar um osso, certo?

VP: Às vezes, isso acontece. Faz parte do esporte. Pratiquei judô toda a minha vida e nunca sofri uma lesão.

OS: Mas são pancadas duras. Iguais às do futebol americano. E se um dos homens do time, de qualquer lado, admitisse na Rússia que é gay? Você manteria segredo?

VP: [Risada] Estou cansado de toda essa conversa sobre homossexuais e lésbicas. Há uma coisa que eu gostaria de lhe dizer. Não temos nenhuma restrição baseada em gênero. Nem perseguições. Simplesmente, não temos essas restrições na Rússia. Além do mais, muitas pessoas declararam sua orientação sexual não tradicional, e mantivemos relacionamentos com elas. Muitas alcançaram resultados proeminentes em seus campos de atividades. Até receberam prêmios do Estado pelo sucesso que alcançaram. Não há nenhuma restrição. É apenas um mito que foi inventado, dizendo que, na Rússia, há perseguições contra minorias sexuais.

OS: Bem, existe a lei da "propaganda".

VP: Há uma lei que proíbe a propaganda acerca da homossexualidade entre menores de idade. A razão por trás dessa lei é proporcionar às crianças uma oportunidade de crescer sem impactos à sua consciência. Uma criança ou um adolescente não pode tomar uma decisão própria. A menos que você não esteja tentando exercer nenhuma pressão sobre ela, ao crescer, ela poderá tomar qualquer decisão quanto a como vai organizar sua vida, incluindo sua vida sexual. Assim que os indivíduos se tornam adultos, aos 18 anos, não há nenhuma restrição.

OS: Acredito em você. Mas há uma forte tradição machista na Rússia. Quero dizer, não sei se qualquer um desses rapazes, se fosse gay — enrustido, por assim dizer —, revelaria sua condição abertamente aos seus companheiros de equipe. Acho que não.

VP: Bem, até certo ponto, você pode ter razão. Mas, na Rússia, não temos uma situação como a que existe em certos países islâmicos onde a pena de morte ameaça os homossexuais. Na Rússia, em grande parte, nossa sociedade é tolerante e liberal, e se alguém revela que é homossexual, não é uma tragédia. Às vezes, compareço a eventos em que pessoas declaram publicamente que são homossexuais. Esses eventos são acompanhados por essas pessoas, e nós nos comunicamos e temos boas relações.

OS: Isso também é verdade em relação aos militares?

VP: Não há restrição.

OS: Nenhuma restrição nas Forças Armadas? Quero dizer, se um marinheiro está tomando banho em um submarino e você sabe que ele é gay, há algum problema em relação a isso?

VP: [Risada] Prefiro não ir ao chuveiro com ele. Por que instigá-lo?

OS: É uma coisa tradicional em relação a isso. Sabe, é difícil para alguns homens aceitar que o rapaz no chuveiro com seu pênis à vista pode ter planos em relação a eles, e todas essas coisas.

VP: Mas você sabe, sou um mestre de judô...
[Risada]

OS: Também percebi que os russos não se importam com o sexo entre duas mulheres, porque a tradição é que os bebês têm de ser vigorosos, os bebês têm de nascer, e homem e mulher é um relacionamento natural, bíblico, que dá à criança a força e o vigor de ser um cidadão da sociedade. Assim, não há interesse na mulher que não está interessada em ser fertilizada.

VP: De fato, isso é verdade. Temos essa tradição. Não estou querendo ofender ninguém, mas apreciamos muito a existência dessas tradições. Nós as apreciamos. E posso lhe dizer que, como chefe de Estado, hoje acredito que é meu dever defender valores tradicionais e familiares. Por quê? Porque casamentos entre pessoas do mesmo sexo não gerarão nenhuma criança. Deus decidiu, e nós temos de nos preocupar com taxas de natalidade. Em nosso país, nós nos preocupamos com a saúde de nossos cidadãos, com as famílias. Devemos reforçar as famílias. É uma postura natural que qualquer autoridade deve assumir se quer fortalecer o país. Porém, isso não significa que devam ocorrer perseguições contra alguém, e, na Rússia, não há perseguições.

OS: Quero apenas chamar a atenção para o fato de que, mesmo em uma sociedade onde há algum mau funcionamento, haverá muitos órfãos, e alguns desses órfãos podem ser adotados por casais do mesmo sexo.

VP: Sim, isso é possível. Não posso dizer que nossa sociedade acolhe isso positivamente, e sou bastante sincero a esse respeito. Aliás, gostaria de chamar a atenção para o fato de que muitos homossexuais são contra o direito de adoção de crianças por casais do mesmo sexo. Você entende por que isso está acontecendo? Não há a mesma posição em toda a comunidade gay de que casais do mesmo sexo devem ter o direito de adotar crianças. Uma criança, acredito, terá mais liberdade, depois crescida, se for criada em uma família tradicional. Então, ela tem maior escolha.

OS: Bom argumento. À medida que chegamos perto do fim... Quero dizer, nosso tempo é limitado. Estamos chegando ao fim desta viagem. Tenho mais um dia com você na quinta-feira. Examinei toda a filmagem, e precisarei lhe fazer algumas perguntas de novo. Apenas para esclarecer. Porque, em algumas situações, não tive tanta certeza da resposta, então, vou ter de perguntar outra vez. Também tenho de levantar algumas preocupações suscitadas pela *Foreign Affairs*, que não considero uma revista das correntes predominantes, e mais como um veículo que divulga o ponto de vista oficial do governo. Ela é publicada pelo Council on Foreign Relations, que é muito poderoso. Essa entidade possui diversos especialistas que escrevem sobre seus campos de investigação na Rússia. Assim, algumas das perguntas são propostas por eles.

VP: Sabe, alguém sonha algo e resolve achar isso sobre mim. São apenas sonhos, algo que eles querem. Mas isso não é a realidade, e aqueles que escrevem a esse respeito sabem disso.

OS: Entendo. É um ponto de vista oficial e, portanto, algo a que Washington presta atenção. Você tem de lidar com isso.

VP: Há pessoas diferentes na Europa e nos Estados Unidos. Pessoas diferentes, com opiniões diferentes. Há gente que olha 25, 30 anos à frente. Gente que pensa em desafios que emergirão no futuro. São pessoas que têm uma atitude distinta em relação à Rússia.

OS: Não vou discutir isso.

VP: E há outras que vivem de eleição em eleição e só pensam em causa própria e em seus interesses políticos.

A VIGILÂNCIA RUSSA

OS: Por favor, entenda a minha próxima questão. A maioria dos norte-americanos acha que a Rússia é certamente tão ruim quanto os Estados Unidos quando se trata de vigilância. É apenas uma suposição. Por causa da antiga KGB.

VP: Não somos melhores que os Estados Unidos porque não temos os recursos que os norte-americanos têm à sua disposição. Se tivéssemos, provavelmente seríamos tão bons quanto vocês. [Risada]

OS: Está falando sério? Você acha que vocês não são tão bons tecnicamente? Não estou falando de dinheiro, mas de técnica.

VP: Os Estados Unidos dispõem de grandes recursos financeiros para serviços especiais — não podemos nos permitir isso. E seus equipamentos técnicos que foram desenvolvidos. Sabe, após a era soviética, após o autoritarismo completo em nosso país, adquirimos certa aversão aos serviços especiais, caso possuam muito poder. Não gostamos disso. Temos essa repulsa interna. As autoridades têm de levar isso em consideração.

OS: A Rússia está coletando comunicações em massa de qualquer forma?

VP: Não. Posso assegurá-lo disso.

OS: De certa forma, tudo é específico?

VP: Sem dúvida. Os serviços especiais trabalham com abordagem específica. Não coletamos informações em massa com seleção subsequente. Isso não está acontecendo.

OS: Estou falando apenas de coleta. Não de leitura, apenas de coleta. Simplesmente usando todos os sistemas telefônicos e toda a internet.

VP: Não estamos fazendo isso em massa. Não temos essa rede.

OS: Seria bom se você me dissesse, se você realçasse o fato e me dissesse: "Não só não estamos fazendo isso, mas encontramos um modo de realizar abordagem específica sem coleta de informações em massa, como nos Estados Unidos." Em outras palavras, houve uma solução técnica para esse problema.

VP: Isso não envolve o lado técnico da questão. Envolve, sim, manutenção operacional. Nossos serviços especiais trabalham com base em quem consideram suspeito, com base em suas conexões. Não procuramos coletar informação em massa para procurar suspeitos.

OS: Quinze por cento da população russa são islâmicos.[143] Foi o que me disseram. Muitos desses indivíduos vivem em Moscou. Você está me dizendo que não há coleta de informações em massa em relação aos muçulmanos.

VP: Não. Posso lhe assegurar isso com certeza absoluta. Sem dúvida, houve violência no fim da década de 1990 e no início da década de 2000, devido aos acontecimentos chechenos. Porém, em geral, a Rússia é um país multirreligioso. Temos certa cultura de relacionamentos entre religiões distintas. Isso foi construído durante muitos séculos. Os chechenos, da mesma forma que diversos outros povos da ex-União Soviética, sofreram muito durante as perseguições stalinistas. Não sofreram como representantes do mundo islâmico, mas por motivos políticos. Nunca tivemos conflitos entre islamismo, judaísmo e cristianismo. Esse histórico positivo é de grande ajuda para nós. Além disso, toda a nossa comunidade islâmica é constituída de cidadãos russos. Eles não têm outra pátria. A Rússia é sua terra natal. Não são imigrantes nem filhos de imigrantes.

OS: Eu gostaria de voltar a isso logo depois desta questão. Você pode me dizer quanto a Rússia gasta com serviços de inteligência? Os Estados Unidos gastam, isso é publicado, 75 bilhões de dólares por ano com serviços de inteligência. Em serviços de inteligência civis — CIA, FBI e NSA —, são gastos 52 bilhões de dólares,[144] e o restante é gasto em serviços de inteligência militares.

VP: Se os Estados Unidos desenvolvessem bons relacionamentos de parceria com a Rússia, sobretudo no campo do combate ao terrorismo, poderiam reduzir, no mínimo, à metade o orçamento dos serviços de inteligência. Além disso, tornariam as atividades de seus serviços especiais muito mais eficientes.

OS: Poderiam reduzir à metade seu orçamento se fizessem isso?

VP: Sim, se cooperássemos de modo eficiente, os Estados Unidos não teriam de gastar tanto. E suas atividades seriam muito mais eficientes do que agora.

OS: Então você está sugerindo que a Rússia gasta algo como 30 bilhões de dólares?

VP: Não importa quanto a Rússia gasta. O importante é que, se uníssemos nossos esforços, nossos dois países trabalhariam de modo mais eficiente.

OS: Você não vai me dizer o montante.

VP: Não. É segredo. [Risada]

OS: Tudo bem.

VP: Temos alguns dados publicados, mas não me lembro de exatamente quantos. De todo modo, como já lhe disse, gastamos, para esses fins, muito menos do que os Estados Unidos. Além disso, como já discutimos, os Estados Unidos gastam mais do que todos os outros países somados.[145]

OS: E a Rússia gasta 10% disso.

VP: Dez por cento do gasto norte-americano.

A CHECHÊNIA

OS: É incrível, por causa do que você alcançou. Agora, por um momento, voltemos à Chechênia. Muitos discordarão de você a respeito da Chechênia, que é realmente um vespeiro há 20 anos. Tudo bem, há um elemento radical lá — sabemos sobre os terroristas —, e existe um elemento muito autoritário governado pelo líder Kadyrov, que é muito leal a você. Muitos russos fizeram críticas a esse respeito. Muitos dos que eu vi escreveram sobre isso — não necessariamente dissidentes, mas pessoas que não se sentem à vontade com a existência desse relacionamento com Kadyrov. Ele é considerado um criminoso de guerra e assim por diante. Outras pessoas perguntam: "Por que a Federação Russa precisa incluir países que são tão loucos? Por que não unificamos a Federação Russa com o povo russo?" Sei que você afirmou que a Chechênia é parte da pátria, Rôdina [terra natal, em russo], mas me fale mais a esse respeito.

VP: Quanto aos acontecimentos na República Chechena e no Cáucaso, não vou lhe dar nenhum furo de reportagem. Eles começaram logo após o colapso da União Soviética. Quando um grande país se dissolve, é natural que esses processos desiludidos impregnem todo o seu território, e a Rússia não foi exceção. Esse é o primeiro ponto. Em segundo lugar, nossa economia entrou em colapso total, assim como nossa esfera social. Então, as pessoas procuraram uma saída para a situação. Nas áreas fronteiriças da Rússia, as pessoas começaram a pensar em como poderiam melhorar suas vidas e superar as dificuldades que enfrentavam. Muitas delas, e não só na República Chechena, alimentaram essas ideias separatistas. Nada de novo acerca disso. Porém, quanto à República Chechena, tudo isso foi agravado pelo legado das repressões de Stalin. As pessoas se lembravam das injustiças sofridas após a Segunda Guerra Mundial. É por causa disso que o conflito irrompeu. Foi se desenvolvendo e resultou em um cenário bastante trágico. Você sabe qual foi o ponto de inflexão decisivo? Não só os sucessos militares das Forças Armadas russas. Você sabe que o conflito se intensificou e um ataque foi realizado, da República Chechena, contra os territórios adjacentes na Rússia. Houve até um ataque contra o Daguestão, outra república com população muçulmana, e o povo do Daguestão não esperou pelas forças federais para responder: pegou em armas para se defender. Mas o ponto de inflexão foi a compreensão pelas próprias autoridades chechenas e pela liderança chechena que o desenvolvimento da Chechênia, como parte da Rússia, seria muito mais promissor e muito mais benéfico para os chechenos do que aspirações de uma suposta independência. O Islã tradicional não quis se submeter a certas correntes do islamismo que forasteiros tentavam trazer para a Chechênia do Oriente Próximo. Houve um conflito entre os líderes religiosos locais — um deles era o pai de Kadyrov — e os novos líderes religiosos, que tinham vindo de fora do país. Naquela ocasião, tive minha primeira conversa com o pai de Kadyrov, e ele me disse que pensava em desenvolver um relacionamento com a Rússia. Foi inteiramente iniciativa dele. Ele não foi pressionado a fazer isso. Como resultado, ele se tornou o primeiro presidente da República Chechena. Seu filho, o atual presidente, combateu, junto com seu pai, contra as forças federais. E junto com seu pai ele veio a entender que os interesses do povo checheno não podiam ser distintos dos interesses da Rússia. Com certeza, havia muitas pessoas, e ainda há muitas pessoas na Chechênia, que possuem certa mentalidade; um tipo heroico de mentalidade, por assim dizer. Além disso, passamos pela tribulação de uma guerra civil sangrenta. Atualmente, tenho de explicar por que Kadyrov, ou alguém de seu grupo, é tão crítico em relação à oposição. Em muitas ocasiões, falei disso com Kadyrov, e ele prometeu que mudaria sua retórica. Mas sua explicação é muito simples. Ele afirma: "Passamos por sangue e lágrimas — sabemos como é uma guerra civil, e não podemos permitir que alguém nos leve de volta para aquela situação." Não acho que esse raciocínio seja correto. Não apoio isso. Simplesmente, estou tentando lhe dizer qual é a posição de Kadyrov, qual é a explicação dele. Acredito que, hoje, pelo fato de ser presidente da República Chechena, ele precisa mostrar contenção e tem de obedecer à lei russa. Espero que, no fim, isso aconteça. Porém, não devemos nos esquecer de sua vida anterior, de sua experiência de vida.

OS: Mas a Rússia ainda está pagando 80% do orçamento do governo checheno. Esqueci o número exato em relação ao orçamento.

VP: Não apenas o orçamento da Chechênia. Essa é uma abordagem específica adotada pelo governo russo. Ela tem o objetivo de redistribuir as receitas de nosso orçamento, com a intenção de eliminar as diferenças de desenvolvimento econômico em toda a Rússia, em todos os seus entes constituintes. Buscamos uma situação em que todas as economias, de todas as regiões russas, vão ser autossuficientes. Nesse caso, não teremos mais de lhes conceder nenhum apoio para sempre. Deixe-me reiterar: isso não envolve apenas a Chechênia. Entre os 85 entes constituintes através da Rússia, há dez que ganham mais dinheiro do que gastam. Contudo, utilizamos nosso orçamento federal para apoiar diversos outros entes: o Cáucaso do Norte, o Extremo Oriente russo, o Distrito Federal do Sul e algumas outras regiões. Portanto, a República Chechena não é exceção.

OS: A Chechênia tinha tropas ou homens na Ucrânia no último conflito?

VP: Eram voluntários. Tomei conhecimento disso. É verdade.

OS: Sigamos em frente. Mudando de assunto agora. Quero dizer, em parte, já conversamos sobre isso. Mas quero deixar claro. Por que você, depois de 2001, aquiesceu com a intrusão militar norte-americana na Ásia Central?

VP: Não aquiescemos. O presidente dos Estados Unidos solicitou meu apoio. Então, conversei com alguns líderes das repúblicas da Ásia Central e pedi a eles para responderem positivamente ao pedido dos Estados Unidos.[146] De certa forma, para permitir que os Estados Unidos usassem seus territórios para colocar suas tropas, infraestrutura e aeroportos. Eu assumi que tínhamos um desafio comum diante de nós: a ameaça do terrorismo originário do Afeganistão. Achei que tínhamos de trabalhar juntos para apoiar os Estados Unidos. Além disso, o presidente norte-americano me disse que não iria ficar ali para sempre. Ele não disse que iria ficar durante décadas.

OS: Ele disse que não iria ficar para sempre?

VP: Sim, foi exatamente o que ele disse. Ele pediu nossa ajuda. Apenas por alguns anos. Dissemos tudo bem, que faríamos isso, que nós o apoiaríamos. Foi o que dissemos.

OS: Quando você percebeu que foi enrolado? Em 2006, certo? Em 2007, em Munique, você lançou outro olhar sobre esse relacionamento, correto? Em 2008, houve a guerra da Geórgia? Então, o que acontece entre 2002 e

2003? Há a invasão do Iraque. Então, em 2004, ocorre a Revolução Laranja ucraniana. O que você pensou quando a revolução ucraniana afundou?

VP: Nada aconteceu. Nada mudou, e isso foi importante. Quando discursei em Munique, eu disse que, após a dissolução da União Soviética, quando a Rússia se voltou totalmente para os Estados Unidos e para a Europa, esperávamos por um trabalho conjunto, estávamos esperando que nossos interesses fossem levados em consideração. Então, poderíamos cooperar. Porém, em vez disso, vimos o Ocidente expandindo seu poder político e sua influência nos territórios que considerávamos sensíveis e importantes para assegurarmos nossa segurança estratégica global.[147]

OS: Se, naquele momento, os Estados Unidos estavam envolvidos na Ucrânia, o que você pensou? Que os Estados Unidos estavam provocando esses movimentos independentes?

VP: A resposta é muito simples. A filosofia da política externa norte-americana nessa região consiste — tenho certeza absoluta disso — na necessidade de impedir, por todos os meios necessários, que a Ucrânia coopere com a Rússia. Porque essa reconciliação é percebida como uma ameaça. Alguns creem que levaria a um aumento do poder e da influência da Rússia, e acham que devem usar todos os meios possíveis para impedir uma reconciliação entre a Ucrânia e a Rússia. Penso que isso se baseou nessa ideologia e não na busca de liberdade para o povo ucraniano. Essa foi a base para as ações de nossos parceiros dos Estados Unidos e da Europa: apoiar elementos nacionalistas radicais na Ucrânia para criar uma divisão — uma fissura — nas relações entre a Rússia e a Ucrânia. Mas se a Rússia começa a responder a isso, então é muito fácil demonizar a Rússia, acusá-la de todos os pecados mortais, e atrair aliados, pois emerge um adversário visível. Assim, nesse sentido, aqueles que estavam por trás disso alcançaram seus objetivos, e fizeram isso de forma impecável. Contudo, temos um olhar mais amplo em relação ao quadro. Não do ponto de vista da confrontação, da tentativa de atrair satélites para o seu lado na base da ameaça externa. Se você olhar para a frente, até 25 anos no futuro, se você tiver uma visão de como a situação mundial vai se desenvolver, então você precisa mudar a filosofia, a abordagem que você assume com respeito às relações internacionais, incluindo as com a Rússia.

OS: Mas em algum momento entre 2004 e 2007, em Munique, a situação mudou de direção. O desastre do Iraque. O desastre do Afeganistão. Nesse período, em algum momento, você mudou de ponto de vista.

VP: Em Munique, eu disse como avaliamos a situação? A União Soviética desmoronou. Não há mais um inimigo, um adversário dos Estados Unidos e do Ocidente, em geral. Então, para que expandir a OTAN? Contra quem? E depois disso ocorreram duas ondas de expansão da OTAN, após a dissolução da União Soviética, mais ou menos esse mito de que todo país pode escolher como vai garantir sua segurança. Escutamos isso em muitas ocasiões. Porém, esse mito é tolice. A fim de assegurar a segurança de muitos países, se eles se sentem ameaçados, não é necessário expandir a OTAN. Você pode firmar acordos bilaterais de assistência e segurança. Não há a necessidade de criar uma falsa imagem de um adversário. Houve duas ondas de expansão. Contudo, depois disso, os Estados Unidos se retiraram unilateralmente do Tratado de Mísseis Antibalísticos. É uma questão muito importante. Essencial. Eles sempre nos dizem para não nos preocuparmos com isso, que não é uma ameaça contra a Rússia. Supostamente, fizeram isso para se opor à ameaça do Irã. Porém, neste momento, a questão do Irã se foi. Um tratado foi assinado. O Irã renunciou a qualquer programa nuclear com fins militares. Os Estados Unidos concordaram com isso. Disseram que assinaram o documento pertinente. Porém, o programa de desenvolvimento de mísseis antibalísticos ainda está em curso na Europa. Alguns de seus elementos devem ser colocados ali. Contra quem estão fazendo isso? Isso requer uma resposta da Rússia. Houve um líder mundial proeminente, Otto von Bismark, que disse que, em situações similares, as conversas não são importantes: o importante é o poderio militar. E um poderio está sendo estabelecido ao lado de nossas fronteiras. O que devemos fazer? Temos de pensar nisso, mas podemos continuar essa conversa depois.

OS: Sim. Boa noite.

VP: Obrigado. Gostou do jogo?

OS: Sim, foi divertido. Gostei. Você deve estar com os músculos cansados.

VP: Não, está tudo bem. Tentarei me recuperar dormindo.

Notas

143. Informação geral:
Veja: "In Russia, how one mainly Muslim region beat back radicalism", Fred Weir, *Christian Science Monitor* (22 de agosto de 2016). Acessado em: http://www.csmonitor.com/World/Europe/2016/0822/In-Russia-how-one-mainly-Muslim-region-beat-back-radicalism

144. Afirmação: "Os Estados Unidos gastam, isso é publicado, 75 bilhões de dólares por ano com serviços de inteligência. Em serviços de inteligência civis — CIA, FBI e NSA —, são gastos 52 bilhões de dólares."
Sustentação: De acordo com números publicamente divulgados, detalhados em um relatório do Congressional Research Service, os números de Oliver Stone estão corretos. Veja: "Intelligence Community Spending: Trends and Issues", Anne Daugherty Miles (8 de novembro de 2016). Acessado em: https://fas.org/sgp/crs/intel/R44381.pdf

145. Afirmação: "Além disso [como já discutimos], os Estados Unidos gastam mais do que todos os outros países somados."
Veja: "Here's how US defense spending stacks up against the rest of the world." Ibid.

146. Informação geral:
Depois de 11 de setembro de 2001, Putin ofereceu apoio aos Estados Unidos em termos de informações de inteligência, e também de coordenação com países da Ásia Central, para permitir que as forças militares norte-americanas usassem bases militares da ex-União Soviética. Veja: "9/11 a

'turning point' for Putin", Jill Dougherty, CNN (10 de setembro de 2002). Acessado em: http://www.edition.cnn.com/2002/WORLD/europe/09/10/ar911.russia.putin/index.html

147. Afirmação: "Porém, em vez disso, vimos o Ocidente expandindo seu poder político e sua influência nos territórios que considerávamos sensíveis e importantes para garantirmos nossa segurança estratégica global."
Após o colapso da União Soviética, a OTAN começou uma expansão progressiva para o Leste. Veja: "Did the West Break Its Promise to Moscow?" Uwe Klussmann, Matthias Schepp, Klaus Wiegrefe, *Der Spiegel* (26 de novembro de 2009). Acessado em: http://www.spiegel.de/international/world/nato-s-eastward-expansion-did-the-west-break-its-promise-to-moscow-a-663315.html

Viagem 3 – Dia 3 – 11 de maio de 2016

ANTES DA EXIBIÇÃO DE DR. FANTÁSTICO EM SOCHI

OS: Olá, sr. presidente, como está hoje?

VP: Tudo bem. E você?

OS: Estou cansado. Não dormi bem.

VP: Eu joguei hóquei, e é você que se sente cansado!

OS: Sim, mas seus músculos doem. Dei uma bela caminhada com minha mulher no parque.

VP: Ah, isso é maravilhoso.

OS: Estava pensando em Sochi no século IV a.C. Como devia ser...

VP: Odisseu veio buscar o Velo de Ouro aqui.

OS: Sim, é isso que estou dizendo. O século IV a.C., o século V a.C., também. É lendário.

VP: Quando os viajantes se aproximavam do lugar onde o mar de Azov se une com o mar Negro — esse local é chamado de Tanang aqui na Rússia —, decidiram que esse lugar provocou a descida para Tártaro, ou seja, para o mundo subterrâneo. Porque ali existiam muitos rios subterrâneos e gêiseres, e terremotos ocorriam o tempo todo. Nos Estados Unidos há um vale assim, e temos um vale semelhante no Extremo Oriente russo.

OS: E também Jasão e o Velo de Ouro, as Amazonas e Teseu, todos os centauros. E também em Sochi. Não eram como os norte-americanos procurando petróleo?

VP: Não, não costumava ser assim. Neste momento, temos certos planos para extrair hidrocarbonetos aqui. Temos de ser cautelosos, porque, tradicionalmente, esse lugar foi um local de veraneio na Rússia. Não muito longe daqui, no litoral, havia uma grande refinaria de petróleo, e a Exxon Mobil demonstrou algum interesse em usar esses portos e operá-los.

OS: Ontem à noite paramos no discurso de Munique, em 2007.

VP: Esqueci-me disso.

OS: Tudo bem.

A PRIMEIRA PRESIDÊNCIA DE PUTIN

OS: Vamos remontar a 2001, quando você fez uma aliança com os Estados Unidos, e, em seguida, chegar a 2016. Porém, para os leitores, quero fazer um relato rápido. Seja paciente comigo enquanto relato os acontecimentos, e quando eu terminar, você poderá me corrigir. Então, na década de 1990, você, com certeza, ficou a par das ações norte-americanas em Kosovo e do bombardeio em Belgrado. E, obviamente, da divisão da Iugoslávia. Porém, em 2001, você propôs aliança, cooperação e amizade ao governo norte-americano. Isso leva, claro, às decepções e aos fracassos da coalizão

Estados Unidos-OTAN no Afeganistão e no Iraque. Nesse período, há a expansão da OTAN, outra onda de expansão da OTAN, e o Tratado de Mísseis Antibalísticos de 1972 é cancelado pelos Estados Unidos. No mesmo período, em 2004, temos a Revolução Laranja, na Ucrânia. Ontem à noite falamos disso, mas eu inferi que não há ameaça contra você, contra a Rússia, ainda, de uma divisão da Ucrânia. Isso não é considerado. Na Ucrânia, as facções começam a se dividir, começam a discutir umas com as outras e brigar umas com as outras, e a ameaça, o medo, de uma Ucrânia unificada abandonar os russos ainda não está presente.

Nesse mesmo período, entendo que você esteja algo enamorado da ideia de uma parceria com os Estados Unidos, e ser cortejado por Wall Street, ser encorajado por Wall Street. Em 2004, por exemplo, você é visto cantando com Sharon Stone. Quero lembrá-lo disso. Venha aqui, Fernando, e mostre para ele. É um videoclipe muito divertido. [Um videoclipe errado é reproduzido.] Bem, continue tentando, porque eu gostaria de ver a reação dele.

Então, seu primeiro mandato está chegando ao fim. No meio de tudo isso, e você me contou de uma conversa fascinante em minha primeira visita: em 2005, você se queixou a Bush do apoio norte-americano ao terrorismo na Ásia Central. Foi uma história muito interessante. Você disse que achava que a CIA havia enviado aos seus serviços especiais uma carta dizendo que ela, de fato, apoiava os terroristas da Ásia Central. Ou algo semelhante. Estou errado?

VP: Sim, tivemos essa conversa, mas não foi acerca da Ásia Central. Foi o seguinte: de acordo com os dados que recebemos, os funcionários norte-americanos no Azerbaijão entraram em contato com militantes do Cáucaso. Eu falei disso ao presidente norte-americano, e ele afirmou que investigaria e resolveria a questão. Posteriormente, por meio dos canais de nosso parceiro, recebemos uma carta da CIA que afirmava que "nossos colegas acharam que tinham o direito de manter contato com todos os representantes da oposição e que eles iriam continuar a fazer isso". Até deu o nome do funcionário dos serviços especiais norte-americanos que trabalhava na Embaixada dos Estados Unidos em Baku.

OS: Durante esse tempo, estão travando a guerra contra o terror no Afeganistão.

VP: Não me lembro do ano exato, mas acho que sim.

OS: Parece um comportamento contraditório e estranho.

VP: Nós nos acostumamos com essas contradições. Naquele momento, também achei que era um tanto contraditório. Mas essa atitude, quando você quer usar alguém para seus fins e não pretende cooperar para alcançar os objetivos que seus parceiros estão buscando, sem dúvida leva à desconfiança mútua e não cria condições favoráveis para um eficiente trabalho conjunto.

OS: Suponho que a carta seja superconfidencial e, assim, não está disponível para leitura.

VP: Não acho que seria apropriado. Basta dizer que já compartilhei essa informação com você. Em algum lugar, nos arquivos, essa carta está sendo conservada. Acho que George [Bush] se lembra de nossa conversa. Nós nos encontramos em um evento em outro país. Creio que foi no Reino Unido, mas não me recordo exatamente.

OS: Então agora chegamos a 2008, e duas coisas muito importantes aconteceram nesse ano. A crise financeira atinge o Ocidente, mas afeta profundamente a Rússia. É quase como se um tapete fosse puxado de debaixo de você.

VP: Sim, foi uma época preocupante.

OS: E a Rússia é informada por Wall Street que tem de mudar de hábitos?

VP: Eu não diria isso. Não foram dadas ordens. Não sentimos isso. Muito nos incumbia. Naquele momento, eu era primeiro-ministro da Federação Russa. De acordo com a Constituição russa, o governo é a autoridade executiva suprema do país, sendo responsável pela gestão da economia. É por causa disso que agimos rapidamente na elaboração de um plano anticrise, fornecendo apoio para os setores mais vulneráveis de nossa economia. Demos ênfase ao apoio ao setor bancário, porque é o sistema cardiovascular de toda a economia. Procuramos criar condições que possibilitassem que os bancos não conseguissem apenas o apoio do governo e de nosso Banco Central. Também quisemos que nossos bancos desempenhassem as principais funções, isto é, oferecer crédito e empréstimos para a economia real. Foi um problema real, tanto para nós como para os Estados Unidos e para a Europa. Precisamos assegurar, em meio a grandes riscos, que os setores financeiros circulassem na economia real.[148]

Estabelecemos esse plano especial para combater o desemprego e criar novos empregos. E também planos reais para apoiar os setores mais vulneráveis e mais prejudicados de nossa economia. Em particular, eu me refiro aos setores automobilístico, de construção civil, de fabricação de aviões e alguns outros. Um de nossos principais objetivos foi o de garantir o cumprimento de todas as nossas obrigações sociais com a população. Tínhamos de pagar salários, aposentadorias e benefícios sociais.

OS: Foi um tempo difícil.

VP: Mas, em geral, conseguimos atender às expectativas.

OS: Certo. Porém, eu me lembro de que, no Ocidente, foi assustador. E, sem dúvida, trouxe à baila de novo o espectro de "vocês têm de diversificar sua economia", porque os bancos privados se comportaram mal.

VP: Não concordo com você que alguém não estava satisfeito com o comportamento de nossos bancos privados. Havia grande preocupação de que esses bancos sofressem pedidos de cobertura, em virtude das mudanças econômicas. Eles tinham a obrigação de ressarcir seus créditos aos bancos ocidentais. Assim, nossas empresas temiam que os bancos não fossem capazes de honrar seus compromissos. Todos pediram para o governo ajudar nossos bancos privados e nossas empresas, que tinham contraído empréstimos de bancos estrangeiros. Foi exatamente o que fizemos — demos uma mão —, mediante instrumentos distintos, como financiamento direto e instituições financeiras semiestatais. Prevenimos todos os erros; em retrospecto, posso afirmar que não foram cometidos erros sérios. Além disso, não mudamos a estrutura da economia russa para pior. Precisamos dessas condições na Rússia, nos Estados Unidos e em outros países desenvolvidos. Há grande tentação de expandir o setor estatal da economia. Não fizemos isso. Apesar de certos proprietários de empresas privadas terem me procurado enquanto primeiro-ministro, sugerindo que o governo deveria adquirir suas empresas pelo valor simbólico de 1 rublo. Esse foi o preço que pediram, porque queriam que o governo assumisse a responsabilidade pelo ressarcimento de suas dívidas e pela manutenção de certa quantidade de empregos.

OS: Foram empresas do setor automobilístico?

VP: De outros setores. Mas não fizemos isso. Não pegamos esse caminho. Decidimos apoiar o setor privado e, até certo ponto, salvamos um grande número de empresas privadas. O fato é que a própria comunidade empresarial mostrou grande maturidade em seu discernimento. Para mim, para ser honesto, foi uma enorme surpresa. De fato, eles estavam dispostos a arriscar seu capital privado e seu dinheiro e assumir responsabilidades. Estavam dispostos a lutar por suas empresas e, no fim, como resultado dessa situação, emergimos sem novas perdas. Além disso, o governo utilizou todas essas medidas, dando apoio ao setor bancário, e até lucrou com isso. O governo não só ajudou o setor privado, mas também ganhou dinheiro com isso. Isso me dá motivos para acreditar que os planos e as consequências acabaram se revelando bastante eficientes.

OS: Seria errado de minha parte dizer que, em 2008, seu namoro com o Ocidente estava chegando ao fim? Foi nesse período que você pôde ser visto com Sharon Stone e como pró-Estados Unidos. Você teve de alcançar um novo começo e uma nova fase?[149]

VP: Nunca aderimos a uma posição pró-Estados Unidos propriamente dita. Sempre assumimos uma posição com o objetivo de assegurar nossos interesses nacionais. Naquele momento, achávamos que era necessário construir boas relações com os Estados Unidos. E ainda acho isso. Não mudei minha posição a esse respeito. Nossos parceiros têm de mudar sua atitude em relação a nós. Têm de entender que não existem apenas os seus interesses, mas também os nossos. Para desenvolver essas relações de forma harmoniosa, temos de nos tratar com respeito. Agora, você se lembrou da crise de 2008. Além de apoiar as empresas nacionais e ajudar o sistema bancário, o governo ofereceu apoio a todos, sem exceção. Incluindo os acionistas estrangeiros e as instituições financeiras na Rússia com 100% de capital de origem estrangeira, apesar do fato de, em alguns países, quando estavam lutando contra a crise, terem aceitado apoio daqueles que não tinham o direito de obter apoio governamental a partir de empresas russas. E o que é mais importante: não escolhemos o caminho de restringir o fluxo de capitais. Há muitos instrumentos restritivos assim, mas não usamos nenhum deles. No fim, acho que foi a decisão correta, porque isso proporciona confiança para os investidores em relação às ações do governo.

OS: Ok, deixe-me colocar de outro jeito. Você disse que, de certa maneira, estava sendo cortejado por Wall Street antes de 2008. De certa forma, você era um sócio minoritário do século americano — do ponto de vista de Wall Street —, e então, de repente, isso acontece, quando muitos de nós, no Ocidente, começaram a duvidar dos alicerces de Wall Street, dos alicerces do Ocidente. Não estamos pensando na Rússia, mas sim em todo o sistema econômico — o sistema global. Faz sentido? Em outras palavras, você foi ingênuo em acreditar nesse sistema?

VP: Não vou falar de Wall Street, do que pensam, de como agem e de como se acostumaram a agir e pensar. Wall Street está sofrendo com as ações deficientes e erradas que o governo norte-americano adota em política externa. Estou me referindo a Wall Street no sentido mais amplo do termo, não apenas ao componente financeiro da economia norte-americana. Posso afirmar que muito mais empresas norte-americanas estariam dispostas, com grande prazer, a trabalhar na Rússia, e elas querem fazer isso. Porém, suas atividades são restringidas. Do meu ponto de vista, é um grande erro que o governo norte-americano está cometendo. Temos uma expressão que diz que, se um lugar é livre, então, certamente, alguém virá pegá-lo. De fato, esses lugares vão ser agarrados pelos rivais. Os executivos de Wall Street entendem isso muito bem. Temos muitos amigos e aliados lá. É por causa disso que os defendo e os protejo de suas acusações. [Risada]

OS: Estou esperando uma mudança em seu pensamento, mas não me parece que você admitirá isso agora. Assim, sigamos em frente.

VP: Sabe, há uma coisa que tenho de dizer com a qual concordamos: certa ingenuidade com respeito às relações com os nossos parceiros. Achávamos que nosso país tinha mudado drasticamente. Tínhamos, voluntariamente, tomado iniciativas políticas adequadas de grande importância. Tínhamos impedido de acontecer ações violentas quando a União Soviética se dissolveu. Tínhamos nos aberto aos nossos parceiros ocidentais. Basta dizer, para recordá-lo, que o ex-chefe da KGB revelou aos parceiros norte-americanos todo o sistema de vigilância da Embaixada norte-americana em Moscou.[150] Ele contou tudo a respeito disso para eles, achando que os Estados Unidos estavam prontos para fazer o mesmo em relação à Embaixada russa nos Estados Unidos. Essa não foi a decisão mais bem-pensada, pois não houve nada em resposta por parte dos Estados Unidos.

OS: Muitos historiadores neoconservadores interpretaram de modo incorreto inúmeros arquivos, para favorecer seus pontos de vista históricos. Houve muitas discussões acerca dos antigos arquivos da Guerra Fria que emergiram do Kremlin, assim como entre as pessoas que procuravam os documentos sobre o assassinato de Kennedy. Houve todo tipo de coisas acontecendo. Em meados da década de 1990, foi uma grande comoção, como me lembro.

VP: Conheço todas essas especulações acerca dessa tragédia — o assassinato de JFK — e as tentativas de implicar a União Soviética. Como ex-chefe da FSB russa, posso dizer que a União Soviética não teve nada a ver com o assassinato de JFK.

OS: [Risada] Acredito em você. E acho que mais gente também.

VP: Sabe, se você adere a essa lógica, pode jogar toda a culpa na Rússia, dizendo que todos os assassinatos foram realizados com a participação da União Soviética.

OS: Sim, mas eu nunca fui um desses.

A GEÓRGIA, A UCRÂNIA E A CRIMEIA

OS: Em 2008, do ponto de vista norte-americano, a guerra na Geórgia marca um retorno proeminente da Rússia a uma posição independente, exibindo musculatura militar pela primeira vez desde 1991. Corrija-me se eu estiver errado.

VP: Sem dúvida, algo assim. Eu lhe disse que temos reduzido significativamente nossas Forças Armadas. Além disso, temos planos de reduzi-las ainda mais. Vamos fazer isso com calma, de acordo com a chegada de novos equipamentos militares. Neste momento, não temos planos para reduções imediatas. Mas, em geral, depois que recebermos novos equipamentos militares, o pessoal também vai mudar.

OS: Não é o que estou perguntando. Quero saber o seguinte: do ponto de vista norte-americano, isso foi visto como um afastamento do comportamento russo dos anos anteriores. Fale-nos um pouco sobre a guerra, o que estava em jogo e por que você convocou as tropas.

VP: Em primeiro lugar, não fui eu que tomei a decisão. Ela foi tomada pelo presidente Medvedev, o então presidente da Rússia. Não vou ocultar isso. De fato, eu tinha conhecimento da decisão. Além do mais, em meu segundo mandato como presidente, tínhamos pensado em possíveis ações da Geórgia. Esses tipos de ações. Porém, esperávamos que isso não acontecesse. Deixe-me recordá-lo de como esse conflito irrompeu. O presidente Saakashvili ordenou que suas tropas atacassem o território da Ossétia do Sul. No primeiro ataque que realizaram, eles destruíram o espaço das forças de paz das Nações Unidas, que incluíam soldados russos. Nesse primeiro ataque, de dez a 15 homens morreram. As tropas georgianas atacaram com sistemas de lançadores múltiplos de foguetes, e os soldados simplesmente não tiveram tempo de sair de seus alojamentos. Depois, a Geórgia realizou um assalto militar de grande escala. Eu gostaria de ficar diante dos representantes dos outros países e lhes perguntar o que fariam se um ataque matasse todos os seus soldados da tropa de paz. Então, ajudamos a Ossétia do Sul, mas também estávamos — e quero enfatizar isso — cumprindo nossos deveres como membros das forças de paz das Nações Unidas. À parte isso, sofremos perdas, sem motivo. Podíamos ter interpretado isso como um ataque contra a Federação Russa. Em diversas ocasiões, repetidamente, pedi à liderança georgiana e aos parceiros norte-americanos e europeus para impedirem a escalada desse conflito.[151] Gostaria de chamar atenção para o fato de que, quando presidente, eu me reuni com os líderes das repúblicas então não reconhecidas da Ossétia ou Abecásia. Eu me reuni com eles porque alimentamos a ideia de que o conflito interno que acontecia, havia muitas décadas, seria solucionado por meios pacíficos. Não estou falando do que podiam ter alcançado, de integridade territorial ou de outra forma de associação a que podiam ter chegado, mas de meios pacíficos. Em vez disso, o presidente Saakashvili preferiu cometer esse ato de provocação. Naquele momento, conversei com alguns interlocutores, que me disseram: "O que você esperava? Ele é louco."[152] Estou falando de interlocutores de países ocidentais.

OS: Então você conversou com seus interlocutores do Ocidente e eles puseram a culpa em Saakashvili?

VP: Sim, nos primeiros dias do conflito, eu disse a eles: "É bem provável que Saakashvili seja louco, mas ele está matando nossa gente. Detenham-no ou teremos da agir por nossa conta." Mas ninguém foi refreá-lo, ou simplesmente não podiam, não sei. Foi por esse motivo que tivemos de responder. Eu gostaria de chamar atenção para o fato de que não respondemos de imediato. Levamos vários dias após o início da agressão. Esperávamos que alguém interferisse, fazendo Saakashvili retirar suas tropas da Ossétia do Sul, para interromper essas ações. Mas nada disso aconteceu. Assim, em nossa perspectiva, nada mudou. Simplesmente nos empurraram para além de certo ponto, e não podíamos deixar ninguém ir além dessa linha. Fomos provocados a fazer o que fizemos.

OS: Você acha que, de alguma forma, os Estados Unidos ou a OTAN estavam apoiando Saakashvili a agir como agiu ou lhe disseram que não havia problema em tentar?

VP: Não tenho certeza absoluta de que alguém o tenha instigado, de que alguém estivesse por trás disso. Não sei. Mas acho que Saakashvili jamais seria bastante corajoso para fazer isso sozinho. Em todo caso, ninguém tentou detê-lo.

OS: Foi aí que ocorreu o problema em que o presidente Medvedev aparentemente atrasou um dia ou dois, e você o incitou a agir, de acordo com o tratado.

VP: Sim, é verdade. No entanto, a decisão estava sendo tomada. A Rússia mostrou contenção, paciência, mesmo em meio a um ataque armado contra nossos soldados da força de paz e assassinatos de pessoas inocentes. Depois — gostaria de repetir isso —, ninguém tentou deter o agente provocador. No fim, o presidente Medvedev tomou a decisão correta.

OS: Fiquei sabendo que, após essa breve guerra, chamemos de guerra, o governo russo se deu conta de que tinha de modernizar suas forças militares. O desempenho das tropas deixou a desejar.

VP: O desempenho foi muito bom. As tropas foram bastante eficientes. Porém, constatou-se que, de fato, era necessária uma modernização, seriam precisos novos ajustes. Os acontecimentos nos convenceram de que tínhamos de fazer isso. Porque ninguém se dissuadia de agir contra nós.

OS: Então, a modernização do Exército começa a se intensificar e o orçamento cresce bastante. Os equipamentos melhoram.

VP: Sabe, isso não envolveu apenas o evento georgiano. Também foi uma questão relacionada à data de validade de nossos equipamentos. Eles tinham de ser substituídos porque a data de validade estava se aproximando.

OS: Certo. E a força nuclear? Qual era o status na ocasião?

VP: Desde aquele tempo, de fato, trabalhamos muito para modernizar nosso potencial nuclear.

OS: Começando então?

VP: Fizemos isso antes do planejado. Estávamos implantando os planos de acordo com o cronograma que tínhamos estabelecido. Mas, depois desses acontecimentos, nós nos disciplinamos na execução desses planos: disciplina financeira e disciplina tecnológica. Neste momento, nossas forças de dissuasão nuclear estão em muito boas condições. É o componente mais modernizado das Forças Armadas russas, incluindo os sistemas desenvolvidos para superar o sistema de mísseis antibalísticos de um potencial inimigo.

OS: Ok. Eu gostaria de saltar para 2008, para a crise da Ucrânia. Em minha primeira visita, tivemos essa discussão no terraço. Eu a escutei e percebi que há coisas que não perguntei. Quero revisá-la, apenas para ficar muito claro, porque isso é bastante importante para aqueles que vão assistir ao documentário ou vão ler esta transcrição.

VP: Com certeza. De fato, esclarecer tudo isso exige grande esforço. Porque seus colegas, seus jornalistas ocidentais são pessoas muito talentosas. São capazes de convencer as pessoas de que preto é branco e vice-versa. Apenas um exemplo: os acontecimentos trágicos, o ataque contra a Ossétia do Sul. Saakashvili anunciou publicamente ter ordenado que suas tropas iniciassem aquela ação. Um de seus dignitários até apareceu na tevê dizendo a mesma coisa. Não acreditei quando tomei conhecimento de que a mídia estava acusando a Rússia do ataque. Milhões de telespectadores acreditaram nisso em todo o mundo. Isso é simplesmente espantoso, essa capacidade que os jornalistas norte-americanos e europeus têm. Vocês todos são muito talentosos. Mas quando nossos jornalistas tentam proteger os interesses nacionais russos, quando assumem uma posição, são considerados imediatamente porta-vozes da propaganda do Kremlin. Muito para meu desgosto.

OS: São dois pesos e duas medidas. Gostaria de assistir a um debate — um encontro entre Saakashvili e você. Seria incrível ver vocês dois em um recinto.

VP: Nós nos encontramos em diversas ocasiões.

OS: Você está convencido de que ele é louco?

VP: Eu nunca disse isso.

OS: Achei que você tinha dito que ele era louco.

VP: Não, fui informado pelos meus interlocutores ocidentais de que Saakashvili era louco. Eu jamais poderia me permitir dizer algo assim ao meu correspondente, o candidato à reeleição ou o anterior.

OS: Quando foi a última vez que você o viu?

VP: Não me lembro. Sem dúvida, antes da crise da Ossétia do Sul.

OS: Não depois da guerra?

VP: Não, mas em muitas ocasiões eu disse a ele: "Mikheil Nikolaevich, por favor, faça tudo para impedir derramamento de sangue. Se você quiser restabelecer relações com essas partes da Geórgia, você terá de ser muito cauteloso." Essas divergências tinham razão de ser muito tempo atrás. Não centenas de anos atrás. Remontam a 1919, quando o Império Russo estava se dividindo. Aquelas regiões da Geórgia, que, aliás, fizeram parte do Império Russo como Estados independentes antes de a Geórgia se tornar parte do Império Russo. Naquela época, medidas militares com ações muito duras foram empregadas contra aquelas regiões. As populações locais ainda veem aquelas ações como genocídio e eliminação em massa de seres humanos. A fim de superar todas essas dificuldades, era necessário ter paciência e também certa arte diplomática.

OS: Sim, entendo.

VP: Aparentemente, isso estava faltando. Naquele momento, a liderança georgiana carecia disso. Além do mais, a atual liderança georgiana acredita que essa ação realizada por Saakashvili foi um crime terrível contra o povo georgiano, porque levou a consequências muito graves.

OS: Fiquei chocado com Shevardnadze — nome difícil de pronunciar —, porque realmente eu o respeitava como ministro das Relações Exteriores de Gorbachev. Você pode não concordar, mas fiquei chocado quando ele quis ingressar na OTAN e, segundo ouvi dizer, se corrompeu.[153] Na década de 1980, ele era uma figura muito respeitada.

VP: Bem, tudo passa, tudo muda.

OS: É verdade. Mas apenas rapidamente... Obama está no cargo agora. Peguemos de 2008 até a crise ucraniana, e como isso... Nada realmente importante, dramático, aconteceu, como me lembro, exceto o caso Snowden, em 2013.[154] Foi-lhe concedido asilo aqui na Rússia, e isso aborreceu os Estados Unidos. Mas houve algo mais nesse período de que se lembre entre você e os Estados Unidos que foi exacerbado, que foi discutido?

VP: Bem, como você pode dizer que nada importante aconteceu? Quando o mandato do presidente Kuchma chegou ao fim — não lembro exatamente o ano —, ocorreram eleições presidenciais na Ucrânia.

Yanukovych venceu a eleição, mas a oposição não gostou. Manifestações em massa irromperam. Essas manifestações foram alimentadas bastante ativamente pelos Estados Unidos. Um terceiro turno eleitoral foi anunciado, em violação à Constituição do país. Em si, isso pode ser visto como um golpe de Estado. Então, políticos pró-Ocidente chegaram ao poder depois disso: Yushchenko e Timoshenko. Não posso dizer que aceitei esse jeito de mudar o governo. Em nenhum lugar isso é correto, mas especialmente no espaço pós-soviético as Constituições não podem ser violadas. Felizmente, nenhum derramamento de sangue ocorreu.

OS: Você falou com Obama por telefone sobre essa questão?

VP: Isso foi antes de Obama chegar ao poder, mas mesmo assim mantivemos a cooperação com a liderança ucraniana de Yushchenko e Timoshenko. Fui a Kiev, e eles vieram a Moscou. Nós nos encontramos em outros países. Implantamos todos os nossos planos de cooperação, mas a política deles não foi bem aceita pela população ucraniana. É por causa disso que, após o mandato presidencial do presidente Yushchenko terminar, Yanukovych venceu a eleição de novo, e todos aceitaram isso. A vitória foi reconhecida por todos. Porém, aparentemente, tampouco foi a melhor forma de governo. As dificuldades econômicas, junto com as dificuldades sociais, também solaparam em grande medida a confiança na nova liderança. O que precisava ser feito para corrigir a situação? Devia ter sido organizada outra eleição. Deviam ter sido escolhidas pessoas com visões econômicas e sociais diferentes. Essas pessoas deviam ter feito outra tentativa ao chegar de volta ao poder. Mas, com certeza, deviam ter impedido qualquer escalada ao derramamento de sangue, e o que é absolutamente certo é que ninguém deveria ter apoiado esses eventos sangrentos.

OS: Mas você está falando de 2014. Você está pulando para a frente.

VP: Sim, em 2014.

OS: Mas entre 2008 e 2014 houve essa eleição de que você falou, que foi em 2012, acho.

VP: Não lembro.

OS: Havia tanto a respeito da Ucrânia para nós. Não estávamos prestando atenção.

VP: Sim, você pessoalmente talvez não estivesse prestando atenção, mas a CIA estava prestando bastante atenção.

OS: Eu sei. Era muito confuso. Havia um sujeito cujo o rosto tinha sinais de envenenamento no início do século.

VP: Sim, você está falando de Yushchenko. Ele disse que foi envenenado durante a campanha eleitoral.[155] Mas mesmo assim foi eleito para o cargo. Ele trabalhou, e eu me reuni com ele em diversas ocasiões. Por que precisavam recorrer à violência? É algo que não consigo entender. Além disso, falei a respeito repetidas vezes e, em 2014, o presidente Yanukovych estava no poder e firmou um acordo com a oposição. Concordou com todas as condições apresentadas pela oposição.

OS: Na crise, nos dias finais?

VP: Sim. Ele até concordou em realizar eleições antecipadas. Então, por que precisaram executar esse golpe de Estado? Não entendo.

OS: Ok. Então, lembro-me bem de você na tevê dizendo — acho que foi no programa de Charlie Rose — que havia muitas evidências, e você sorriu ao dizer isso. Havia muitas evidências indicando que milhares de olhos estavam sobre esse golpe. Foi um golpe em câmera lenta, muito evidente, transparente para os russos.

VP: Sem dúvida.

OS: E você disse isso na tevê, mas acredito que os norte-americanos acham difícil entender. Porém, ao falar de evidências e mostrá-las, podíamos ser capazes de convencer a opinião pública norte-americana de que todos estavam sendo enganados pela narrativa ocidental dos acontecimentos e que, de fato, ocorreu um golpe de Estado.

VP: Isso é muito fácil de se alcançar. Você apenas tem de considerar as evoluções. Depois que Yanukovych anunciou que tinha de adiar a assinatura do acordo de associação com a União Europeia, ninguém prestou atenção aos porquês, nos termos, nos cronogramas. Logo depois do anúncio, manifestações em massa irromperam.[156] Essas manifestações levaram à invasão de sua residência, e, na véspera desse acontecimento, Yanukovych assinara um acordo com a oposição para solucionar a situação, com a possível organização de eleições antecipadas. Três ministros das Relações Exteriores de países europeus adicionaram suas assinaturas ao acordo. Onde estão essas garantias? Assim que Yanukovych foi à segunda maior cidade do país para participar de um evento político, homens armados se apossaram da residência do presidente. Imagine algo assim nos Estados Unidos, se a Casa Branca fosse tomada. Como isso seria chamado? Um golpe de Estado ou você diria que tinham vindo para varrer o chão? O procurador-geral foi baleado. Houve muitos tiroteios, muita violência.

OS: Eu entrevistei Yanukovych, então conheço sua versão. Porém, a imprensa norte-americana retratou o caso como se Yanukovych tivesse abandonado Kiev, porque achou que o povo iria massacrá-lo.

VP: Sim, essa é a versão utilizada para justificar o apoio concedido ao golpe de Estado. Yanukovych não fugiu para o exterior. Ele estava no país quando sua residência foi tomada.[157] Além do mais, no dia seguinte, utilizou nosso apoio e se transferiu para a Crimeia. Naquele momento, a Crimeia ainda fazia parte da Ucrânia. Yanukovych ficou lá por mais de dez dias, ao menos uma semana na Crimeia, achando que ainda havia chance de as pessoas que tinham firmado o acordo com a oposição fazerem alguma tentativa, com a intenção de solucionar esse conflito por meios civilizados, democráticos e legais. Mas isso nunca aconteceu. Ficou evidente que, se ele fosse capturado por aquelas pessoas, simplesmente seria morto por elas. Então, Yanukovych se refugiou na Rússia. Tudo pode ser desvirtuado ou distorcido, milhões de indivíduos podem ser enganados se você monopoliza a mídia. Porém, no fim, acredito que ficou claro o que aconteceu para um espectador objetivo e imparcial. Ocorrera um golpe de Estado. Tudo bem, se esse golpe tivesse promovido algumas mudanças positivas; mas, ao contrário, a situação se deteriorou ainda mais. A Ucrânia perdeu território, não devido às ações russas, mas à escolha feita por aqueles que vivem na Crimeia. Essas pessoas não queriam viver sob a bandeira dos nacionalistas. Uma guerra civil irrompeu na região Sudeste da Ucrânia, em Donbass. Depois disso, o país testemunhou uma queda brutal do PIB. As maiores empresas industriais fecharam. O desemprego disparou. A renda real da população, seus salários, despencou. A inflação alcançou 45% ou 47% ao ano. Ninguém sabia como enfrentar essas questões, ou que isso seria exacerbado ainda mais por uma crise política interna, pela disputa entre o primeiro-ministro e o presidente. No fim, isso levou à renúncia do primeiro-ministro Yatsenyuk. Ele tinha apoiado ativamente o governo norte-americano, e fora por ele apoiado durante as crises. E o que aconteceu a seguir? A União Europeia abriu suas fronteiras para a Ucrânia. Zerou as tarifas de importação dos produtos ucranianos. No entanto, o comércio da Ucrânia com a União Europeia diminuiu 23%, e com a Rússia, 50%. O produto industrial ucraniano não possui alta demanda nos mercados europeus, e agora não tem acesso ao mercado russo. A produção agrícola que costumava ser comercializada com sucesso na Europa Ocidental é restringida por cotas. E essas cotas foram introduzidas pelos europeus. A Ucrânia ficou exaurida nos dois primeiros meses após a assinatura do acordo. Nesse momento, o país está brigando para conseguir um acordo de não exigência de vistos para seus cidadãos. Sabe por que estão fazendo isso? Para que possam assegurar saída livre do país para achar novos empregos fora do país. Porém, os ucranianos estão sendo enganados de novo, porque, mesmo que um acordo de livre circulação de pessoas seja concedido à Ucrânia, isso não permitirá que eles trabalhem no exterior.

OS: Sem exigência de visto para a Rússia?

VP: Não, sem exigência de visto para a União Europeia. Os ucranianos escutam que poderão sair da Ucrânia e trabalhar em outro país europeu. Há algo que eu gostaria de lhe dizer. A Ucrânia sempre foi um país industrializado como parte da União Soviética. Neste momento, o sonho dos ucranianos é trabalhar como enfermeiros, jardineiros ou babás em um país europeu, em meio à completa desindustrialização do país. Por que precisavam disso? Não posso imaginar.

OS: Bem, parece para mim que você está dizendo que a Rússia não precisa da Ucrânia.

VP: A Rússia é um país autossuficiente. Não precisamos de ninguém, mas com a Ucrânia estamos ligados por milhares de laços. Eu disse isso em diversas ocasiões, e gostaria de reiterar. Estou bastante convencido de que o povo ucraniano e o povo russo não são simplesmente parentes próximos. Eles são quase iguais. Quanto à língua, à cultura e à história, cada um, certamente, tem de ser tratado com respeito. E mesmo quando éramos um único país, nós os tratávamos com respeito. Basta dizer que o todo da União Soviética por décadas foi administrado por gente de origem ucraniana. Acho que isso atesta muito.

OS: Sim, mas economicamente, como você diz, a Rússia é autossuficiente. A Ucrânia se foi. Deixe-a com seus problemas. Isso não vai destruir seu país.

VP: Não, sem dúvida. De modo algum.

OS: Em nosso último encontro perguntei: "E a base de submarinos russa na Crimeia?" Acho que fica em Sebastopol. E você respondeu que não era importante, porque há outra base, em algum lugar por aqui. Em outras palavras, você não se sentia ameaçado pela perda da base. Foi o que você me disse na ocasião.

VP: Perder a base em Sebastopol era uma ameaça, mas não muito sensível. Porque naquela ocasião... Neste momento, estamos contratando uma nova base militar. De fato, não muito longe daqui. Fica em Novorossiysk.[158] O que estava causando certas dificuldades para nós era o rompimento dos vínculos entre as empresas do setor de defesa. Porque, no período soviético, os setores de defesa da Ucrânia e da Rússia eram um único sistema. Se esses vínculos fossem cortados, isso, certamente, causaria impacto negativo em nossa indústria de defesa. Porém, concebemos todo um sistema para substituição de insumos, como chamamos. Neste momento, estamos superando todas essas dificuldades. Estamos criando novas empresas, do zero, e essas empresas produzem uma nova geração de equipamentos militares. E a indústria de defesa da Ucrânia, que costumava dar apoio à Rússia, está agora simplesmente desaparecendo. Estou falando das indústrias de mísseis, aviões e motores.

OS: Entendo. Em outras palavras, os Estados Unidos tiveram êxito em desencadear o golpe e ganhar, como fizeram muitas vezes ao longo dos anos. E foi uma perda, mas não uma perda mortal.

VP: É possível dizer isso. Além do mais, quando digo que começamos a criar novas empresas, que ajudam a nos impelir a novos níveis tecnológicos, costumo mencionar esse exemplo. Todos os nossos helicópteros costumavam ser equipados com motores produzidos na Ucrânia: 100% deles. Depois que o fornecimento da Ucrânia cessou, construímos uma nova fábrica. Neste momento, estamos concluindo a construção de outra. Todos os helicópteros podem voar — plenamente funcionais — e temos motores de uma nova geração. Como você pode ver, o que nossa Força Aérea vem fazendo na Síria evidencia o fato de que estamos nos saindo muito bem.

OS: Mesmo se a OTAN firmasse um acordo com a Ucrânia, ainda assim eu não veria isso como uma grande ameaça, levando em conta os seus novos armamentos.

VP: Eu veria, sim, como uma ameaça. Essa ameaça consiste no fato de que, uma vez que a OTAN chegue a esse ou àquele país, então, em geral, a liderança política desse país, e também a população, não podem influenciar as decisões tomadas pela OTAN, incluindo as relacionadas à instalação de infraestrutura militar. Mesmo sistemas de armamentos muito sensíveis podem ser instalados. Também estou falando de sistemas de mísseis antibalísticos. O que significa que teríamos de responder de alguma forma a isso.

OS: Mais todas as armas que instalamos nos Países Bálticos?

VP: Refiro-me ao sistema de mísseis antibalísticos (ABMs). Há apenas duas instalações assim na Europa Oriental: na Romênia e na Polônia. No mar Mediterrâneo, há planos de instalar esses sistemas em navios. Neste momento, negociações estão em andamento para fazer o mesmo na Coreia do Sul. Sem dúvida, tudo isso cria uma ameaça ao nosso sistema de dissuasão nuclear. Deixe-me lembrá-lo de que eu mesmo propus aos nossos parceiros norte-americanos que devíamos trabalhar juntos nesses sistemas. O que isso implicaria? Que juntos especificaríamos as ameaças relativas aos mísseis e criaríamos um sistema conjunto para a gestão do ABM. Então, trocaríamos informações tecnológicas. Do meu ponto de vista, tudo isso resultaria em mudanças drásticas e essenciais no mundo, no que diz respeito à segurança nacional. Neste momento, não vou entrar em detalhes. Mas nossa proposta foi recusada pelos nossos correspondentes norte-americanos [como eu disse inúmeras vezes].

OS: Claro. Ok. Mas me parece que a Rússia está se adaptando a esses ABMs. Estou equivocado?

VP: Temos esses recursos, estamos nos aperfeiçoando, e, quando discutimos com os nossos correspondentes norte-americanos, dissemos que considerávamos a construção desses sistemas uma ameaça. Eles sempre responderam que isso não era contra nós. Era contra as aspirações do Irã em relação aos mísseis. Neste momento, felizmente, um acordo foi alcançado com o Irã. Mas a instalação desse sistema ainda prossegue. O que isso nos diz? Que tínhamos razão. Porém, naquela ocasião, quando estávamos discutindo isso, dissemos que teríamos de agir em resposta, e essas ações consistiam, em parte, no aperfeiçoamento de nossos recursos ofensivos. Os norte-americanos responderam que o sistema ABM não foi criado contra nós. Também disseram que o que fôssemos fazer — isto é, aperfeiçoar nosso próprio recurso ofensivo — seria considerado como não dirigido contra os Estados Unidos. E concordamos com isso.

OS: Sabe, os índios norte-americanos firmaram tratados com o governo dos Estados Unidos, e eles foram os primeiros a experimentar a traição do nosso governo. Não foram vocês os primeiros.

VP: Não gostaríamos de ser os últimos. [Risada]

OS: A esse respeito, gostaria de lhe mostrar uma cena do filme *Dr. Fantástico*, de Stanley Kubrick, que tem por cenário o centro de operações militares dos Estados Unidos. Podemos ver essa cena e, depois, se você gostar, poderemos ver outra. Mas primeiro vamos terminar com essa coisa da Ucrânia. Minha última questão é, em retrospecto, você cometeu um erro ao anexar a Crimeia, porque isso lhe custou muito: as sanções, toda a União Europeia contra a Rússia, os Estados Unidos. A anexação se tornou uma grande notícia porque foi considerada como ilegal pelos tratados internacionais pós-Segunda Guerra Mundial. Sem dizer que outras pessoas não quebraram seus tratados, mas... De qualquer modo, isso lhe custou muito, e você talvez tenha calculado mal. Quem sabe você tenha achado que seria aceitável. Olhando para trás, você pensou alguma vez sobre essa decisão?

VP: Não anexamos a Crimeia. A população crimeia decidiu se unir à Rússia. Ao seguirmos esse caminho, fomos muito cautelosos e agimos em total obediência à lei internacional e à Carta das Nações Unidas. A primeira coisa que foi feita na Crimeia não foi por nós, mas por aqueles que moram na Crimeia. O Parlamento legítimo da Crimeia, que foi eleito com base na legislação ucraniana, anunciou um referendo. O Parlamento crimeio, por votação esmagadora, decidiu, após o referendo, juntar-se à Rússia.

Não conheço outra maneira mais democrática de lidar com questões desse tipo do que a vontade própria do povo. A expressão dessa vontade própria foi que a maioria esmagadora votou pela independência e pela união com a Rússia.[159] Em geral, no referendo, 90% ou até mais dos crimeios votaram desse maneira. Se há um jeito melhor ou mais democrático de lidar com essa questão, me diga qual é. Atualmente, escuto apenas a opinião que contém a tentativa de justificar que nossas ações referentes à Crimeia não foram corretas. Como as autoridades centrais ucranianas não concordam com isso, é o que sustentam. Mas me deixe lembrá-lo de que, quando a decisão da independência de Kosovo foi tomada, a Corte Internacional de Justiça das Nações Unidas decidiu que, em relação a questões de independência e autodeterminação, nenhum consentimento das autoridades centrais desse ou daquele país era requerido. Por favor, diga àqueles que assistirão a este documentário [ou lerão esta transcrição] que a carta do Departamento de Estado norte-americano dirigida ao Conselho de Segurança das Nações Unidas sobre esse assunto afirma que o Departamento de Estado apoia integralmente a decisão de Kosovo sobre a independência.[160] Outros países europeus assumiram a mesma posição. Nesse sentido, não entendo bem por que os kosovares tiveram esses direitos, enquanto russos, ucranianos e tártaros que vivem na Crimeia, em uma situação similar, não desfrutam dos mesmos direitos. Acho isso absolutamente inaceitável.

Isso é o que chamamos de dois pesos e duas medidas. Não nos arrependemos de nada. Não é apenas uma questão do futuro dos territórios soviéticos. Estamos falando do futuro de milhões de pessoas, e não tivemos escolha, realmente. Apenas uma decisão era possível: concordar com esse pedido dos crimeios acerca da reunificação com a Rússia. Só mais uma coisa: nossas tropas estavam lá, mas não dispararam um único tiro. Tudo o que fizeram foi criar condições para a realização das eleições e do referendo. Reitero: ainda que eu tenha dito isso em diversas ocasiões, no decorrer desses acontecimento não houve uma única vítima.

OS: Deixe-me colocar desta maneira: você esperava ser excomungado pela comunidade europeia por causa disso?

VP: Sem dúvida. Eu esperava por esse tipo de reação. Porém, antes de tomarmos tal decisão, realizamos uma pesquisa social muito profunda na Rússia, e a maioria esmagadora de cidadãos — cerca de 80% ou mais —, quando perguntada se era possível reunificar a Crimeia com a Rússia, ainda que isso significasse uma deterioração das relações com o Ocidente e outros países do mundo, respondeu que sim, que achava possível. Assim, ao tomar essa decisão, não fui guiado pelas preferências de meus correspondentes de outros países. Respondi ao sentimento do povo russo.

OS: Desde então os crimeios estão agradecidos? Ou irritados?

VP: Na Crimeia há muitos problemas, mas, em geral, o povo apoia a decisão tomada. A melhor avaliação desse apoio foi uma pesquisa de opinião recém-realizada na Crimeia, porque as autoridades de Kiev tentaram estabelecer um bloqueio de energia da península. A maioria esmagadora —

estou falando dos mesmos números — reafirmou a decisão que tomou anteriormente de se juntar à Rússia.

OS: E Donbass? Esse é um problema real, acho, em termos de uma aflição que não passa. Como sair dessa situação?

VP: Com certeza, penso que o Acordo de Minsk deve ser implantado.

OS: Mas não parece que Kiev tem a intenção de fazê-lo.

VP: Eu e a liderança russa temos esses planos. Porém, os componentes básicos dos acordos de Minsk são os componentes políticos, e o principal componente político é a realização de alterações na Constituição ucraniana. Devia ter sido feita não por nós, mas pelas autoridades de Kiev, no fim de 2015. Além disso, uma lei de anistia tem de ser aprovada e tem de ter força. Ela foi aprovada, mas não promulgada pelo presidente. Uma lei de status especial nesses territórios precisa ser posta em vigor. Essa lei também foi aprovada. Foi votada pelo Parlamento ucraniano, mas não foi posta em vigor. Não podemos fazer isso por eles. Porém, no fim, tenho esperança de que tudo isso vai ser feito, e o conflito terminará.

OS: Então, que tal assistirmos a um trecho do filme? Vamos ajustar as luzes para escurecer a sala. Você pode se sentar ali, e conversaremos sobre as cenas depois.

Notas

148. Informação geral:
Depois da crise financeira de 2008, as economias mundiais sofreram para se recuperar. A abordagem russa foi única em relação à sua economia. Veja: "Russia's Response to the Global Financial Crisis", Pekka Sutela, *Carnegie Endowment for International Peace* (29 de julho de 2010). Acessado em: carnegieendowment.org/files/russia_crisis.pdf

149. Informação geral:
Veja: "Vladimir Putin finds his thrill on 'Blueberry Hill'", Shaun Walker, *Independent* (13 de dezembro de 2010). Acessado em: http://www.independent.co.uk/news/world/europe/vladimir-putin-finds-his-thrill-on-blueberry-hill-2158697.html

150. Afirmação: "(...) o ex-chefe da KGB revelou aos parceiros norte-americanos todo o sistema de vigilância da Embaixada norte-americana em Moscou."
Sustentação: Em dezembro de 1991, Vladimir Bakatin, chefe da KGB, entregou esquemas e dispositivos de escuta clandestina usados para grampear a Embaixada norte-americana em Moscou. Veja: "KGB Gives US Devices and Plans Used to Bug Embassy", *Los Angeles Times* (14 de dezembro de 1991). Acessado em: http://articles/latimes.com/1991-12-14/news/mn-197_1_eavesdropping-devices

151. Afirmação: "Em diversas ocasiões, repetidamente, pedi à liderança georgiana e aos parceiros norte-americanos e europeus para impedirem a escalada desse conflito."
Sustentação: Em seu artigo no *Financial Times*, Sergei Lavrov, ministro russo das Relações Exteriores, registra que "horas antes da invasão georgiana, a Rússia trabalhou para conseguir uma declaração do Conselho de Segurança da ONU exigindo a renúncia do uso da força pela Geórgia e Ossétia do Sul". Veja: "Why Russia's response to Georgia was right", Sergei Lavrov, *Financial Times* (12 de agosto de 2008). Acessado em: https://www.ft.com/content/7863e71a-689-e-11dd-a4e5-0000779fd18c

152. Afirmação: Referindo-se ao presidente Saakashvili, da Geórgia, Putin comenta que seus correspondentes disseram: "O que você esperava? Ele é louco."
Sustentação: Veja: "I Would Call Saakashvili Insane", Benjamin Bidder, *Spiegel Online* (14 de maio de 2009). Acessado em: http://www.spiegel.de/international/world/georgian-opposition-leader-zurabishvili-i-would-call-saakashvili-insane-a-624807.html

153. Informação geral:
Em seus dez anos como presidente da Geórgia, Eduard Shevardnadze foi acusado de dirigir um governo corrupto, enquanto, ao mesmo tempo, expressou o desejo de a Geórgia ingressar na OTAN. Veja: "Shevardnadze Resigns as Georgian President", *Fox News* (24 de novembro de 2003). Acessado em: http://www.foxnews.com/story/2003/11/24/shevardnadze-resigns-as-georgian-president.html

154. Informação geral:
Os Estados Unidos não ficaram satisfeitos com a decisão russa de oferecer asilo temporário a Edward Snowden depois que ele vazou informação confidencial. Veja: "Defiant Russia Grants Snowden Year's Asylum", Steven Lee Myers, Andrew E. Kramer, *New York Times* (1º de agosto de 2013). Acessado em: http://www.nytimes.com/2013/08/02/world/europe/edward-snowden-russia-html

155. Afirmação: Viktor Yushchenko, líder oposicionista ucraniano, declarou repetidas vezes que tinha sido envenenado por adversários políticos.
Sustentação: Veja: "Yushchenko Poisoned, Doctors Say", *Deutsche Welle* (12 de dezembro de 2004). Acessado em: http://www.dw.com/en/yushchenko-poisoned-doctors-say/a-1425561

156. Informação geral:
Veja: "Ukraine protests after Yanukovych EU deal rejection", Oksana Grytsenko, BBC (30 de novembro de 2013). Acessado em: http://www.bbc.com/news/world-europe-25162563

157. Afirmação: "Yanukovych não fugiu para o exterior. Ele estava no país quando sua residência foi invadida."
Sustentação: O presidente Yanukovych saiu de Kiev e foi para a Carcóvia, a segunda maior cidade da Ucrânia, que era considerada sua base política do Leste. Veja: "Ukraine crisis: Viktor Yanukovych leaves Kiev for support base", Bonnie Malkin, *The Telegraph* (22 de fevereiro de 2014). Acessado em: http://www.telegraph.co.uk/news/worldnews/europe/ukraine/10655335/Ukraine-crisis-Viktor-Yanukovych-leaves-Kiev-for-support-base.html

158. Informação geral:

Putin assinala que a perda da base em Sebastopol não era uma ameaça, pois a nova base, em Novorossiysk, estava sendo contratada. Veja: "Russia To Unveil New $1.4 Billion Black Sea Fleet Base Near Crimea", Damien Sharkov, *Newsweek* (28 de julho de 2016). Acessado em: http://www.newsweek.com/russia-unveil-new-14-bn-black-sea-fleet-base-four-years-484974

159. Afirmação: "A expressão dessa vontade própria foi que a maioria esmagadora votou pela independência e pela união com a Rússia."

Sustentação: Veja: "Crimean vote over 90 percent to quit Ukraine and join Russia." Ibid.

160. Informação geral:

Em 18 de fevereiro de 2008 os Estados Unidos reconheceram formalmente Kosovo como um Estado soberano e independente. Veja: "US Recognizes Kosovo as Independent State", Secretary Condoleezza Rice, US Department of State (18 de fevereiro de 2008). Acessado em: https://2001-2009.state.gov/secretary/rm/2008/02/100973.htm

Viagem 3 – Dia 3 – 11 de maio de 2016

OS: Obrigado por fazer minha vontade e assistir ao *Dr. Fantástico*. Achei que o primeiro-ministro russo estava muito bom.

VP: Obrigado. Há certas coisas nesse filme que realmente nos fazem pensar. Apesar do fato de que tudo é apenas imaginação — as coisas que vemos na tela —, há certas questões sérias, coisas que nos fazem pensar acerca dos desafios reais, das ameaças reais, existentes. Acho que, do ponto de vista técnico, antecipou muitas coisas.

OS: O conceito de "inverno nuclear" — o fim do mundo — que era a bomba de hidrogênio. Os cientistas falaram disso após a guerra, e Truman seguiu em frente mesmo assim. Foi uma questão de comunicação. Os russos têm A Máquina do Juízo Final, os Estados Unidos vão em frente com um ataque unilateral, e todos os aviões são chamados de volta, exceto o avião daquele piloto que é muito esperto e consegue enganar o sistema de radar.

VP: O fato é que, desde aquele tempo, pouco mudou. A única diferença é que os sistemas modernos de armamento tornaram-se mais sofisticados, mais complexos. Porém, a ideia de ataque retaliatório e a incapacidade de gerenciar esses sistemas são pertinentes atualmente. Sim, todas essas coisas se tornarão cada vez mais difíceis e mais perigosas.

OS: Acredito nisso. Devemos terminar nossa conversa? A próxima questão tem algumas partes. Tem a ver com economia, tem a ver com os oligarcas. Sem dúvida, em seu governo, a Rússia experimentou um período de grande melhoria nos padrões de vida. Porém, os críticos norte-americanos dizem que você criou um sistema de centralização e autoritarismo, e também aquilo que chamam de "capitalismo de Estado oligárquico". O que relatam é semelhante aos antigos estilos de czarismo e comunismo. Por outro lado, ficaram bastante satisfeitos com a Rússia da década de 1990, quando os oligarcas prosperavam, antes de você chegar. Então, você destruiu ou solapou alguns deles. Você me contou, em nosso primeiro encontro, que conversou com eles em Moscou e destacou o fato, nessa reunião, de que havia uma responsabilidade com o povo e com o Estado.

A elite ocidental afirma que você colocou seus oligarcas no poder nos últimos 15 anos, enquanto esses oligarcas mais antigos estão morando em lugares como Londres. Essa é a situação, como apresentada no Ocidente. Devo dizer que tenho amigos em Londres e, quando vou para lá, escuto histórias incríveis. Muitos dos oligarcas na Inglaterra dizem que acumularam grande fortuna, mas afirmam que você os conduziu à riqueza e que você participou disso. É evidente que essas pessoas estão tentando tirar o foco de si mesmas acusando outra pessoa. Contudo, o que me surpreende, é que pessoas inteligentes que conheço em Londres começaram a acreditar de verdade nessa história ao longo dos anos. Elas acham que você, de fato, é o homem mais rico do mundo desde Rockefeller, Morgan ou Onassis.[161] [Putin dá uma risada.] Você pode rir, e eu aprecio isso, mas, como líder de seu povo, como Chavez ou Castro, ou muitos outros que foram acusados de corrupção, há algum modo de você poder revelar o montante de sua riqueza pessoal?

VP: Bem, para ser sincero, não tenho a fortuna que me atribuem. Para deixar isso claro, temos de lembrar que esse fenômeno da oligarquia aconteceu no início da década de 1990 na Rússia. Após o colapso da União Soviética, lamentavelmente, a democracia começou a sofrer maus-tratos por parte de muitas pessoas que estavam procurando ganhar dinheiro mediante o poder político. Essa democracia começou a ser vista como totalmente permissiva. Eu me lembro de que, quando me mudei de São Petersburgo para Moscou, fiquei impressionado e chocado com a quantidade de oligarcas que tinham se reunido aqui na capital. E o comportamento deles era tão estarrecedor que demorei muito para me acostumar com ele. Essas pessoas não tinham nenhum escrúpulo. O que é oligarquia? É a integração de dinheiro e poder, com a intenção de influenciar as decisões que estão sendo tomadas, e o objetivo final de continuar a acumular riqueza.

Na década de 1990, tínhamos essa noção relativa aos sete banqueiros.[162] A maioria deles dizia que a economia russa era muito pequena para permitir novos concorrentes. Diziam que a existência de sete a dez concorrentes era suficiente. Para mudar a situação, que era notada por muitos no Ocidente como equivalente a um sistema corrupto, muitos daqueles que vivem em Moscou hoje ou em outras partes do mundo foram proibidos de entrar nos países ocidentais, os quais não lhes concediam vistos. Porém, assim que começamos a combater esses oligarcas, eles começaram a se transformar em uma espécie de oposição interna. Então, a atitude ocidental em relação a eles, essa classe dominante, começou a mudar drasticamente. Esses oligarcas começaram a ganhar apoio. Quando necessário, conseguiam asilo no exterior, apesar de seus crimes pregressos — alguns muito graves. Não sei como se consegue dizer que eles ganharam dinheiro graças à minha ajuda. Se isso é verdade, o que eles estão fazendo em Londres? Provavelmente, não é tão simples quanto isso. Uma figura emblemática da comunidade oligárquica, Berezovsky, que não está mais entre nós, no fim de sua vida me escreveu uma carta pedindo meu perdão e uma chance de voltar para a Rússia. Certamente, uma conversa não seria suficiente com quem quer que fosse. Tivemos de aderir a uma política dura e consistente, para dissuadir aqueles que tinham conseguido enriquecer mediante o poder de influenciar esse poder. Fiz isso passo a passo. Mas foi uma política consistente. Só para deixar claro como foi implantada desde o início, quero mencionar um exemplo. Naquela época, um dos funcionários do governo, do presidente, assim que assumiu o cargo, foi abordado pelo chefe de uma de nossas maiores empresas. Essa pessoa disse que ele ficaria encarregado de qualquer coisa que aquele funcionário fosse fazer. Ele o ajudaria com questões administrativas e, também, com sua situação financeira. De fato, algumas dessas pessoas estão agora escondidas no exterior. Minha tarefa foi fazer uma distinção entre poder e dinheiro e impedir as pessoas de influenciar o poder mediante meios inconstitucionais, em economia ou em política. Em geral, nesse aspecto, acho que consegui algum sucesso. Quanto àqueles que acumularam seu capital na última década, houve muita gente que fez isso. Alguns desses indivíduos eu conheci antes de me tornar presidente, e outras, durante meu mandato de presidente ou primeiro-ministro. Todos eles ganharam seu dinheiro de modo honesto e justo. Além disso, não têm nenhuma ligação com o poder, nem nenhuma capacidade de influenciar as decisões que estão sendo tomadas. Acho que esse é o elemento básico para combater o sistema oligárquico de poder. Porém, o mais importante é que, a partir de 2000, aumentamos em quase duas vezes a economia nacional, e, durante esse tempo, inúmeras empresas cresceram, incluindo empresas privadas. Sem dúvida, a ênfase principal é sobre aqueles que conheço pessoalmente, mas quando essa ênfase é dada, é apenas um instrumento para manipular a opinião pública e usar isso com fins políticos, sobretudo por aqueles que foram excomungados do poder. Contudo, isso não significa que fomos capazes de enfrentar todas as questões relacionadas com abuso de poder ou corrupção, mas vamos continuar esse trabalho no futuro.

Neste momento, não estou preocupado com os oligarcas, que vamos manter no lugar onde eles devem estar. Não temos o sistema oligárquico que costumava existir na Rússia. Em 2008, eu disse que, para minha surpresa, muitos empresários que eu não conhecia mostraram grandes qualidades, assumiram imensa responsabilidade pela situação de nossas empresas e pela manutenção de seus funcionários, até estavam dispostos a arriscar seu capital. Tenho esperança de que, em conformidade com a legislação, iremos continuar a desenvolver nosso setor privado. Porém, neste momento, a questão dos oligarcas e do poder não é tão grave como era na década de 1990. Contudo, agora, temos uma missão maior, e ela trata da diferença de renda entre ricos e pobres. Essa diferença, essa divisão, é onde se situa a injustiça e o descontentamento legítimo das pessoas contra o atual estado das coisas neste hemisfério. Nesse aspecto, diante de nós está a missão de reduzir a quantidade de indivíduos que vivem abaixo da linha da pobreza. Infelizmente, no meio da crise de nossa economia, para nós é difícil cumprir essa missão. Ainda que a quantidade daqueles que viviam abaixo da linha de pobreza entre 2000 e agora tenha diminuído em quase 50%. Em 2000, tínhamos cerca de 40 milhões de pessoas vivendo na pobreza. Neste momento, embora ainda alto, o número quase se reduziu à metade.

Assim, quanto aos oligarcas, não considero mais essa questão como um problema. As grandes empresas conhecem seu lugar, conhecem as tarefas que estão diante delas, e tratamos os líderes de nossa indústria com respeito. Quaisquer questões que discutamos dentro do governo, antes da tomada de decisões, também são discutidas em um fórum com os empresários, mas isso é feito de modo transparente e aberto, e não a portas fechadas, com o enfoque relativo à tomada de decisões no interesse desse ou daquele grupo industrial ou financeiro. Ainda que, sim, admito que existem grupos que fazem lobby em favor de seus interesses — às vezes testemunhamos essa atitude e sabemos que está acontecendo —, mas combatemos isso, e vamos continuar combatendo.

OS: Ou seja, não há capitalismo de Estado oligárquico. Então, como você descreveria a economia?

VP: Acho que temos uma economia de mercado. Nenhuma dúvida a esse respeito. Caso contrário, não creio que teríamos sido capazes de superar os padrões da OMC. Porém, há certas questões relacionadas com o grande papel que o Estado desempenha na economia. Sem dúvida, seguiremos o caminho de reduzir gradualmente a participação estatal em certos setores de nossa economia. Mas vamos avançar com cautela, levando em consideração que certos setores econômicos são muito monopolizados em geral no mundo todo. Apenas como exemplos: o setor elétrico, o setor de eletricidade, as ferrovias, a exploração espacial, a aviação. Certos países possuem suas próprias formas referentes a esses setores e ao seu desenvolvimento. Mas esses setores são monopolizados em todo lugar. Além do mais, em todo lugar há laços diretos com o governo, e há apoio do governo. Vemos isso e entendemos isso muito bem. Vamos melhorar a estrutura de nossa economia para impedir a destruição e dissolução das grandes empresas e das grandes indústrias.

OS: Então, não existem contas bancárias em Chipre?

VP: Não, e nunca existiram. É simplesmente um absurdo. Se fosse esse o caso, não teríamos tido de enfrentá-lo há muito tempo?

OS: O que você achou dos Panama Papers quando foram divulgados?[163] Seu nome apareceu nas manchetes.

VP: Tínhamos conhecimento de que iriam ser publicados. Soubemos disso com antecedência, embora ignorássemos os detalhes. Assim, foi com interesse que esperamos sua publicação. Mas a questão é que meu nome não está nesses documentos. Os nomes de meus amigos e conhecidos, sim, mas essas pessoas não estão no governo. E o fato é que eles não violaram nenhuma lei: nem as leis russas, nem a legislação de outros países. Sei que fariam uma ligação com meu nome, tudo mais permaneceria nas sombras, e meu nome estaria nas manchetes. É apenas uma tentativa de utilizar esse instrumento para influenciar a política interna russa. Os cidadãos russos são bastante esclarecidos e inteligentes para desvendar tudo isso, não tenho dúvida. As pessoas veem quem está fazendo o quê e quem está perseguindo quais interesses. Sou grato aos nossos cidadãos, porque percebem as tentativas que eu e meus colegas estamos fazendo com a intenção de reforçar nossa economia, nossa esfera social e, também, os recursos de defesa de nosso país.

OS: Tenho de dizer, a partir de observação pessoal, que me divertiria muito mais se eu fosse rico.

VP: Sabe, não acho que isso é o que traz grande felicidade. Além do mais, com essa crise, você teria de pensar no que fazer com seus bens, como protegê-los, onde investi-los. Só lhe causaria dores de cabeça. Você é muito mais rico do que aqueles que possuem grandes somas de dinheiro em suas contas. Você tem opinião própria, tem talento, tem a oportunidade de mostrar esse talento e, também, chance de deixar um grande legado. O dinheiro não traz esse tipo de felicidade. Porque, quando você está em um caixão, não tem nenhum bolso para levar seu dinheiro para a sepultura com você.

OS: Se você concorrer em 2018 e vencer a eleição, ficará no poder por outros seis anos, até 2024. Você completaria 24 anos no poder como presidente e primeiro-ministro. Mais tempo do que Roosevelt, que ficou 15 anos, menos do que Castro, que ficou quase 50 anos, e perto de Stalin, que ficou 30 anos, mais ou menos... e de Mao, 27 anos. Isso não o assusta? Você não se acostumou ao poder? Isso não distorce seu ponto de vista? Você acha que a Rússia precisa muito de você ou não pode haver uma disputa saudável por sucessores dentro do sistema? O sistema de partido único chinês é um exemplo de disputa dentro do partido: os sucessores são examinados durante muitos anos como membros do partido em distintas províncias.

VP: A União Soviética também testou essas pessoas por muitos anos, mas mesmo assim sofreu um colapso.

OS: É verdade.

VP: Então, a questão não envolve seleção. A questão que você formulou sobre se a Rússia precisa tanto de alguém... Cabe à própria Rússia decidir. Ninguém de fora pode impor essa escolha, e influenciar essa escolha é muito difícil. O povo russo sentiu que tem chance de tomar uma decisão própria, e ninguém vai tirar esse direito dele. Quanto à alternância de poder, deve existir. Sem dúvida, precisa haver uma disputa saudável nesses processos. Porém, essa disputa deve ser entre aqueles que têm em mente os interesses do país. Temos de pensar nos interesses do povo russo. No final das contas, deixe-me reiterar: os cidadãos russos vão tomar a decisão final sobre as eleições de 2018. Em primeiro lugar, gostaria de dizer que, por quatro anos, eu não fui presidente. Eu era o primeiro-ministro do governo, enquanto Medvedev era o presidente. O que foi dito pelos adversários políticos dele e pelos meus acerca de Medvedev não ser independente não é verdade. Medvedev foi o real presidente da Federação Russa. Não era difícil para ele ficar no poder após assumir depois de mim. Mas mesmo assim ele alcançou padrões elevados. Portanto, contar todos esses anos como o período de minha permanência no poder não é o correto a fazer. Quanto ao que vai acontecer nas eleições de 2018, eu gostaria de dizer que há coisas a respeito das quais deve haver alguma intriga, algum mistério. Assim, não vou responder a essa parte de sua pergunta.

OS: Entendo, mas eu disse "se".

VP: Não se trata de modo subjuntivo. Não devemos usá-lo.

OS: Em nenhum momento duvidei de seu amor pela Rússia e orgulho em servi-la. É claro que você é um filho da Rússia, e fez muito bem a ela. Acho que todos sabemos o preço do poder, e quando ficamos no poder por um período muito longo, achamos que o povo precisa de nós. Ao mesmo tempo, mudamos, e nem percebemos isso, às vezes.

VP: De fato, é uma situação muito perigosa. Em relação às pessoas no poder que acham que perderam a coragem e o vínculo que as ligam ao país e aos cidadãos comuns do país, é hora de elas partirem. Contudo, no fim, é algo que eu já disse, e vou repetir: os cidadãos comuns e os eleitores são os únicos que decidem o futuro do poder. Sem dúvida, o poder está ligado a um fardo pesado, e requer sacrifícios.

OS: Há também uma grande elegância em abrir mão do poder. Existem muitos grandes exemplos de homens e mulheres que tiveram êxito na história, desistiram de governar e deixaram outra pessoa fazer isso.

VP: Para todos chega um momento em que se tem de fazer isso.

OS: Claro, a democracia em si é imperfeita. O sistema norte-americano está longe de ser perfeito. Sabemos que o dinheiro, muitas vezes, compra o poder nos Estados Unidos. Com certeza, a Rússia possui um sistema imperfeito, todos dizem isso no exterior. Ninguém pode dizer que é um sistema completamente responsivo aos eleitores. Na Rússia, provavelmente, os eleitores estão divididos em muitas linhas. Isso pode resultar em demasiado caos, sendo sempre um perigo. Dada a curta história da Rússia e de sua experiência democrática, que você disse que só existe desde 1991-1992, é muito improvável que a próxima eleição venha convencer o mundo de que essa é uma democracia que funciona, a menos que monitores internacionais sejam trazidos, como Chavez fez na Venezuela, de modo que se torne um processo realmente transparente.

VP: Você acha que nosso objetivo é provar algo para alguém? Nosso objetivo é reforçar nosso país, tornar nosso país um lugar melhor para se viver, mais atraente, tornar nosso país mais valioso, transformar nosso país em algo que possa responder rapidamente aos desafios do tempo. Fortalecê-lo do ponto de vista da política interna e também fortalecer nossa posição de política externa. Esses são os objetivos que estamos perseguindo. Não estamos tentando agradar ninguém.

OS: Esse é um argumento perigoso, porque funciona em ambos os sentidos. Aqueles que abusam do poder sempre dizem que é uma questão de sobrevivência.

VP: Não estamos falando de sobrevivência nem tentando nos justificar. Estamos falando da necessidade de manter essa ou aquela autoridade em condições de emergência. Neste momento, não há nenhuma situação de emergência. O que precisamos fazer é assegurar o desenvolvimento estável e sustentável do país. Assim, levar em conta todas as tendências negativas que você mencionou, o legado soviético, o legado imperial, isso são coisas do passado. Mas também temos de pensar no legado positivo que nos foi transmitido. A Rússia foi construída ao longo de mil anos. Ela possui uma tradição própria. Temos nossas noções do que é justo e injusto. Temos nosso próprio entendimento de como um governo eficiente deve funcionar. Quando digo que a Rússia do futuro deve ser muito móvel, que deve responder rapidamente aos desafios do tempo, que deve se adaptar de maneira eficiente, isso significa que devemos utilizar tudo que temos como fundamento, mas ainda devemos olhar para o futuro. Não se trata de ajudar alguém a se apegar ao poder, mas sim de assegurar crescimento econômico, sustentar esse crescimento, melhorar a qualidade de vida, incluindo os recursos de defesa, em uma base regular. Não em meio a crises ou dificuldades políticas. Há apenas um critério para nos ajudar com respeito ao poder. Temos a lei e também a Constituição. Se a Constituição é violada, ou se é deturpada para satisfazer os interesses desse ou daquele grupo ou indivíduo, então isso é inaceitável. Porém, se uma Constituição democraticamente aceita é observada, então, tem de ser tratada com respeito.

OS: Não duvido que a Constituição russa seja uma grande constituição. A execução é que sempre foi problemática. Não tenho problemas com as economias asiáticas, as "economias dos tigres", com Lee Kuan Yew, de Cingapura, por exemplo, que anunciou que iria criar um regime autoritário que funcionaria, que faria a economia funcionar, e a economia se tornaria a primeira na Ásia. Tudo muito prático. Coreia do Sul, Japão, até certo ponto, Taiwan, com certeza, e então, no final, a China. A China emergiu com um partido político muito forte e uma potência importante, mas, definitivamente, não com democracia. Ou seja, não sei se é necessário disfarçar a linguagem em democracia.

VP: Não há necessidade de disfarçar nada, mas há alguns fundamentos como a Constituição russa sobre os quais já falei. Ela nunca foi questionada como uma Constituição de uma sociedade democrática, de um país democrático. Desde que a Constituição foi criada, foi considerada como tal. Ninguém disse que havia imperfeições que permitiam a alguém falar da natureza antidemocrática da sociedade russa. Se tentássemos deturpar essa Constituição para satisfazer os interesses de um indivíduo ou de um grupo, então, certamente, poderiam emergir suspeitas. Mas se isso não acontece, então temos de tratar o que está acontecendo com respeito.

OS: Ok. Que horas são?

VP: Está na hora.
   [Risada]

OS: Muito obrigado.

VP: Você nunca apanhou antes na vida?

OS: Ah, sim, muitas vezes.

VP: Então, não será nada de novo, porque você vai sofrer por aquilo que está prestes a fazer.

OS: Eu sei, mas vale a pena. Vale a pena tentar trazer mais paz e consciência ao mundo.

VP: Muito obrigado.
[Stone entrega a caixa do DVD a Putin.]

OS: Você talvez queira assisti-lo em algum momento.
[Putin agradece a Stone, acena, afasta-se, abre a caixa do DVD, não vê nada dentro. Todos dão risada.]

VP: Típico presente norte-americano!
[Rob retira o DVD do aparelho e o entrega a Putin.]

Notas

161. Informação geral:
A especulação a respeito da riqueza de Putin é desenfreada. Oliver Stone pergunta a Putin acerca das afirmações de que ele é "o homem mais rico do mundo". Putin responde que não é dono da fortuna que lhe é atribuída. No âmbito da opinião pública, a questão parece permanecer sem solução. Oferecemos duas referências para essa afirmação.
Veja: "Is Vladimir Putin hiding a $200 billion fortune? (And if so, does it matter?)", Adam Taylor, *Washington Post* (20 de fevereiro de 2015). https://www.washingtonpost.com/news/worldviews/wp/2015/02/20/is-vladimir-putin-hiding-a-200-billion-fortune-and-if-so-does-it-matter/
Veja: "Former Kremlin banker: Putin 'is the richest person in the world until he leaves power'", Elena Holodny, *Business Insider* (28 de julho de 2015). Acessado em: http://www.businessinsider.com/former-kremlin-banker-putin-is-the-richest-person-in-the-world-until-he-leaves-power-2015-7

162. Informação geral:

Os sete banqueiros referem-se aos magnatas russos, que financiaram a campanha de reeleição de Boris Yeltsin para presidente. A alcunha *semibankirshchina*, ou governo dos sete banqueiros, refere-se a um grupo de sete nobres que dirigiram a Rússia no século XVII por um breve período. Veja: "Russia bows to the 'rule of the seven bankers'", *Irish Times* (29 de agosto de 1998). Acessado em: http://www.irishtimes.com/culture/russia-bows-to-the-rule-of-the-seven-bankers-1.187734

163. Informação geral:

Em 7 de junho de 2016, 11,5 milhões de documentos foram vazados, detalhando como a Mossack Fonseca, escritório de advocacia panamenho, ajudou de forma eficaz mais de 14 mil clientes a criarem empresas e contas bancárias *offshore* para evitar o pagamento de tributos. Esses "documentos" destacam como os ricos e os famosos do mundo protegem e ocultam sua riqueza. Veja: https://panamapapers.icij.org/20160403-panama-papers-global-overview.html

Quarta Entrevista

Viagem 4 – Dia 1 – 10 de fevereiro de 2017

OS: Olá, cavalheiro. Então, você vai se sentar aí. Eu vou me sentar aqui. Você se lembra de Anthony. Ele estava em nossa primeira filmagem. Anthony Dod Mantle será nosso diretor de fotografia. O plano é que você entre por aquela porta.

[Putin entra.]

OS: Prefiro que você venha de lá. Vou encontrá-lo no meio do caminho.

VP: Posso descer da varanda.

OS: Prefiro que seja de lá. Isso lhe dará alguma profundidade. De fato, há um balcão de bar ali, se você preferir... Mais para trás, mais para trás. Ótimo. Tudo bem, pronto? [Sorrindo.] Agora, vamos fazer de conta que não nos vemos há meses. Ok. Ação! [Pausa.] Ação! Onde está o meu diretor-assistente? Diga-lhe "ação" em russo. Ele foi para outro encontro! Ah, não!

Intérprete: Ele está trazendo chá para você.

[Putin vem de outro recinto, carregando duas xícaras de café.]

VP: Café, Sr. Stone?

OS: Obrigado.

VP: Preto, ok?

OS: Ótimo...

VP: Açúcar?

OS: Obrigado, senhor presidente. Como tem passado? Faz muito tempo.

A ELEIÇÃO DE 2016

OS: Houve muita atividade nos últimos meses. Meu país, os Estados Unidos, teve eleições.

VP: Parabéns por isso.

OS: Donald Trump venceu. Ele é o seu quarto presidente, certo? Clinton, Bush, Obama e agora seu quarto presidente.

VP: Sim, é verdade.

OS: O que muda?

VP: Bem, quase nada.

OS: É sua sensação? Entre todos os quatro presidentes ou você acha...?

VP: Bem, a vida nos traz algumas mudanças. Mas, em geral, em todo lugar, sobretudo nos Estados Unidos, a burocracia é muito poderosa. E a burocracia é quem governa o mundo.

OS: A burocracia governa o mundo. Em todos os países?

VP: Em muitos países.

OS: Você me disse isso da última vez, que havia um sistema. Nos Estados Unidos, nós o chamamos de complexo de segurança militar-industrial.

VP: Sim, temos um sistema semelhante. Esses sistemas existem em todo lugar.

OS: Alguns o chamam de Estado Profundo.

VP: Podemos utilizar nomes diferentes, mas a essência é a mesma.

OS: Há alguma possibilidade de mudança com Trump? Alguma esperança?

VP: Sempre há esperança. Até que estejam prontos para nos levar ao cemitério para nos enterrar.

OS: [Sorrisos] Uau!, isso é muito russo. Muito Dostoiévski.[164] A eleição foi bastante criticada, e a narrativa, como escrita pelo Ocidente, foi que a Rússia interferiu nessa eleição, em benefício de Trump.

VP: Sabe, essa é uma afirmação muito boba. Com certeza, gostávamos do presidente Trump, e ainda gostamos dele, porque ele disse publicamente que estava disposto e pronto para restabelecer as relações entre Estados Unidos e Rússia. Quando os jornalistas de países distintos me fizeram perguntas a esse respeito, tentaram me complicar, por assim dizer. Sempre respondi: "Vocês estão contra as boas relações entre Estados Unidos e Rússia?" Todos os jornalistas afirmavam: "Nós queremos boas relações entre esses dois países. Nós apoiamos isso." Bem, seria simplesmente ridículo se a Rússia não acolhesse favoravelmente isso; sem dúvida, acolhemos favoravelmente o restabelecimento das relações. Nesse sentido, estamos contentes com a vitória de Donald Trump. Claro que temos de esperar e ver como, na realidade, na prática, as relações entre os dois países vão se desenvolver. Trump falou do restabelecimento de laços econômicos, de uma luta conjunta contra o terrorismo. Não é uma boa coisa?

OS: Sim. Então, por que você se preocupou em interferir na eleição?

VP: Não interferimos na eleição. É difícil imaginar que algum país — mesmo um país como a Rússia — seja capaz de influenciar realmente na campanha eleitoral ou no resultado da eleição. De fato, alguns hackers revelaram problemas que existiam no Partido Democrata, mas não acho que isso influenciou, de maneira importante, a campanha eleitoral ou seu resultado. Sim, esses hackers não identificados trouxeram à tona os problemas existentes, mas não contaram nenhuma mentira, nem tentaram enganar ninguém. A renúncia da presidente do comitê executivo do Partido Democrata atesta o fato de que ela admitiu que era verdade tudo o que tinha sido dito. Assim, os hackers não são os culpados. São problemas internos dos Estados Unidos. Aqueles que procuraram manipular a opinião pública não deviam ter tentado criar a imagem da Rússia como país inimigo. Deviam ter pedido desculpas ao eleitorado, mas não pediram. Isso não está certo, mas não é o principal problema. A julgar por tudo, o povo norte-americano esperou por alguma mudança importante.

Em particular, refiro-me às questões referentes à segurança, à luta contra o desemprego e à necessidade de criar novos empregos no país. Eu me refiro à proteção dos valores tradicionais, porque, em grande medida, os Estados Unidos são um país puritano. Bem, ao menos o interior do país. Donald Trump e sua equipe foram bastante inteligentes na condução da campanha eleitoral. Sabiam os estados onde se concentravam seus eleitores e o que os cidadãos desses estados requeriam. Sabiam como conseguir a maioria dos eleitores para vencer. Ao assistir aos discursos de Trump durante a campanha eleitoral, eu achava que, de vez em quando, ele ia um pouco longe demais. Acontece que Trump tinha razão. Ele conhecia a alma do povo. Sabia como ganhar seus corações. Acho que ninguém será capaz de desafiar o resultado dessa eleição. Em vez disso, aqueles que foram derrotados devem tirar conclusões sobre o que fizeram e como trabalharam. Eles não deviam ter tentado jogar a culpa em algo do exterior. Além do mais, acho que a equipe de saída de Obama criou um campo minado para o presidente entrante e para sua equipe. Foi criado um ambiente que torna difícil para o novo presidente cumprir as promessas que fez ao povo. Porém, na realidade, não esperamos nada revolucionário. Estamos aguardando o novo governo terminar de ser formado, esperando para ver se vai estar disposto a dialogar com a Rússia, com a China, com a Ásia, com todos os outros países, de modo que possamos finalmente entender se o novo governo enfrentará os principais assuntos da agenda internacional e também de nossa agenda bilateral.

OS: Mas, sabe, até Trump disse que os russos interferiram na eleição. Foi uma citação.[165]

VP: Não entendo o que Trump quer dizer quando afirma: "A Rússia hackeou a eleição." Tomei conhecimento de diversas declarações dele dizendo que qualquer ataque por hackers, dado o nível atual das tecnologias, pode ser produzido por qualquer um, em qualquer lugar, incluindo uma pessoa deitada em sua cama que tenha um laptop.[166] Além disso, é possível até fazer parecer que os ataques estão vindo de outro lugar. Ou seja, é muito difícil estabelecer a origem original do ataque.

OS: Isso tudo me parece assustador, historicamente. Nunca imaginei os dois principais partidos políticos, o Democrata e o Republicano, as agências de inteligência, FBI, CIA e NSA, e a liderança política da OTAN acreditando nessa história de que a Rússia interferiu na eleição. É assustador.

VP: Não é exatamente assim. Creio que você leu os documentos relacionados a isso. A análise que foi publicada.

OS: Você leu o relatório de 25 páginas?

VP: Sim, li. Um serviço de inteligência afirma que há grande probabilidade de interferência da Rússia. Outro diz que a probabilidade não é tão grande. São tiradas algumas conclusões com base na análise realizada. Mas não há nada concreto. Nada bem definido. Entende? Não sei se isso é apropriado. Lembra uma ideologia. Até certo ponto, ódio por certo grupo étnico, como o antissemitismo. Se alguém não sabe como fazer algo, se alguém se mostra incapaz de enfrentar esse ou aquele assunto, os antissemitas sempre culpam os judeus por seus próprios fracassos. Acusam os judeus. Essas pessoas têm a mesma atitude em relação à Rússia. Elas sempre culpam a Rússia por tudo que acontece. Porque não querem reconhecer seus próprios erros e tentam encontrar alguém para culpar.

OS: Parece que o senador McCain, por exemplo, ontem ou hoje, propôs um veto, um veto antecipado do Senado contra qualquer suspensão das sanções por parte de Trump.

VP: Sabe, nos Estados Unidos, infelizmente, há muitos senadores assim. Muitos pensam o mesmo. Provavelmente, não a maioria, mas ainda há alguns. Para ser honesto, até certo ponto, gosto do senador McCain.

OS: [Risada] Ok.

VP: Não estou brincando. Gosto dele pelo seu patriotismo. Consigo entender sua persistência em lutar pelos interesses de seu país. Sabe, na Roma antiga, Catão, o Velho, sempre finalizava seus discursos dizendo: "Considero ainda que Cartago deve ser destruída." Os romanos tinham motivos para odiar Aníbal, que chegou muito perto de Roma durante a Segunda Guerra Púnica, parando a cerca de 100 quilômetros de distância. Nós e os Estados Unidos nunca nos envolvemos em um confronto como Cartago e Roma. No fim, Roma saiu vitoriosa nessa guerra. Como isso acabou? Aníbal, como se sabe, tirou a própria vida. E Roma, cerca de 400 anos depois, foi destruída quando os bárbaros chegaram. Certas conclusões, certas lições podem ser tiradas disso. Se essas cidades não tivessem lutado entre si, se tivessem concordado em combater um inimigo comum, se isso tivesse acontecido, então Aníbal não teria se matado e o Império Romano teria sobrevivido. As pessoas com tais convicções, como o senador mencionado por você, ainda vivem no Mundo Antigo. Relutam em olhar para o futuro. Recusam-se a reconhecer o quão rápido o mundo está mudando. Não enxergam a ameaça real. Não conseguem deixar para trás o passado, que está sempre arrastando-as para trás.

Nós apoiamos a luta dos Estados Unidos pela independência. Fomos aliados durante a Primeira Guerra Mundial e a Segunda Guerra Mundial. Neste momento, há ameaças comuns que ambos estamos enfrentando, como o terrorismo internacional. Temos de combater a pobreza no mundo e também a deterioração ambiental, que é a ameaça real para toda a humanidade. Afinal de contas, acumulamos tantas armas nucleares que isso também se tornou uma ameaça para o mundo todo. Seria bom que pensássemos nisso. Há muitas questões a enfrentar.

OS: Agora, a Rússia foi acusada de enorme traição. Neste momento, essa é a principal acusação, e a mídia a repete sem parar. Isso parece ter entrado no léxico dos Estados Unidos. Simplesmente, é aceito como fato consumado. Muita gente diz que a Rússia interferiu na eleição, afirma que Trump está no bolso do Kremlin, que tem uma dívida com o Kremlin. Você percebe aonde isso leva. Torna impossível corrigir as relações com a Rússia. É muito difícil para Trump restabelecer relações, se ele realmente pretendia fazer isso.

VP: Como eu disse, e repito: é mentira qualquer conversa acerca de nossa influência no resultado da eleição norte-americana. Porém, vemos que essa campanha de manipulação da informação possui diversos objetivos. Primeiro, estão tentando solapar a legitimidade do presidente Trump. Segundo, estão tentando criar condições que nos impeçam de normalizar nossas relações com os Estados Unidos. Terceiro, querem criar armas adicionais para travar uma guerra política interna. Nesse contexto, as relações entre a Rússia e os Estados Unidos são simples instrumento, uma arma na luta política interna norte-americana.

OS: Contudo, muitos estão frustrados. Posso afirmar isso a partir de conversas com norte-americanos que concordam que essa acusação de interferência é absurda e fraudulenta. Muitas pessoas concordam com Julian Assange, do WikiLeaks, que disse que os vazamentos do Comitê Nacional Democrata foram dados a ele por um agente não por uma estatal. Ele jurou isso, e seu histórico tem sido sólido. Pelo que sei, ele foi extremamente franco em seus métodos de operação desde 2006, quando lançou o WikiLeaks. Esse foi meu prólogo. Agora, farei a pergunta, que é a seguinte: muitos norte-americanos se sentem frustrados com o fato de que a Rússia náo se esforçou muito para se defender, para aparecer no *front* das relações públicas, por exemplo, pegando o relatório de 25 páginas, analisando tecnicamente todas as suas incorreções e dando uma resposta pública às acusações nele contidas. Por que você não fez isso?

VP: Sabe, isso é politicagem interna dos Estados Unidos, e não queremos nos envolver nisso. Muitos norte-americanos consideram que todas essas afirmações sobre ataques de hackers são fraudulentas, e ficamos contentes que existam pessoas assim. No entanto, há aqueles que promovem essa ideia. É uma noção insana, porque querem usar isso como instrumento de ataque político, e nossa refutação não os impedirá de fazê-lo. Eles só vão usar nossas refutações para continuar essa guerra por meio de novos instrumentos. Conhecemos todos os seus truques.

OS: Para mim, se você conhece os truques, pode fazer algum tipo de declaração sobre guerra cibernética, dando detalhes de por que isso não seria possível, por que isso deveria ter deixado rastros. Quero dizer, há muitos caminhos diferentes a explorar. Dá a impressão de que a Rússia não se importa em se defender dessas acusações. Muitas acusações surgem, mas a Rússia as trata como se fossem rotina do dia a dia.

VP: Sim, você tem razão. Em particular, não nos importamos com essas acusações porque não estamos preocupados com isso. É um assunto interno dos Estados Unidos. Eu gostaria de dizer de novo — quero ser ouvido — que quem quer que sejam esses hackers, eles não podem ter feito nenhuma diferença importante ao longo dessa campanha eleitoral. Se eles fizeram algo, foi trazer à tona os problemas reais da vida política norte-americana. Eles não mentiram. Não inventaram nada. As forças políticas têm de lidar com essas questões por si mesmas, em vez de tentarem pôr a culpa em hackers que só apresentaram os problemas existentes. Não importa a origem desses hackers. Talvez sejam da Rússia, da América Latina, da Ásia ou da África.

OS: Há alguma evidência no ciberespaço que a Rússia pode apresentar em sua defesa?

VP: Não há nenhuma evidência de que somos os culpados. Essa é a maior prova, a maior defesa que temos. Nenhum dos relatórios que você mencionou da NSA e da CIA possuem fatos concretos. Tudo o que contêm, são algumas sugestões, suposições e acusações não comprovadas.

OS: Acho que há uma resposta mais eficaz que podia ter sido dada. Entendo como é difícil, mas parece que há uma falta de energia na resposta russa, sem demonstrar aborrecimento nem irritação. Não entendi por que a Rússia não assumiu uma postura adulta e não procurou dizer algo que repercutisse junto ao povo norte-americano, de modo que compreendessem o ponto de vista russo.

VP: Sim, e é isso exatamente que estou fazendo, estou dizendo essas coisas.

OS: Eu queria que houvesse mais disso. Neste momento, você está esperando isso acabar, e, ao mesmo tempo, sabe, Trump requereu, em mais de uma ocasião, outro grande aumento dos gastos militares norte-americanos em armas convencionais e nucleares, o que não faz sentido para mim. Como os Estados Unidos podem gastar mais do que já gastam? Mas é disso que estão falando: aumentar o orçamento militar.

VP: Acho que falamos a esse respeito. Os Estados Unidos gastam mais em defesa do que todos os outros países do mundo somados. São mais de 600 bilhões de dólares por ano.[167]

OS: Não o preocupa que Trump, ao requerer mais, seja pueril em suas demandas?

VP: Sempre nos preocupamos com qualquer aumento de despesas militares de outros países, incluindo os Estados Unidos. Sempre temos de analisar como isso vai impactar nossa própria segurança. Porém, acho que os contribuintes norte-americanos também devem pensar sobre isso. O quão eficientes essas despesas vão ser? Como vão se correlacionar com a situação econômica atual, porque, à parte a despesa militar, há outras coisas para se gastar o dinheiro, como saúde pública, educação pública e sistemas de aposentadoria.

Há muitas outras questões a serem abordadas, incluindo questões sociais, que afetam a dívida pública, que é de quase 20 trilhões de dólares. Todas essas questões precisam ser enfrentadas. Porém, os militares estão sempre descontentes com o dinheiro que obtêm do Estado. Sempre querem mais. Acredite-me, temos as mesmas disputas entre os departamentos civis, o Ministério da Defesa e o Ministério da Fazenda. É a mesma coisa em todo lugar.

OS: Você tem alguma expectativa de se encontrar com Trump nos próximos meses?

VP: Acho que vamos nos encontrar em algum momento. Mas estamos tentando não nos apressar. O governo norte-americano ainda está sendo formado e delineando sua posição a respeito de questões-chave. Entendemos muito bem isso. Junto com seus aliados e parceiros, o presidente Trump vai apresentar sua própria posição em relação às questões mais importantes. Ele terá de trabalhar com os serviços de inteligência, com o Departamento de Estado, com as Forças Armadas. Ele terá de trabalhar com os republicanos e com os democratas, e terá de julgar. Há muitos elementos para levar em consideração. Então, assim que o governo estiver pronto para dar toda atenção ao trabalho prático, vamos responder.

OS: Como Trump vai trabalhar com as agências de inteligência se elas estão lhe dizendo que a Rússia interferiu na eleição? É um beco sem saída.

VP: Não é um beco sem saída. É uma questão de recursos humanos.

OS: E se Trump quiser que se tornem públicos todos os arquivos secretos sobre a Ucrânia e a Síria, e verificar as origens desses problemas? Há a possibilidade de isso acontecer, de modo que ele talvez venha a mudar alguns de seus pensamentos?

VP: Acho que isso é possível. Porém, gostaria de reiterar: Trump terá de trabalhar em um certo arcabouço. Somos adultos, e entendemos o que está acontecendo. Eu espero que, uma vez que ele capte o xis da questão, proponha uma visão própria do que está havendo.

OS: Espero que você tenha razão.

VP: Eu também. Espero que encontremos algum denominador comum e cheguemos ao entendimento mútuo.

OS: Quando é a próxima reunião do G-20?

VP: Acho que no verão, em julho.

OS: Em julho? Então, seria a primeira vez que vocês iriam se ver, se você for?

VP: Sim, talvez.

OS: Acho que você falou com ele por telefone duas vezes.

VP: Sim. Uma conversa aconteceu antes de sua posse e a outra, algum tempo depois.

OS: Parte da conversa pode ter tido como tema o terrorismo.

VP: Conversamos a respeito da luta contra o terrorismo, da Coreia do Norte e do desarmamento nuclear. Também falamos da Ucrânia. Com certeza, concordamos que temos de abrir uma nova página nas relações entre a Rússia e os Estados Unidos.

OS: Parece, mais uma vez, que as agências de inteligência norte-americanas não concordam com a posição russa acerca do terrorismo. Basicamente, parece que a inteligência norte-americana foi politizada.

VP: Sabe, na realidade, com o governo Obama, quase chegamos a um acordo para trabalharmos juntos na Síria.

OS: Quase?

VP: Sim, quase. Falamos de coordenar as questões referentes à segurança aérea de nossas aeronaves, mas, infelizmente, isso foi tudo o que fizemos.

Não fomos além. Estávamos dispostos a concordar sobre atividades conjuntas, que teriam implicado especificar na linha de frente, de acordo com nossos dados e os dados norte-americanos, a localização de grupos terroristas. Acredito que devíamos ter designado alvos para lutar contra. Além disso, devíamos ter concordado sobre ataques a serem realizados em conjunto. Estávamos muito perto de alcançar esse acordo. Porém, no último momento, acho que devido a algumas questões políticas, nossos parceiros norte-americanos abandonaram esse projeto.

OS: Trump foi muito duro ao falar do Irã. Basicamente, este é um exemplo: se muitos norte-americanos acreditassem na política oficial de que o Irã é a organização terrorista número 1 do mundo, você não concordaria. E muitos diriam que a organização terrorista número 1 é o governo saudita. Agora, isso se torna uma divisão entre xiitas e sunitas. Assim, muitos norte-americanos estão lutando a favor dos sunitas e contra os xiitas, e muitas outras pessoas acham que a origem dos problemas são os sunitas, e as lealdades deveriam mudar. Porém, a Arábia Saudita e Israel possuem apoio norte-americano muito sólido, e, a menos que isso mude, há uma contradição básica nisso e nas posições russas e norte-americanas.

VP: Não há religião no mundo que seja a origem do mal. O Islã possui diversas denominações, diversas correntes, e os principais movimentos são o xiismo e o sunismo. De fato, observamos algumas divisões profundas entre essas duas facções, mas acho que essa divisão, mais cedo ou mais tarde, terá de ser superada. Temos relações amistosas muito boas com todos os Estados islâmicos. Além disso, desde 2003, somos observadores na Organização da Conferência Islâmica, já que cerca de 15% dos cidadãos russos professam o Islã: são muçulmanos. Uma vez participei da reunião de cúpula da Organização da Conferência Islâmica. Alguns esperavam que nossas tentativas de ajudar a Síria, apoiando seu governo legítimo, gerasse contradições e disputas com os sunitas. Mas não é o que está acontecendo. Posso oferecer mais detalhes. No que diz respeito à diferença de abordagem referente à questão nuclear iraniana, posso dizer que, a fim de entender se há alguma diferença em nossas abordagens, precisamos de uma conversa substantiva com os Estados Unidos, ao nível do Departamento de Estado, ou ao nível dos serviços de inteligência, e também ao nível do Conselho de Segurança Nacional. Porque as declarações públicas não são suficientes, de nosso lado nem do lado norte-americano. Queremos ouvir os argumentos que o lado norte-americano pode nos apresentar, e não os argumentos que podem ser divulgados publicamente. Queremos ter um diálogo profissional construtivo com eles. Queremos que nossa posição também seja ouvida. Conseguimos chegar a muitos acordos sobre essas questões com o governo anterior. Não excluo a possibilidade de que, com o novo governo, também consigamos achar denominadores comuns. Com esse intuito, precisamos de um diálogo concreto a respeito da essência da questão.

OS: Certo, entendo. Houve interferência norte-americana na eleição russa de 2012?

VP: Em 2000 e 2012, sempre houve alguma interferência. Porém, em 2012, a interferência foi particularmente agressiva.[168]

OS: Você pode descrever isso?

VP: Não vou entrar em detalhes. Apenas mencionarei um exemplo. Nossos parceiros norte-americanos o conhecem. Mencionei-o para Obama e John Kerry. É difícil imaginar que funcionários diplomáticos que estavam em um país — nesse caso específico, na Rússia — fossem tão agressivos em interferir na campanha eleitoral que estava acontecendo aqui. Eles arregimentaram forças de oposição. Financiaram comícios e a oposição. Os diplomatas têm de fazer coisas distintas. O serviço diplomático deve promover boas relações entre países. As ONGs podem buscar caminhos diferentes, independentemente de suas nacionalidades ou origens. Porém, muitas vezes, as ONGs são financiadas por meio de algumas estruturas criadas pelo Departamento de Estado ou controladas indiretamente por ele.

OS: Como a situação ucraniana?

VP: Não só na Ucrânia, mas em todo o espaço pós-soviético, na Europa Oriental. Além disso, em muitos países da África e da América Latina também vemos a mesma coisa.

OS: Sim.

A GUERRA CIBERNÉTICA

OS: Houve interferência cibernética na eleição de 2012?

VP: Para ser honesto, não prestei atenção específica a essa questão. Temos uma agenda própria, que precisamos enfrentar. Acho que diversos parceiros nossos vivem em um mundo próprio, e, muitas vezes, perdem, na realidade, o contato do que está acontecendo em outros países incluindo a Rússia.

OS: Vamos esclarecer isso, porque a guerra cibernética está aqui conosco. Começamos a percorrer esse caminho há alguns anos. Os Estados Unidos não admitirão isso, mas sabe-se que, em 2010, eles conseguiram instalar o vírus Stuxnet no Irã.[169]

VP: Sabemos disso. Sabemos como a NSA está trabalhando. As revelações de Snowden trouxeram isso à tona. Eu gostaria de ressaltar que o que sabemos de Snowden é pela mídia, porque, o que ele acha necessário, transmite para a mídia. Snowden utiliza a internet para passar essas informações. Então, estamos testemunhando isso no mundo todo. Sabemos da vigilância de vidas privadas e das vidas privadas de líderes políticos, que considero uma prática muito ruim.

OS: Mas a guerra cibernética não é vigilância. Porém, está conosco, tão difundida quanto a vigilância. Em meu filme *Snowden*,[170] Snowden me contou a seguinte história: em 2007 e 2008, ele servia no Japão, e a NSA pediu para os japoneses espionarem sua população. Os japoneses disseram "não", mas nós os espionamos assim mesmo.

Mas não paramos nisso. Como conhecíamos o sistema de comunicações japonês, instalamos malwares na infraestrutura civil, para a eventualidade de o Japão deixar de ser nosso aliado. Snowden também descreveu situações semelhantes no Brasil, no México e em muitos países europeus. É bastante surpreendente que façamos isso com os nossos aliados.

VP: Veja, os norte-americanos precisam cuidar de muitas coisas e têm de trabalhar em todo lugar. Os 600 bilhões de dólares gastos pelo Pentágono não são todo o dinheiro gasto em segurança e defesa.

OS: Por favor, isso é sério... Você está se fazendo de ingênuo, mas a Rússia deve ter consciência do poder da guerra cibernética e do que os norte-americanos são capazes de fazer. Se estou dizendo que eles estão instalando malwares na infraestrutura japonesa, para destruir centrais elétricas e ferrovias, apagando todas as luzes e parando o país, os russos, que estão quilômetros à frente de mim, devem ter percebido os perigos e ter se ocupado deles por algum tempo, para impedir que essa situação aconteça na Rússia. Porque os russos são os inimigos evidentes dos Estados Unidos.

VP: Creio que você não acreditará em mim, mas vou dizer algo estranho. Desde o início da década de 1990 assumimos que a Guerra Fria tinha acabado. A Rússia se tornou um país democrático. Por vontade própria, a Rússia decidiu ajudar a construir a soberania das ex-repúblicas soviéticas. A Rússia foi quem iniciou esse processo. Propusemos que a soberania devia ser concedida às ex-repúblicas soviéticas. Achávamos que não havia necessidade de adotarmos nenhuma medida de proteção adicional, porque nós nos víamos como parte integrante da comunidade mundial. Nossas empresas, nossas instituições estatais e nossos departamentos administrativos estavam comprando tudo: hardware e software. Adquirimos muitos equipamentos dos Estados Unidos e da Europa, e utilizamos esses equipamentos, que são utilizados pelos serviços de inteligência e pelo Ministério da Defesa. Porém, recentemente, sem dúvida, nos demos conta da ameaça que tudo isso representa. Apenas nos últimos anos começamos a pensar na maneira pela qual podemos assegurar independência tecnológica e também segurança. Com certeza, pensamos muito e adotamos as medidas apropriadas.

OS: Snowden disse que, em 2007/2008, os Estados Unidos instalaram malwares em sistemas do Japão, um país aliado. Você entende o que estou dizendo? O que estão fazendo em lugares como China, Rússia, Irã e assim por diante? Quero dizer, você entende meu ponto de vista? A Rússia tinha de ter consciência, já em 2007, de que os Estados Unidos estavam instalando malwares. Houve ataques contra a Rússia já em 2005, 2006, 2007?

VP: Naquele momento, não prestamos atenção a isso. As nossas instalações que produzem armas nucleares tinham observadores norte-americanos baseados nelas.

OS: Até que ano?

VP: Acho que até 2006. Mas não lembro exatamente. A confiança e a abertura da Rússia eram sem precedentes.

OS: Sim. E, então, o que aconteceu?

VP: Infelizmente, os norte-americanos não reconheceram isso. Não quiseram notar, nem valorizar isso.

OS: Quando a Rússia desenvolveu seus recursos cibernéticos?

VP: Foi um processo longo. Tivemos de recuperar o terreno perdido. Tínhamos uma base muito boa. Temos um nível educacional muito alto e ótimas escolas de matemática. Muitos cientistas russos trabalham nos Estados Unidos, alcançando resultados reconhecidos. Há três ou quatro anos, algumas de nossas empresas começaram do zero. Neste momento, faturam 7 bilhões de dólares por ano, aproximadamente. Tornaram-se competitivas no mercado de softwares. Também são bastante ativas na pesquisa e no desenvolvimento de hardware. Temos supercomputadores sendo construídos. Esse setor está passando por acelerado desenvolvimento, não só visando a defesa e a segurança, mas também a ciência e a economia.

OS: Mas Snowden descreveu uma situação em que os norte-americanos realizaram ciberataques contra a China, em 2008/2009. Imagino que ele nunca tenha tomado conhecimento do lado russo da equação cibernética, mas imagino que a Rússia esteja travando uma batalha permanente contra os Estados Unidos. Uma batalha permanente, uma batalha secreta, em uma guerra cibernética. Só imagino isso. Imagino que os Estados Unidos estão tentando fazer coisas contra a Rússia. Por sua vez, a Rússia vem tentando se defender e fazer coisas contra os Estados Unidos. Só imagino isso. Não estou inventando. Parece óbvio para mim.

VP: Quando há uma ação, sempre há uma reação.

OS: Você está agindo de um jeito engraçado em relação a essa história, como uma raposa que acabou de sair do galinheiro. [Risada]

VP: Infelizmente, não havia galinhas no galinheiro.

OS: Há algumas semanas, na RT, rede russa de tevê, eu assisti a uma reportagem — não teve sequência; desapareceu depois de um ou dois dias —, e, nela, vinte e poucos países foram apresentados como participantes de um ataque com botnet contra o sistema bancário russo, contra seis bancos importantes.[171] A ação pareceu ser de tal magnitude que aponta para um possível ataque norte-americano. Foi depois da eleição. Aponta para um possível ataque norte-americano contra o sistema bancário russo, o que faria sentido para mim. Apesar de a história ter desaparecido, tenho certeza de que você está a par dela. O que aconteceu com essa história, ela foi verdadeira?

VP: A história não desapareceu. De fato, havia relatórios de que o ataque vinha sendo preparado. Não tínhamos certeza absoluta de que ia acontecer, mas, por garantia, a comunidade bancária se dirigiu à mídia para informar aos clientes dos bancos, em particular, e aos cidadãos, em geral, que esses ataques eram possíveis e iminentes. Ela pediu que os cidadãos não ficassem nervosos nem confusos, e que não corressem aos bancos para sacar seus depósitos. Os bancos disseram que tinham tudo sob controle e que não havia motivos para ansiedade. Queriam que as pessoas soubessem que, se isso acontecesse, seria um ciberataque a fim de desestabilizar o sistema financeiro russo. Não estamos afirmando que os Estados Unidos são culpados por isso. Não temos evidências para sustentar essa afirmação.

OS: Certo. É um negócio gigantesco. Aliás, Joe Biden disse algo assim: "Vamos atacar a Rússia da mesma maneira que nos atacaram nessa eleição" ou "Vamos atacar a Rússia da mesma maneira, no momento de nossa escolha". [172] Obama apoiou essa afirmação e disse que os Estados Unidos responderiam à interferência na eleição ou, como ele chamou, ao ataque. É uma conversa chocante. Mas são palavras importantes do vice-presidente e, depois, do presidente. São pessoas sérias. Então, algo aconteceu antes do dia da posse de Trump.

VP: Sem dúvida, não é nada bom quando essas afirmações vêm de nível tão alto. De fato, você está certo. Foi dito que aconteceria "no momento da escolha deles". Houve duas razões. Primeiro, eles queriam contestar o resultado das eleições. Disseram aquilo, "o momento da escolha deles", mas, certamente, o governo de Obama já não tinha mais tempo. Para ser honesto, não quero ofender nem insultar ninguém, mas o que vimos acontecer em dias recentes recorda-me daquilo que o Politburo do Partido Comunista da União Soviética fazia, sobretudo quando concediam comendas uns aos outros. Era muito engraçado.

OS: Não entendi a analogia.

VP: Vimos o presidente Obama conceder um prêmio ao seu vice-presidente. Sim, ele deu a Biden algum tipo de condecoração, e isso me fez lembrar os membros do Politburo do Partido Comunista da União Soviética. Eles concediam comendas, estrelas e condecorações uns aos outros. Então, naquele momento, entendi que o governo de Obama tinha acabado quanto a qualquer decisão mais séria.

OS: Você está tratando isso como pouco importante, mas em vista do dinheiro que os Estados Unidos investiram em guerra cibernética e em comando cibernético, para mim parece uma ameaça séria. Tenho a sensação de que você está minimizando a importância, porque algo aconteceu e você não quer revelar, por causa de delicadas relações exteriores.

VP: Você está desapontado porque os Estados Unidos não conseguiram fazer algo? Ou simplesmente lamenta o dinheiro dos contribuintes norte-americanos que foi gasto nessa guerra cibernética?

OS: Não, eu acredito que a guerra cibernética pode levar a uma guerra quente. Realmente creio nisso, por causa do passado. Sabe, o vírus Stuxnet chegou muito perto de criar o caos no mundo. Acho que isso é muito perigoso, e que estamos brincando com fogo.

VP: É muito perigoso.

OS: Eu sei. Bem, sem dúvida, você está mantendo segredo a respeito de alguma informação, não quer torná-la pública.

VP: Sim. É um grande segredo. É superconfidencial.

OS: [Risada] Eu sei. Mas seremos capazes de lidar com esses recursos? Para mim, parece que o que aconteceu no Irã pode ser tão sério, a seu modo, como o que aconteceu em 1945, em Nagasaki e Hiroshima. Foi o início de uma nova era.

VP: As armas usadas em Hiroshima e Nagasaki abriram uma página trágica na história da humanidade, porque liberaram um terrível gênio da garrafa. Nossos especialistas militares acreditam que não houve sentido militar por trás do uso de armas atômicas contra o Japão, que já estava derrotado. Porém, para mim, essa comparação entre o Stuxnet e as armas nucleares é muito exagerada. Mas se não conseguirmos chegar a um acordo sobre um certo código de conduta nesse campo, e concordo com você nesse aspecto, as consequências dessa espiral de ação poderão ser muito graves e até trágicas.

OS: Para mim, parece uma guerra secreta, mas ninguém sabe quem a começou. Ninguém sabe se foi um país aliado ou se foi a Coreia do Norte que hackeou a Sony. Esses rumores circulam. Porém, se todas as luzes apagarem na Rússia, e, digamos, se parte da rede elétrica russa for interrompida durante a noite, haverá um tremendo medo na Rússia, como haveria nos Estados Unidos, e as pessoas não saberiam quem havia feito isso. Guerra secreta.

VP: É quase impossível disseminar o medo entre os cidadãos russos.

OS: [Risada] Ahhh!

VP: Essa é a primeira coisa que eu queria dizer. Em segundo lugar, as economias mais sofisticadas, em termos tecnológicos, são as mais vulneráveis a esses tipos de ataque. Porém, de qualquer forma, é uma tendência muito perigosa. Um caminho muito perigoso a seguir quanto à competição. Precisamos de algumas regras para guiar todos nós.

OS: Um tratado.

VP: Eu não queria dizer isso, mas você simplesmente está extraindo essa informação de mim. Você me faz dizer isso. Há um ano e meio, no outono de 2015, fizemos uma proposta que foi apresentada aos nossos interlocutores norte-americanos. Sugerimos que devíamos analisar essas questões e chegar a um tratado, um acordo sobre as regras a serem seguidas nesse campo. Apresentamos uma proposta semelhante nas Nações Unidas. Os norte-americanos não responderam, ficaram em silêncio, não nos deram nenhuma resposta. Apenas no fim do governo de Obama entramos em contato com o Departamento de Estado, e eles disseram que estavam dispostos a discutir essa questão. Nosso Ministério de Relações Exteriores respondeu que teria de conversar com o novo governo, pois não havia mais tempo. Esse é um dos tópicos mais importantes que vamos ter de explorar no futuro próximo.

OS: Talvez Trump e você possam chegar a um acordo a esse respeito. Isso poderia se tornar um gigantesco sucesso.

VP: Essa é apenas uma das questões que temos de enfrentar juntos. É muito importante, e concordo com você a esse respeito. Mas gostaria de reiterar: a proposta está na mesa, mas, até agora, nossos parceiros norte-americanos não deram seu parecer. A proposta lhes foi apresentada antes da fase ativa da campanha eleitoral.

[Após um intervalo, às 11 horas da noite, Putin e Stone caminham pelos corredores do Kremlin com o intérprete.]

OS: É um lugar muito grande. Como vocês o aquecem? Não me conte.

VP: Você devia ter perguntado algo mais simples. De alguma forma, simplesmente acontece. Mas posso lhe garantir que não usamos lenha para aquecê-lo.

OS: Para terminarmos com a coisa da guerra cibernética. Há apenas algumas semanas, aqui, em Moscou, o chefe dos detetives foi preso. Ele foi escoltado para fora do escritório com um saco na cabeça.

VP: Era um dos grupos de hackers.

OS: Mas ele era um servidor público.

VP: Não, não. É uma pessoa do setor privado. Um hacker.

OS: Três pessoas foram acusadas. O rumor era de que eles estavam, possivelmente, em conluio com os norte-americanos.

VP: Não sei sobre isso. Sei que era um grupo de hackers. Eles estavam perpetrando ataques contra contas bancárias de indivíduos e empresas. Estavam tirando dinheiro das pessoas.

OS: Então você acha que é um assunto privado. Não tem envolvimento com essa situação entre Estados Unidos e Rússia?

(...) Você sempre percorre esses longos corredores para se exercitar?

VP: Não. Tenho uma pequena academia aqui.

OS: Você nunca se sente solitário à noite caminhando pelos corredores?

VP: À noite, nunca caminho por estes corredores.

OS: Da última vez em que nos vimos, nós falamos de vigilância em massa. Você concordou que não fazia sentido. Que era ineficaz. Desde então, uma nova lei foi aprovada, e acho que você a sancionou. Na Rússia, ela é chamada de Lei Big Brother,[173] e propicia exatamente o tipo de vigilância que você deplorou acerca do método norte-americano.

VP: Não é exatamente desse jeito. Vou lhe falar a respeito. Não é segredo, para ser honesto.

OS: Na última vez em que falamos de vigilância, de vigilância em massa, tive a impressão de que você era contra e que considerava lamentável a técnica norte-americana. Era ineficaz contra o terrorismo, e, como nosso filme *Snowden* mostrou, a abordagem específica era a que melhor funcionaria em relação aos terroristas. E, desde aquela conversa, há uma nova lei na Rússia, e você a sancionou. Estou surpreso. Snowden condenou isso aqui na Rússia. Então, estou surpreso. Aliás, qual é o seu sentimento a esse respeito?

VP: Quanto à lei que você acabou de mencionar, ela não autoriza vigilância de todo mundo — vigilância de pessoas, não importa quem sejam. Não autoriza isso, de nenhuma maneira. Essa lei é acerca de algo inteiramente diferente. Você mencionou Snowden. Ele revelou que a NSA e a CIA realizavam a vigilância de cidadãos no mundo todo, de líderes políticos e dos seus aliados. Enquanto a lei que aprovamos afirma que as informações devem ser preservadas por um espaço maior de tempo. As informações devem ser preservadas pelas empresas que prestam serviços de internet e de telecomunicações. Porém, a informação privada, a informação essencial, só pode ser obtida por serviços especiais ou por agências executoras da lei, mas apenas se o Poder Judiciário assim decidir — se houver motivos apresentados para os tribunais, se o juiz decidir que a informação pessoal deve ser fornecida para as agências executoras da lei ou para os serviços especiais. Essa informação não pode ser obtida automaticamente pelos serviços especiais junto às empresas privadas. Essa lei está em vigor nos Estados Unidos, no Canadá, na Austrália e em diversos outros países. Acho que é justificada e necessária na luta contra o terrorismo. Porque, se esses dados forem simplesmente eliminados, então todas as oportunidades de perseguir os suspeitos se esvairão.

OS: Mas por quê? Por que vocês estão fazendo isso? Não notei que havia alguma grande ameaça terrorista na Rússia. Parece uma rede de pescar sobre todos os cidadãos russos.

VP: Deixe-me repetir: as agências executoras da lei e os serviços especiais só poderão obter informações se houver uma decisão judicial. Essa lei introduz uma responsabilidade para as empresas privadas — prestadores de serviços de telecomunicações e internet: conservar os dados por mais tempo. Porém, essa lei não dá autorização automática para nossos serviços especiais conseguirem esse tipo de informação. Nem as empresas privadas devem fornecer essa informação aos serviços especiais. Por que essa lei é tão importante? Apenas dê uma olhada: falamos da Síria, você e eu. Neste momento, lamentavelmente, na Síria há 4,5 mil cidadãos russos alinhados com o Estado Islâmico e com outras organizações terroristas que lutam lá. E outros 5 mil cidadãos dos países da Ásia Central, de ex-repúblicas soviéticas. Eles conseguiram conexões próprias na Rússia e preparam ataques terroristas.[174] No ano passado, nossos serviços especiais frustraram 45 ataques terroristas. Assim, felizmente, não estamos vendo nenhuma atividade terrorista séria, mas não é porque os terroristas não estão lutando contra nós, mas simplesmente porque, felizmente, até agora, nossos serviços especiais foram bem-sucedidos em frustrar as atividades dos terroristas. Contudo, a Rússia foi atacada por terroristas em diversas ocasiões, e as pessoas sabem disso muito bem. Sofremos grandes perdas, e temos de proteger nossa população, nossos cidadãos.

OS: Isso tem algo a ver com o modo pelo qual o Google opera, ou com o medo ou a paranoia acerca do Google, digamos, sua onipresença na Europa?

VP: Não tenho certeza dessa paranoia. Mas sei que os terroristas utilizam esses canais para comunicação. Às vezes, utilizam canais fechados de comunicação.

OS: Ouvi dizer que isso também era algo bastante financeiramente punitivo para as empresas que têm de armazenar informação, já que isso custa muito caro.

VP: É um exagero. Vai custar alguns trilhões de rublos. Mas, para ser honesto, os especialistas afirmam que, se o governo pensar no todo, em todas as ações que precisam ser adotadas, então esses custos poderão ser reduzidos para 100 bilhões de rublos.

OS: Ufa!

VP: No tocante a essa lei, quando eu a sancionei, instruí o governo para propor um conjunto de medidas com a intenção de reduzir as consequências financeiras para as empresas.

OS: Sim, isso seria bom.

RELAÇÕES INTERNACIONAIS

OS: Os Estados Unidos e a China têm tido alguns problemas sérios no mar do Sul da China, problemas marítimos. Isso deve ser motivo de preocupação da Rússia. Você teve alguma conversa com o primeiro-ministro chinês?

VP: Não. Talvez tenhamos tocado no assunto, mas só em termos gerais. Nossa posição sobre o tema é conhecida e consiste no seguinte: todas as disputas regionais devem ser tratadas no decorrer de consultas pelos países da região. Qualquer interferência de fora sempre é contraproducente. Até onde sei, a China está engajada nesse tipo de diálogo com as potências regionais.

OS: Salvo que as potências regionais acham que são pequenas, e recorrem aos Estados Unidos em busca de seu escudo nuclear.

VP: Não tenho tanta certeza disso. Acho que as Filipinas não pensam mais assim.

OS: Sim. Você tem um ponto de vista diferente.

VP: Mas você sabe que essa disputa foi elevada ao nível da Corte Permanente de Arbitragem. E foi iniciada pelas Filipinas.

OS: Ok. Então, essa é uma solução?

VP: Não acho. Vou lhe dizer o motivo. A questão é a seguinte: para essa decisão ser reconhecida, diversas condições precisam ser satisfeitas. Primeiro, todas as partes em disputa têm de se submeter a essa corte. E a China não se submeteu a essa corte. E a segunda condição é que a corte tem de escutar todas as partes referentes à disputa. Mas a China não foi convocada à corte, e sua posição não foi ouvida. Portanto, creio que o veredicto dessa corte dificilmente pode ser reconhecido como válido. Porém, deixe-me reiterar: a liderança atual das Filipinas não insistiu no cumprimento do veredicto dessa corte. Neste momento, vemos as Filipinas promoverem um diálogo com a China em relação a esse assunto, e acho que esse é o melhor caminho a seguir.

OS: O Japão e a Coreia do Sul são dois países poderosos: muito ocidentais, muito capitalistas num sentido... São economias muito capitalistas, e o Japão possui a segunda maior quantidade de bases militares norte-americanas do mundo. A Coreia do Sul, por sua vez, possui muitas bases, e algumas delas são norte-americanas, e, evidentemente, por causa dessas bases, tornou-se uma questão norte-americana.

VP: Se os Estados Unidos acham isso... Deixe-me dizer mais uma vez: o melhor jeito é não colocar mais lenha na fogueira dessas disputas, dessas contradições. Essas disputas não devem ser postas à prova, não devem ser usadas para assegurar a posição de alguém na região. Ao contrário, as partes precisam promover um diálogo normal, positivo e construtivo, com a intenção de encontrar soluções para questões pendentes.

OS: Em todos os países, há reacionários e linhas-duras. Nos Estados Unidos, na Rússia, em todos os países. Na Rússia, você diria que foi pressionado por nacionalistas e radicais a assumir uma posição mais dura em relação a todas essas questões?

VP: Eu não iria tão longe para dizer que senti alguma pressão, mas temos pessoas de diferentes pontos de vista. Algumas delas bastante influentes — em relação à opinião pública. Assim, sem dúvida, tenho de levar em consideração suas posições. Da mesma forma que devo levar em conta a posição das pessoas de orientação mais liberal. Esse é o meu trabalho. Preciso considerar posições distintas e chegar a uma solução aceitável.

OS: O que é aqui?

VP: É um dos escritórios de trabalho, onde meus colegas e eu organizamos videoconferências. Podemos organizar videoconferências com diferentes regiões da Rússia, com diferentes agências e ministérios. Assim, as pessoas não têm de vir aqui pessoalmente, o que economiza tempo.

OS: A Rússia tem dez ou 11 fusos horários?

VP: Acho que 11.

OS: Podemos conversar? Acho que vou me sentar deste lado. Talvez seja melhor. Adoro este mapa. Então, esta sala é uma espécie de gabinete de gestão de crises?

VP: Sim, de fato.

OS: Ataques de comandos e outras coisas?

VP: Não. Você está falando de minhas funções como comandante em chefe e de onde realizo essas funções? Bem, podemos fazer isso daqui, temos os meios de comunicação necessários, temos um link direto com o Ministério da Defesa. Aliás, dê uma olhada nesses fusos horários. Você pode vê-los. O ponto localizado no Extremo Oeste, Kaliningrado. À esquerda. E o ponto localizado no Extremo Leste. Todos chamam o Japão de "o país do sol nascente". Porém, a Nova Zelândia fica ao Leste do Japão. E ao Leste da Nova Zelândia, fica Chukotka. É uma das regiões russas. E, adiante de Chukotka, entre Chukotka e o Alasca, o estreito de Bering está a apenas 100 quilômetros de distância. Então, Chukotka é a região mais oriental da Eurásia. Eu chamaria Chukotka de o país do sol nascente.

OS: Ok. Então, em termos militares convencionais, o orçamento militar russo é de 66 bilhões de dólares, de acordo com as estatísticas, enquanto, como você disse, o orçamento norte-americano é de 600 bilhões de dólares. Dessa maneira, o orçamento russo corresponde a cerca de um décimo do gasto norte-americano. O orçamento chinês é de 215 bilhões. O da Arábia Saudita, de 87 bilhões. Arábia Saudita, de novo... O que deixa a Rússia em quarto lugar. Esse é um número exato?

VP: Sim, é aproximadamente como você acabou de dizer.

OS: Ou seja, a Arábia Saudita gasta mais dinheiro do que a Rússia.

VP: No fim das contas, os sauditas gastam mais do que nós.

OS: Como você faz isso? Quero dizer, você tem um grande Exército, um grande serviço de inteligência. Mas qual é o truque? Afinal, você não tem lobbies que custam muito caro? Nessa coisa não há subornos, corrupção?

VP: Sem dúvida, da mesma forma que em qualquer outro país, temos tudo isso. Porém, entendemos que o mais importante é o país ter uma economia que funcione bem e que apresente bom desempenho. Assim, precisamos coordenar nossas ambições, nossas necessidades e nossas oportunidades no campo militar. Na defesa, possuímos certas tradições, que foram estabelecidas pelos nossos predecessores. Um de nossos líderes militares mais proeminentes, Suvorov, costumava dizer: "Não é com números que você tem de guerrear, mas sim com suas habilidades." As Forças Armadas devem ser compactas, mas muito modernas e eficientes. Gastamos o suficiente. O que quero dizer é que, em relação ao nosso PIB, nossos gastos militares equivalem a mais de 3%. Para a Rússia, é bastante. Neste ano, conseguimos economizar quando elaboramos nosso orçamento, graças à redução de nossos gastos militares. Assim, passo a passo, vamos reduzir nossos gastos militares a 2,7%/2,8% de nosso PIB nos próximos três anos.

OS: Os Estados Unidos fazem muito para construir... eles continuam falando de seus sistemas antimísseis. Há alguma razão para acreditar que houve algum tipo de inovação na tecnologia deles?

VP: Até agora não houve nenhuma inovação. Mas é possível. Sem dúvida, temos de levar isso em conta. Estamos trabalhando para assegurar nossa segurança a médio e longo prazos.

OS: Mas os norte-americanos têm um plano. Eles estão fazendo algo para ganhar capacidade de ataque preventivo. Acho que estão realmente trabalhando. Os Estados Unidos acham que poderão obter vantagem se conseguirem desenvolver esse sistema de mísseis antibalísticos.

VP: Sem dúvida. Esse é exatamente o caso. Acho que a saída do Tratado de Mísseis Antibalísticos foi um erro. Os Estados Unidos estão tentando construir um escudo para se proteger. Porém, na realidade, isso desencadeia uma corrida armamentista. Novas suspeitas emergem. Para citar um exemplo, depois de implantar um sistema de mísseis antibalísticos na Romênia,[175] eles implantam um sistema que pode ser utilizado para a instalação de mísseis de cruzeiro de alcance intermediário, que são lançados do mar. Os Estados Unidos possuem esses mísseis, que não são proibidos pelos tratados existentes. Esses mísseis de cruzeiro podem ser implantados e postos em ação. Mas não vamos ver isso. Só são necessárias algumas horas para reconfigurarmos o programa de computador. E fim de papo. Sim.

Além disso, se esse sistema se tornar totalmente operacional, teremos de pensar como poderemos penetrar no sistema. Poderemos superá-lo e mudar de lugar nossas armas nucleares baseadas em terra. Temos sorte, sabe, porque, de qualquer maneira, teríamos de reequipar e modernizar nossos sistemas baseados em terra. Porque, do ponto de vista tecnológico, chegou a hora de eles terem de ser modernizados. Vamos fazer exatamente isso, dada a situação que observamos. E dado o sistema de mísseis antibalísticos implantados pelos norte-americanos.

OS: Você pode revelar outros novos avanços vistos nos exercícios dos Estados Unidos e da OTAN nas fronteiras da Rússia, nos seus jogos de guerra? Houve alguma mudança de estratégia, por exemplo, na Polônia?

VP: Eu diria que não. Isso tem mais efeito psicológico do que militar, em si. Militarmente, não é motivo de preocupação para nós. Porém, solapa a confiança no processo político, que nos permitiria trabalhar juntos. Sem dúvida, o que estamos vendo não é uma boa coisa. Está causando danos em nossas relações.

OS: Interessante.

SÍRIA E DEFESA

OS: Podemos voltar atrás rapidamente? No que se refere à Síria, parece que a situação se acalmou. A batalha por Alepo foi descrita pela mídia ocidental como selvagem. Eu assisti às reportagens da RT que apresentavam uma perspectiva diferente do que estava acontecendo na parte ocidental de Alepo. A mídia norte-americana, por exemplo, não relatou algumas atrocidades que estavam ocorrendo ali.

VP: Sabe, isso é tudo parte de um confronto de informações. Sem dúvida, a mídia é usada. Se ela apresenta informação desequilibrada, fica desacreditada no final das contas. De qualquer forma, se uma questão surge inevitavelmente, como, por exemplo, se as pessoas são tomadas como reféns por terroristas, isso significa que temos de parar de combater os terroristas? Devemos simplesmente lhes dar carta branca para fazer o que quiserem? A questão sempre surge: a origem do mal são aqueles que combatem os terroristas ou os próprios terroristas? Apenas considere o seguinte: houve muita conversa acerca da necessidade de oferecer ajuda humanitária imediata para Alepo. Neste momento, Alepo foi liberada dos terroristas. Agora, ninguém fala da necessidade de oferecer ajuda humanitária a Alepo, ainda que a segurança tenha sido garantida. Muitos parceiros e colegas meus afirmaram estar dispostos e prontos para oferecer esse tipo de ajuda humanitária, mas até agora nada aconteceu. Sempre houve aqueles que afirmavam que entraríamos em conflito com os sunitas, mais cedo ou mais tarde. Para mim, isso era uma provocação. No mundo árabe e na Turquia, muita gente entende quais são as nossas intenções. Há aqueles que discordam disso. Mas nossa posição é clara. Nosso objetivo é apoiar as autoridades legítimas e impedir a desintegração do Estado sírio. Caso contrário, esse território vai virar outra Líbia, ou coisa pior. Ou outra Somália. Em segundo lugar, nosso objetivo é combater o terrorismo. Isso não é menos importante para nós. Exatamente como eu disse: de acordo com os nossos dados, 4,5 mil russos e 5 mil cidadãos de países da Ásia Central — as ex-repúblicas soviéticas — estão lutando. Nossa missão é impedi-los de voltar para casa. No entanto, tratamos com respeito as preocupações de nossos parceiros da Turquia e dos países árabes. No que isso resultou? Primeiro, a etapa final da luta pela libertação de Alepo não terminou com as hostilidades. Terminou, sim, com a separação das forças. Ajudamos parte da oposição armada a se retirar de Alepo. Fomos os únicos a promover esse processo. Fomos os únicos a organizar tudo isso. Mas todos fizeram parecer que não viram o que acontecia. Em segundo lugar, houve conversas de que, depois que Alepo fosse libertada, limpezas étnicas ou religiosas iriam acontecer. Você sabe a decisão que tomei? Decidi enviar um batalhão da polícia russa do Exército para Alepo, que veio do Cáucaso do Norte, constituído principalmente de soldados da República Chechena[176] e de outras repúblicas do Cáucaso do Norte. Aliás, todos são sunitas.

OS: [Risada] Entendo.

VP: A população local os recebeu muito bem, considerando-os como seus protetores. Sem dúvida, fizemos isso com o apoio do presidente Assad. Ele afirmou estar interessado em promover um diálogo entre distintos grupos religiosos. Sabe o que aconteceu? Vou lhe dizer algo que ninguém soube até agora, mas, provavelmente, vão tomar conhecimento antes de seu filme ser lançado. Os representantes da oposição armada, em um dos subúrbios de Alepo, nos pediram para aumentarmos nosso efetivo de policiais do Exército. Querem que levemos um efetivo igual ou até maior para a regiões que eles controlam.

Há uma semana, decidi enviar outro batalhão da polícia do Exército para lá. Mas isso não é tudo. Junto com nossa polícia do Exército, um mufti da República Chechena se apresentou.

Ele também é sunita. Fala com nossos militares e com a população local. Não estamos interessados em colocar mais lenha na fogueira desse conflito. Ao contrário, nosso interesse é promover o diálogo, de modo a preservar a integridade territorial da Síria, que é uma questão muito complicada. Estou particularmente preocupado com o que venho testemunhando. Até certo ponto, observamos uma divisão entre distintos grupos religiosos. As pessoas estão se deslocando de uma região da Síria para outra. Esses grupos religiosos estão se isolando e se separando, e isso é muito perigoso, pois pode resultar numa ruptura. Mas tenho de lhe dizer que somos bem-sucedidos porque conseguimos o apoio direto da liderança turca e também da liderança iraniana. É uma questão muito difícil, e nem sempre é fácil encontrar um consenso. Porém, contatos diretos estão sendo mantidos com os parceiros iranianos e turcos, e isso nos dá esperança, e é por causa disso que obtemos sucesso. É verdade o que você disse a respeito da Síria se acalmando. De fato, as hostilidades quase cessaram entre a oposição armada e as Forças Armadas do governo. Porém, as hostilidades ainda prosseguem contra o Estado Islâmico.

OS: Em poucas palavras, o que você diria que é resultado da intervenção militar russa?

VP: Posso resumir isso com facilidade. Primeiro, estabilizamos as autoridades legítimas. Segundo, alcançamos uma reconciliação e conseguimos trazer à mesa de negociação a oposição armada e o governo. Além disso, conseguimos promover um diálogo no formato trilateral, envolvendo a Turquia e o Irã. Precisamos do apoio dos Estados Unidos e também da Arábia Saudita, da Jordânia e do Egito. Seguiremos em frente com muita cautela, de modo que cada passo assegure o que foi alcançado no passo anterior, em vez de solapá-lo.

OS: Qual é a distância entre Damasco e Moscou? Certa vez você me disse que eram...

VP: Nunca calculei. Acho que são 3 mil quilômetros. São 2 mil quilômetros até Sochi e mais mil até Istambul. São 3,5 mil ou 4 mil quilômetros.[177]

OS: Ok. Uma rápida questão. A partir do que você disse, tenho a nítida sensação de que Erdogan, na Turquia, acha que a CIA estava envolvida no recente golpe de Estado contra ele.

VP: Ele lhe disse isso?

OS: Não. Erdogan disse coisas que insinuavam isso.

VP: Não sei nada a esse respeito. Mas posso perceber a lógica por trás do que ele disse. Gülen, que ele suspeita ser o responsável pela organização desse golpe de Estado, está vivendo na Pensilvânia.[178] Ele mora lá há mais de nove anos.

OS: Erdogan nunca disse nada para você? Nunca lhe segredou isso?

VP: Não. Erdogan me contou que suspeitava de Gülen e de seu movimento na organização do golpe de Estado. Nunca me falou nada do papel dos Estados Unidos. Mas posso ver sua lógica. Se Gülen tivesse participado dessa tentativa de golpe de Estado — da qual não tenho ideia —, seria muito difícil imaginar que os serviços de inteligência norte-americanos não tinham conhecimento do que estava acontecendo. Essa é a primeira coisa. Em segundo lugar, os aviões baseados na Base Aérea de Incirlik estiveram ativos nessa tentativa de golpe. Essa é exatamente a base aérea onde se localiza a maior parte da Força Aérea norte-americana baseada na Turquia.

Estamos um pouco preocupados. Por quê? A questão é a seguinte: armas nucleares táticas estão fixadas na Turquia. São armas nucleares norte-americanas. Quando ocorrem esses acontecimentos dramáticos, surge a questão quanto ao que pode acontecer com as ogivas nucleares.

OS: Não tenho certeza se o Exército é leal a Erdogan. Muitos militares turcos estão envolvidos com os Estados Unidos.

VP: Você deve saber melhor do que eu.

OS: Erdogan prendeu muitos militares.

VP: Erdogan esteve a um passo de ser assassinado. Ele saiu do hotel onde estava hospedado. Alguns de seus oficiais de segurança permaneceram. Um comando das Forças Armadas foi atrás de Erdogan. Houve um confronto com seus oficiais de segurança, e eles foram mortos. Podemos dizer que, se Erdogan tivesse permanecido no hotel, teria sido assassinado. São apenas fatos brutos, dos quais não tiro nenhuma conclusão. Mas é o que aconteceu. Não quero analisar ou avaliar o que Erdogan fez depois. Porém, sabemos o papel histórico que as Forças Armadas têm desempenhado na Turquia. Elas foram a motriz da trajetória secular de desenvolvimento do país. Temos essa regra de ouro à qual nos agarramos: jamais interferimos nos assuntos domésticos de nenhum país.

OS: Nem mesmo na eleição norte-americana?

VP: Não, nunca. Cabe ao povo do país.

OS: Acredito em você.

VP: Sabe, ainda antes, às vezes meio como piada, meio como comentário sério, dizíamos que a Constituição norte-americana não era perfeita.

OS: O Colégio Eleitoral.

VP: Sim, absolutamente certo. Porque as eleições não são diretas. Havia esse Colégio Eleitoral que você mencionou. Mas a resposta dele sempre era: "Não é da sua conta. Nós mesmos vamos resolver isso." Assim, não interferimos nos assuntos domésticos norte-americanos, nem nos de qualquer outro país. Não interferimos na Turquia.

OS: Quão perto a Rússia esteve de uma guerra? Em 2013, o governo norte-americano disse para os sírios que eles tinham cruzado a linha vermelha. Então, o general Shoygu, ministro da Defesa russo, revelou que os sírios quase lançaram um ataque maciço de 624 mísseis de cruzeiro em um período de 24 horas. Provavelmente, naquele momento, esse ato teria acabado com a soberania do Estado sírio. Você se envolveu na questão e removeu as armas químicas da Síria. O quão perto vocês ficaram de uma guerra? Você se preocupou com um ataque norte-americano contra Damasco?

VP: Honestamente, não sei. Acho que você tinha de ter perguntado isso ao governo Obama. Ou seja, o quão perto os Estados Unidos estiveram de tomar a decisão de declarar guerra. Felizmente, tomaram outra decisão.

OS: Você se envolveu nisso?

VP: Sim, eu me envolvi. Na reunião de cúpula do G-20, que ocorreu em São Petersburgo, o presidente Obama e eu conversamos sobre esse tópico. Concordamos em tentar tomar medidas para eliminar o restante de armas químicas na Síria.

OS: Você parece muito despreocupado. Não soa bem. Quero dizer, se Shoygu disse 24 horas, você deve ter ficado preocupado. A Síria é sua aliada.

VP: Bem, tudo envolve o modo subjuntivo, por assim dizer. Seja como for, naquele momento, o presidente Obama e eu concordamos em trabalhar juntos, e, felizmente, nosso trabalho conjunto deu certo.

OS: Você faz parecer casual. Mas não o preocupou o fato de que seu aliado desapareceria e talvez o Estado Islâmico pegasse o caminho para Damasco imediatamente? Você não viu todas as implicações disso?

VP: Sim, sem dúvida, ficamos preocupados. É por causa disso que conversamos sobre como poderíamos enfrentar essa questão por outros meios, e fomos bem-sucedidos nisso.

OS: Você parece muito sereno a esse respeito, mas imagino que, naquele momento, a situação talvez tenha ficado muito mais tensa.

VP: Veja, o que aconteceu naquela ocasião, aconteceu. Neste momento, temos um sistema muito bem-organizado e muito bem-preparado de defesa aérea implantado na Síria.

OS: Ah!

VP: Temos os mísseis antiaéreos S-400, com um alcance de mais de 300 quilômetros; os S-3000, também com um alcance de mais de 300 quilômetros; e o sistema DEBO, com um alcance de 60 quilômetros. Há outros sistemas, mais eficientes, com um alcance menor. Assim, temos um plano multicamada de defesa aérea. Também temos navios ao largo da costa, equipados com esse sistema de defesa aérea.

OS: Então, você podia ter impedido?

VP: E os sistemas de defesa aérea mais sofisticados, com um alcance de 300 quilômetros.

OS: Nessa conversa que você teve com Obama, você disse que as armas russas iriam neutralizar as armas norte-americanas, e isso causaria uma crise internacional. Seria uma tremenda situação. O Pentágono iria enlouquecer, não? Sabe, é quase uma situação de guerra.

VP: Naquele momento, não tínhamos esses mísseis na Síria.

OS: Ah, achei que tivessem.

VP: Naquele momento, nossos mísseis não estavam ativos na Síria.

OS: A Rússia tem uma aliança com a Síria desde o começo da década de 1970, não?

VP: Sim. Porém, não tivemos nenhuma participação no que acontecia. Estávamos apenas fornecendo assistência financeira, médica, técnica e militar.

OS: Em outras palavras, se o regime de Assad tivesse sido, digamos, enfraquecido, a Rússia teria ido ajudá-lo contra o Estado Islâmico, em deslocamento para Damasco?

VP: De novo, isso depende do modo subjuntivo. É difícil falar a respeito, porque envolve muitos fatores que devem ser levados em conta.

OS: Vamos falar de outra situação de guerra, já que estamos no gabinete de gestão de crises. Mais recente. Na Crimeia, quando o referendo se aproximava, o destróier norte-americano *Donald Cook*, equipado com mísseis Tomahawk, surgiu no mar Negro. Corrija-me se eu estiver errado, mas vi um documentário... Bem, em primeiro lugar, a OTAN anunciou exercícios militares no mar Negro, e o comandante naval russo falou, nesse documentário, de como a Rússia ficou perto de usar seu sistema de mísseis da defesa costeira. O *Donald Cook* navegava no mar Negro e, em certo momento, deu meia-volta e não executou sua missão.[179] Parece que foi semelhante à crise dos mísseis de Cuba, quando aconteceu a mesma coisa, em que um navio se aproximou da linha de demarcação e deu meia-volta, porque foi ameaçado pela Marinha norte-americana, em 1962. Nesse momento, onde você estava? E enquanto essa situação com o destroier *Donald Cook* se desenrolava, você ficou nervoso?

VP: Você se lembra de como a crise ucraniana se desenvolveu? [Nós discutimos isso.] Três ministros das Relações Exteriores de países europeus atuavam como fiadores de um acordo entre a oposição e o presidente Yanukovych. Todos concordaram com isso. O presidente Yanukovych até aceitou realizar eleições antecipadas. Naquele momento, por iniciativa dos Estados Unidos, eles nos disseram: "Pedimos que vocês impeçam o presidente Yanukovych de usar as Forças Armadas." Por seu lado, o governo norte-americano prometeu que iria fazer tudo ao seu alcance para que a oposição liberasse as praças e os prédios administrativos. Dissemos: "Muito bem, essa é uma boa proposta. Vamos trabalhar com base nela." Como você sabe, o presidente Yanukovych não recorreu às Forças Armadas. No entanto, logo na noite seguinte, ocorreu o golpe de Estado. Não tivemos uma conversa telefônica, nem recebemos uma ligação. Simplesmente, nós os vimos [os norte-americanos] apoiando ativamente aqueles que perpetraram o golpe de Estado. Tudo o que pudemos fazer foi dar de ombros. Essa conduta dos norte-americanos, a maneira como agiram, mesmo entre indivíduos, é absolutamente inaceitável. Eles deviam ao menos ter nos dito depois que a situação fugira do controle. Deviam ter nos dito que fariam de tudo para recolocá-los num caminho constitucional. Não, eles não fizeram isso. Começaram a inventar mentiras, dizendo que Yanukovych tinha fugido. E apoiaram aqueles que executaram o golpe de Estado. Como podemos confiar em tais parceiros?

OS: Foi quando a subsecretária de Estado, Victoria Nuland, teve aquela conversa com o embaixador norte-americano e disse "Foda-se a União Europeia"?[180]

VP: Não importa, sinceramente. Foi no dia 21 de fevereiro. Ou, talvez, no dia 20. O golpe de Estado aconteceu no dia seguinte. Agora que a Crimeia se tornou parte de pleno direito da Federação Russa, nossa atitude em relação a ela mudou drasticamente. Se percebermos uma ameaça ao nosso território, como qualquer outro país, teremos de protegê-lo por todos os meios à nossa disposição. Eu não queria fazer uma analogia com a crise dos mísseis de Cuba, porque, naquele momento, o mundo ficou à beira de um apocalipse nuclear. Felizmente, a situação não foi tão longe dessa vez, ainda que, de fato, tenhamos implantado nossos sistemas mais sofisticados e modernos de defesa costeira.

OS: Mas o Bastion é um míssil de grande porte, e o destróier, o *Donald Cook*, tem mísseis Tomahawk.

VP: Sim, sem dúvida. Contra esses mísseis, como os que implantamos na Crimeia, um destróier como o *Donald Cook* fica simplesmente indefeso.

OS: Por isso ele deu meia-volta?

VP: Creio que seu comandante foi inteligente e também responsável. Isso não significa que ele seja fraco...

OS: Não, não.

VP: Ele simplesmente entendeu com o que estava lidando. E decidiu não continuar.

OS: Mas o seu comandante tinha autoridade para disparar?

VP: Nossos comandantes sempre têm autorização para usar os meios necessários para a defesa da Federação Russa.

OS: Mas é um incidente potencialmente grave.

VP: Sim, com certeza. Teria sido muito grave.

OS: Você foi notificado?

VP: Sim, é claro. Onde esse navio fica geralmente baseado, o *Donald Cook*? Onde é sua base?[181]

OS: No Mediterrâneo, suponho.

VP: Sim. Mas acho que o porto de origem é em algum lugar dos Estados Unidos. O local está registrado. Assim, milhares e milhares de quilômetros de distância do... E mesmo se o porto fica em algum lugar no Mediterrâneo, algum lugar da Espanha, ainda é a milhares de quilômetros do mar Negro. Estamos determinados a proteger nosso território.

OS: Entendo. Mas vocês estavam dispostos...

VP: Quem estava tentando provocar quem? O que aquele destróier fazia tão perto de nossa costa?

OS: Entendo, mas entraram em contato com você naquele momento? Em que espaço de tempo tudo isso aconteceu, esse desafio?

VP: Creio que foi em tempo real. Logo que o destróier foi localizado e detectado, perceberam que era uma ameaça, e o próprio navio detectou que era o alvo do sistema de mísseis. Não sei quem era o comandante do *Donald Cook*. Mas ele demonstrou bastante moderação. Acho que é um homem responsável, e um oficial corajoso ainda por cima. Em minha opinião, ele tomou a decisão certa. Decidiu não agravar a situação. Não significa que teria sido atacado por nossos mísseis. Mas tínhamos de mostrar que nosso litoral era protegido pelo sistema de mísseis.

OS: Uma advertência foi enviada ao destróier?

VP: O comandante percebe de imediato que seu navio se tornou o alvo do sistema de mísseis. Há um equipamento especial. O navio tem esse equipamento para detectar tais situações.

OS: Tudo isso ocorre em dois minutos, 30 minutos, 50 minutos?

VP: Não sei. Os especialistas podem lhe dar a resposta. Segundos, meros segundos, acho.

OS: Aliás, isso acontece o tempo todo? Você parece muito tranquilo.

VP: Acontece de vez em quando. É por causa disso que nossos correspondentes norte-americanos sugeriram que devíamos criar um sistema de troca de informações a respeito da segurança aérea de nossos aviões, de modo a evitar qualquer tipo de incidente. Porque, se um avião vira alvo de outro alvo, isso é considerado um incidente grave.

OS: Concordo.

VP: É sempre um incidente muito grave.

OS: Ocorreram outros incidentes de que não temos conhecimento?

VP: Não sei. Os aviões da OTAN passaram a voar sobre o mar Báltico com o *transponder* desligado — o sistema usado para identificar a aeronave — e nossos aviões também começaram a voar com o *transponder* desligado. Logo que nossos aviões começaram a fazer isso, houve muito barulho. Quando declarei publicamente que a quantidade de nossos voos era muito menor do que a quantidade de voos da OTAN, o barulho diminuiu. O presidente da Finlândia propôs que tomássemos uma decisão tornando obrigatório o uso de *transponders* para detecção e identificação das aeronaves. Sugerimos de imediato que isso fosse feito, mas os nossos parceiros da OTAN se recusaram. Precisamos de diálogo o tempo todo, entende? Não precisamos de novas provocações.

OS: Entendo. É muito assustador. Naquele momento, achei que você havia feito um discurso duro à OTAN. Você disse: "Esse é nosso território histórico. Trata-se de cidadãos russos, que estão em perigo agora. Não podemos abandoná-los. Não fomos nós que executamos o golpe de Estado. Ele foi realizado por nacionalistas e gente de extrema-direita. Vocês os apoiaram. Mas onde vocês vivem? A 8 mil quilômetros de distância. Mas nós vivemos aqui, e é nossa terra. O que vocês querem lutando por lá? Vocês não sabem, não é? Mas nós sabemos. E estamos prontos para isso."

VP: De fato, fomos levados até a beira do abismo, por assim dizer.

OS: Até a beira do abismo? Você admite isso?

VP: Sim, sem dúvida. Tínhamos de responder de algum modo.

OS: Bem, finalmente você está admitindo isso.

VP: Estávamos abertos a um diálogo positivo. Fizemos de tudo para conseguir uma solução política. Mas eles tiveram de dar seu apoio a essa tomada de poder inconstitucional. Ainda me pergunto por que eles tiveram de fazer isso. Aliás, foi o primeiro passo para a desestabilização adicional do país. E isso acontece ainda. Assim, primeiro o poder é tomado e, neste momento, essas forças que tomaram o poder estão tentando fazer com que aqueles que discordam disso aceitem como um fato consumado. Isso é o que está acontecendo na região Sul e Leste da Ucrânia. Em vez de se engajarem em um diálogo político, que é bastante possível, isso é o que eles estão fazendo.

OS: Você tem de expor seu lado da história. Não só na RT, mas por meio de alguns comunicados dos serviços de inteligência, algumas fotos, algumas imagens que contariam a história. Você precisa contar essa história. De algum modo, você tem de colocar sua inteligência bruta no sistema.

VP: Sabe, isso é impossível, porque esse ponto de vista que apresentamos é ignorado pela mídia mundial. Se é ignorado, se não é apresentado em pé de igualdade com outras perspectivas, então, quase ninguém o escuta. Assim, uma narrativa está sendo construída a respeito de uma Rússia do mal...

OS: Eu não desistiria disso. Você precisa contra-atacar. Você está fazendo um excelente trabalho.

VP: Levarei isso em consideração, mas acho que essa crítica é justificada.

OS: [Provocando] Dmitry fez um trabalho horrível sobre isso. [Secretário de imprensa e confidente de Putin.]

VP: Não depende dele. Não é uma tarefa que Dmitry devia fazer.

OS: Eu sei.

VP: A tarefa dele é prestar informações e apoiar minhas funções cotidianas... É meu trabalho, e não estou fazendo um trabalho muito bom.

OS: Você está fazendo um excelente trabalho, mas trabalha muito. Você precisa relaxar. Acho que devia tirar férias. Vá para Palm Beach, relaxe, curta a praia, jogue golfe, converse.

VP: Entendo a sugestão. Bem, eu o invejo.

SOBERANIA

OS: Para terminar: você herdou um Estado russo que estava desmoronando no fim do século passado. Você chegou ao cargo acidentalmente, e o povo estava na miséria. Não havia noção de poder central, e a questão é que acho que a Rússia teve de se reconstruir, de modo a não desmoronar de novo. O ideal de reestruturação de Gorbachev não aconteceu. O Ocidente, de certa forma, apoiou a desordem. Uma visão que, você disse, a Rússia nunca mais deve adotar. Então, você disse que soberania é a chave. Soberania é a chave. Acredito que certa vez você disse que um Estado a fim de existir e ter soberania deve, entre suas obrigações, pagar as aposentadorias das pessoas mais velhas. Certo?

VP: Sim, com certeza. Em geral, e sobretudo neste momento, um país só pode garantir sua soberania se assegurar uma boa taxa de crescimento econômico. Não só a taxa de crescimento econômico, mas também assegurar o desenvolvimento econômico. Nesse sentido, apesar da boa avaliação que você fez do meu trabalho, acho que tanto eu como meus colegas podíamos ter feito um trabalho ainda melhor. Ainda que tivesse sido dificílimo, porque sempre defrontávamos com um dilema. Tínhamos de escolher entre uma decisão má e uma ainda pior. Mas isso acontece o tempo todo e em todo lugar. Você sempre encara uma escolha, e é preciso fazer isso. Pessoas de orientação liberal acham que devíamos ter adotado medidas mais duras. Eu achava que a dureza tinha de se correlacionar com o padrão de vida para ajudar as pessoas. Tínhamos de nos mover passo a passo na melhoria da vida de nosso povo.

Em 2000, mais de 40% de nossos cidadãos viviam abaixo da linha de pobreza, o sistema de previdência social estava em ruínas, sem falar nas Forças Armadas, que quase deixaram de existir. O separatismo imperava. Não vou entrar em detalhes, mas direi que a Constituição russa não se aplicava em todo o nosso território, e o Cáucaso estava assistindo a uma guerra intensa; uma guerra civil alimentada por elementos radicais do exterior. No fim, essa guerra civil degenerou em terrorismo. A situação era muito difícil. Contudo, o povo russo e todos os povos da Rússia possuem uma qualidade muito importante: o amor pelo sua nação, pelo seu país. A noção de perigo, a noção de compaixão e também a disposição de fazer sacrifícios em benefício de seu país. Graças a essas qualidades do povo russo e dos outros povos da Rússia, conseguimos superar esse período difícil. Porém, não podemos explorar essas qualidades interminavelmente. Queremos que nosso povo tenha uma vida melhor. Os economistas de orientação liberal afirmam que devíamos ter economizado mais ou que não devíamos ter aumentado os salários e as aposentadorias. Mas, sabe, nosso povo ainda tem um padrão de vida muito modesto. Quero que os cidadãos comuns vejam que nosso país está se recuperando. De qualquer modo, temos tentado seguir uma política econômica muito contida.

OS: Voltando para a questão da soberania.

VP: Estamos tentando utilizar as receitas de petróleo e gás. Pouparemos esse dinheiro, mas procuramos gastar o que obtemos de outros setores. Para nós, é uma tarefa muito difícil. Como você pode ver, aumentamos a renda real de nossa população numa ordem de grandeza de várias vezes. No ano passado, por causa da inflação elevada, a renda real caiu um pouco. Porém, no fim do ano passado, já vimos uma ligeira recuperação. No ano passado, conseguimos reduzir a taxa de inflação a um recorde histórico: 5,4% ao ano, aproximadamente. Ainda que nossa meta fosse de 6,2%. Vamos estabelecer uma nova meta, e espero que sejamos capazes de derrubá-la para 4% ao ano. Temos uma taxa de desemprego relativamente baixa, de cerca de 5,4%. Apesar de todas as restrições políticas, conseguimos manter nossas reservas e estabilizar nossa economia. Estou confiante de que, nesse ano, vamos ver mais crescimento econômico, embora modesto.[182] Nossa política monetária é muito bem-equilibrada. Está sendo implantada pelo Banco Central e pelo governo.

OS: Você devia agradecer a Obama. As sanções foram boas para você.

VP: Nossos produtores agrícolas têm de agradecer ao governo Obama, devido às medidas que adotamos para nos opor às sanções contra nós. Geralmente, essas contramedidas estão relacionadas com o fechamento de nosso mercado a produtos agrícolas. Graças a essas medidas, os produtores agrícolas conseguiram aumentar sua produção anual em mais de 3%. No ano passado, vimos safras recorde de trigo e outros grãos. Sei que você ama a Rússia, então, me dá imenso prazer lhe dizer que a Rússia ocupa o primeiro lugar mundial em termos de exportação de trigo.

OS: Gosto de pão. Pão preto é o meu favorito.

VP: Costumávamos importar grãos e trigo.

OS: Do Canadá, certo?

VP: Neste momento, produzimos menos do que os Estados Unidos, o Canadá ou a China. Mas esses países possuem taxas de consumo maiores. No que diz respeito à produção *per capita*, a produção é muito boa.

OS: Acredito em você. Porém, soberania não é apenas uma questão econômica. Quero lhe contar uma breve história. Ontem à noite... Aliás, os russos têm coragem. Ontem à noite assisti a um episódio de uma série de tevê no Channel 1. Acho que era esse o canal. Horário nobre, 8 horas da noite. Era sobre alemães e russos. Uma história muito interessante, passada na Rússia. Não entendi muito bem, mas captei o sentido. Nessa história, de novo, os russos se comportavam com muita coragem e eram combatentes excelentes, passando a perna nos nazistas. Sabe, coisa de tevê, mas era muito bom. Muito benfeito. Os atores eram ótimos.

Por um lado, era desagradável, mas, por outro, era realista. Fiquei muito impressionando. Eu me lembro de que, quando estive aqui, na era de Brezhnev, quando costumavam passar antigos filmes soviéticos em preto e branco na tevê, vi o mesmo tipo de filme, em que os soviéticos enfrentavam os nazistas. Fiz a conexão. Passaram-se 34 anos, e eu digo que o povo russo possui uma coragem que se manifesta repetidas vezes e que nunca é esquecida. Ao assistir a esses antigos filmes e lembrar da tradição, recordando a história, você percorre um longo caminho rumo à conservação dessa soberania.

VP: Sim. Isso é muito importante. Mas não menos importante do que essa estrutura rígida de tradição é estar disposto a aceitar novidades e avançar.

OS: Como a guerra cibernética! Não vou mais perturbá-lo. Tenho muito trabalho pela frente. Preciso cortar de 25 a 30 horas de nossas entrevistas para o filme. Sem mais perguntas! Prometo. Um aperto de mão através dos países. Eu quero, eu quero, eu quero. Você fez um excelente trabalho, você fez um ótimo trabalho.

VP: [Um caloroso aperto de mão.] Se você levar uma surra por causa desse filme, volte para a Rússia, e nós vamos ajudar a cuidar de você.

OS: Veremos. Estou orgulhoso do filme. Você conseguiu contar seu lado da história, e é tudo o que posso fazer.

VP: Não sei se alguém vai se interessar por isso.

OS: Também é possível que ninguém se interesse. Boa noite, Sr. Putin.

FIM

Notas

164. Informação geral:

Nascido em Moscou, em 1821, Dostoiévski mudou o rumo da literatura, examinando em profundidade a filosofia, a religião e o existencialismo em suas obras, que enfocam o conflito interior dos russos pobres da classe trabalhadora. Entre suas obras, destacam-se *Crime e castigo*, *Os irmãos Karamazov* e *Memórias do subsolo*. Ele morreu em São Petersburgo, em 1881. Veja: *Fyodor, Dostoevsky*. Bloom, Harold. Infobase Publishing. 2009.

165. Afirmação: "Mas, sabe, até Trump disse que os russos interferiram na eleição."

Sustentação: Veja: "Donald Trump Concedes Russia's Interference in Election", Julie Hirschfeld Davis, Maggie Haberman, *New York Times* (11 de janeiro de 2017). Acessado em: https://www.nytimes.com/2017/01/11/us/politics/trumps-press-conference-highlights-russia.html

166. Informação geral:

Ao discutir a declaração de Donald Trump de que a Rússia interferiu nas eleições norte-americanas, Putin responde que Trump tinha dito que qualquer um, em qualquer lugar, incluindo uma pessoa deitada na cama, com um laptop, podia iniciar um ataque. Veja: "Hackers Are Mad That Donald Trump Body-Shamed Them at the Presidential Debate", Katie Reilly, *Fortune* (26 de setembro de 2016). Acessado em: http://fortune.com/2016/09/26/presidential-debate-hackers-body-shamed/

167. Afirmação: "Os Estados Unidos gastam mais em defesa do que todos os outros países do mundo somados. São mais de 600 bilhões de dólares por ano."

Veja: "Here's how US defense spending stacks up against the rest of the world." Ibid.

168. Afirmação: "Porém, em 2012, a interferência foi particularmente agressiva."

Acusações em conflito: Enquanto alguns altos funcionários norte-americanos condenavam os resultados das eleição de 2012 na Rússia, o

Kremlin sustentou que os Estados Unidos financiaram grupos de oposição e também se coordenaram com manifestantes em Moscou. Veja: "Despite Kremlin's Signals, US Ties Remain Strained After Russian Election." David M. Herszenhorn, Steven Lee Myers, *New York Times* (6 de março de 2012). Acessado em: http://www.nytimes.com/2012/03/07/world/europe/ties-with-us-remain-strained-after-russian-election.html

169. Informação geral:
Embora William Lynn, subsecretário de Defesa, se recusasse a dizer se os Estados Unidos estavam envolvidos no desenvolvimento do vírus Stuxnet, que atacou a instalação nuclear iraniana de Natanz, acredita-se que uma operação conjunta dos Estados Unidos e Israel estava por trás do ataque. Veja: "US was 'key player in cyber-attacks on Iran's nuclear programme'", Peter Beaumont, Nick Hopkins, *The Guardian* (1° de junho de 2012). Acessado em: https://www.theguardian.com/world/2012/jun/01/obama-sped-up-cyberattack-iran

170. Informação geral:
O filme de 2016, de Oliver Stone, segue Edward Snowden no início e depois de sua decisão de vazar informação confidencial para a imprensa. Veja: "In 'Snowden', the national security whistleblower gets the Oliver Stone treatment", Ann Hornaday, *Washington Post* (15 de setembro de 2016). Acessado em: https://www.washingontpost.com/goingout-guide/movies/in-snowden-the-national-security-whistleblower-gets-the-oliver-stone-treatment/2016/09/15/8f2ebde4-78e9-11e6-ac8e-cf8e0dd91dc7_story.html

171. Informação geral:
Embora Oliver Stone mencionasse seis bancos importantes sendo atacados, fontes observam que cinco bancos russos sofreram um ataque com botnet. Veja: "5 major Russian banks repel massive DDoS attack", *RTNews* (10 de novembro de 2016). Acessado em: https://www.rt.com/news/366172-russian-banks-ddos-attack/

172. Afirmação: "Vamos atacar a Rússia da mesma maneira que nos atacaram nessa eleição."

Sustentação: Quando indagado se os Estados Unidos estavam se preparando para enviar uma mensagem para a Rússia por causa da interferência nas eleições norte-americanas, o vice-presidente Joe Biden respondeu: "Estamos enviando uma mensagem (...) Temos a capacidade de fazer isso (...) Ele saberá (...) E sob as circunstâncias que causam o maior impacto." Veja: "Biden Hints at US Response to Russia for Cyberattacks", David E. Sanger, *New York Times* (15 de outubro de 2016). Acessado em: https://www.nytimes.com/2016/10/16/us/politics/biden-hints-at-us-response-to-cyberattacks-blamed-on-russia.html

173. Informação geral:

Em 24 de junho de 2016 a Câmara dos Deputados russa aprovou, por 325 votos a favor e um contra, a adoção de um pacote de emendas visando atividades terroristas e qualquer apoio percebido a essas atividades. Os ativistas dos direitos humanos afirmam que as medidas antiterrorismo reduzirão a liberdade e a privacidade pessoal. Veja: "Russia passes 'Big Brother' antiterror laws", Alec Luhn, *The Guardian*, 26 de junho de 2016. Acessado em: https://www.theguardian.com/world/2016/jun/26/russia-passes-big-brother-anti-terror-laws

174. Afirmação: "Eles conseguiram conexões próprias na Rússia e preparam ataques terroristas."

Sustentação: Uma série de fatores indica a probabilidade de futuros ataques terroristas na Rússia. Veja: "Attacks on Russia Will Only Increase", Colin P. Clarke, *The Atlantic* (4 de abril de 2017). Acessado em: https://www.theatlantic.com/international/archive/2017/04/russia-st-petersburg-isis-syria/521766/

175. Informação geral:

Veja: "US launches long-awaited European missile defense shield", Ryan Browne, CNN (12 de maio de 2016). Acessado em: http://www.cnn.com/2016/05/11/politics/nato-missile-defense-romania-poland/

176. Informação geral:
Veja: "Chechen soldiers among Russian military police in Aleppo to 'ease interaction with locals'", *RTNews* (30 de janeiro de 2017). Acessado em: https://www.rt.com/news/375551-chechen-soldiers-patrolling-aleppo/

177. Confirmação:
A distância entre Moscou e Damasco é de 3.170 quilômetros de carro e de 2.476 quilômetros de avião.

178. Informação geral:
Veja: "Fethullah Gülen: who is the man Turkey's president blames for coup attempt?", Peter Beaumont, *The Guardian*, 16 de julho de 2016. Acessado em: https://www.theguardian.com/world/2016/jul/16/fethullah-gulen-who-is-the-man-blamed-by-turkeys-president-for-coup-attempt

179. Afirmação: "O *Donald Cook* estava navegando no mar Negro e, em certo momento, deu meia-volta, e não executou sua missão."
Veja: "A strange recent history of Russian jets buzzing Navy ships", Thomas Gibbons-Neff, *The Washington Post* (14 de abril de 2016). Acessado em: https://www.washingtonpost.com/news/checkpoint/wp/2016/04/14/a-strange-recent-history-of-russian-jets-buzzing-navy-ships/

180. Afirmação: "Foi quando a subsecretária de Estado, Victoria Nuland, teve aquela conversa com o embaixador norte-americano e disse: 'Foda-se a União Europeia'?"
Sustentação: Áudio vazado e a transcrição da conversa da subsecretária de Estado, Victoria Nuland, com Geoffrey Pyatt, embaixador dos Estados Unidos na Ucrânia, registram o palavrão.
Veja: "Ukraine crisis: Transcript of leaked Nuland-Pyatt call", BBC (7 de fevereiro de 2014). Acessado em: http://www.bbc.com/news/world-europe-26079957

181. Informação geral:

A base atual do *Donald Cook* é o porto de Rota, na Espanha. Veja: "USS Donald Cook Departs Norfolk for Permanent Station in Rota, Spain." Acessado em: http://www.navy.mil/submit/display.asp?story_id=78889

182. Informação geral:

Veja: "The Russian Economy Inches Forward: Will That Suffice to Turn the Tide?" *Russia Economy Report — The World Bank* (9 de novembro de 2016). Acessado em: http://www.worldbank.org/en/country/russia/publication/rer

Este livro foi composto na tipologia Goudy Oldstyle Std,
em corpo 11/15, impresso em papel off-white
no Sistema Cameron da Divisão Gráfica da Distribuidora Record.